ANTONIO FERNÁNDEZ TORAÑO

La Florida

Historia de la provincia desamparada del Imperio español (1575-1763)

ALMUZARA

Editorial Almuzara • Colección Historia
Director editorial: Antonio Cuesta
Editora: Ángeles López
Corrección: Mónica Hernández
Maquetación: Joaquín Treviño

www.editorialalmuzara.com
pedidos@almuzaralibros.com - info@almuzaralibros.com

Editorial Almuzara
Parque Logístico de Córdoba. Ctra. Palma del Río, km 4
C/8, Nave L2, nº 3. 14005 - Córdoba

Imprime: Liberdúplex
ISBN: 978-84-10521-12-4
Depósito legal: CO-692-2024
Hecho e impreso en España - *Made and printed in Spain*

A María José, mi paciente esposa,

a mis hijos Helena, Gabriela, Marta, y Borja,

a mis nietos Rafael, Carlos, Teresa, María, Guillermo,
Jimena, Íñigo y Borja, porque ellos son el futuro,
y deberían conocer nuestro pasado como nación.

«Las naciones no tienen amigos ni enemigos permanentes,
sólo tienen intereses permanentes».

LORD PALMERSTON
(Secretario de Estado de Gran Bretaña).

Índice

Prólogo

A la vista del título de este libro, más de uno se preguntará, con razón, ¿por qué se mencionan esos años?, ¿por qué se utiliza ese adjetivo que sugiere penuria y desvalimiento?Pues bien, en cuanto al año 1575 es el primer año siguiente a la muerte del primer adelantado de hecho de la Florida, Pedro Menéndez de Avilés, fallecido el año anterior a causa de una enfermedad muy contagiosa, el virus exantemático, típica de los ejércitos de entonces y más en concreto de las tripulaciones de los grandes navíos de la época, causada por lo general por la usencia de higiene, y que, sin duda, afectó al Adelantado por sus continuos contactos con los marineros de los barcos que, durante todo un año, fue reuniendo en la bahía de Santander hasta conseguir, posiblemente, la mayor armada que se había visto nunca, y con la que Felipe II pretendía combatir a sus grandes enemigos del momento, Inglaterra, Francia y las provincias neerlandesas gobernadas por los Orange.

La muerte de este gran marino, y, no lo olvidemos, gran empresario, aunque pueda sonar algo extemporáneo este calificativo refiriéndonos a aquella época, su muerte, digo, ocurrida en pleno desarrollo económico y social de la comunidad de españoles que vivían, ya, en San Agustín o en Santa Elena, ubicada más al norte, en el borde sureste de Carolina de Sur (hoy, el condado de Beaufort) cortaría de raíz cualquier atisbo de continuidad en ese esfuerzo, porque quienes, a su muerte, asumieron la gestión y dirección de ese proyecto de poblamiento y colonización no dieron, ni mucho menos, el mínimo nivel humano necesario para mantener el progreso de las ideas pergeñadas por su fundador. Y no sólo no continuaron ese desarrollo sino que con sus corrupciones, sus ambiciones personales, traducidas en luchas intestinas entre ellos, sus desproporcionadas y cruentas reacciones ante las hostiles conductas de sus vecinos indígenas, fomentando un sangriento círculo de acción-reacción, y su despótico comportamiento con sus propios compatriotas, proporcionaron argumentos suficientes a la Administración española del momento para despojarles de sus funciones y traspasar la dirección y administración de la provincia al virreinato de Nueva España, vía los gobernadores de Cuba.

Ese fue, quizás el efecto más negativo de la temprana muerte del Adelantado, porque, a partir de ese momento, y conocida la ulterior evolución de la Florida surge casi inevitablemente la pregunta: ¿Cómo hubiera sido el desarrollo de esta provincia bajo el mandato de Pedro Menéndez de Avilés? Porque la situación que ya se vivía en 1574, en relación con los naturales de la zona, no aventuraba nada bueno y porque Inglaterra y Francia ya habían puestos sus ojos en aquella región de Norteamérica, la primera, proyectando asentamientos en la costa oriental del continente (Raleigh fundaría en 1585, un primer asentamiento en la isla de Roanoke, entonces en el territorio de Virginia); la otra, Francia, casi 100 años más tarde, comenzaría con La Salle, sus expediciones de exploración en la costa norte del golfo de Méjico, bajando por el Misisipi desde sus lejanos asentamientos cerca de los Grandes Lagos, hasta fundar, en 1685, una colonia en la bahía de Matagorda, descubierta, ya, en 1519, por el español Alonso Álvarez de Pineda.

Es decir, las dos potencias antagonistas de España también deseaban participar de las riquezas que esta había mostrado al mundo con la conquista de los grandes territorios al otro lado del Atlántico, y que se suponía también existían en Norteamérica.

Pero la realidad y los hechos fueron los que fueron: Florida pasó a depender de la burocracia castellana, que, como primera providencia eliminó la existencia misma de Santa Elena y, por tanto, su capitalidad casi recién estrenada, y decidió concentrar la administración del territorio en un San Agustín que, desde 1695, viviría al pie, y protegido por su castillo de San Marcos, la mayor y mejor fortaleza defensiva existente desde la costa oriental de Norteamérica hasta Veracruz, en la costa occidental de Méjico, concentrando en esta plaza todos los esfuerzos ofensivos y defensivos de la provincia, y consolidando, así, el carácter meramente militar de la misma.

Porque San Agustín y su *presidio* defenderían hasta, precisamente, 1763, la otra fecha del título de este trabajo, la presencia española en territorio norteamericano.

Esta decisión de Felipe II y su Consejo de Indias, no sólo redujo drásticamente la presencia española en un enorme territorio, desconocido, entonces, en casi un cien por cien, (y cuya extensión se verá en las páginas que siguen), sino que, peor aún, reflejó la decisión política de reducir su presencia a un solo asentamiento, de cierta entidad, San Agustín, y lanzaba el mensaje de que dicho asentamiento quedaba convertido en la única defensa del territorio, pues el *situado*, el sistema de pago a la Florida asignado por el virrey de Nueva España con el intermedio del gobernador de Cuba, fijaba una dotación militar tan exigua que obligaba a los sucesivos gobernadores de esa provincia a renunciar a la defensa efectiva del territorio y sus fronteras, como así fue, dejando vía libre a las correrías e incursiones de los colonos ingleses cuya filosofía era, pura y simplemente, explotar las posibles riquezas que podían esconder aquellas tierras, utilizando para ello a los nativos como fuerza de choque. Y ese sería el destino de la Florida española hasta 1763.

Ambas fechas, pues, me han permitido acotar un período de casi doscientos años, durante los cuales los españoles que allí vivieron y padecieron, resistieron, prácticamente en soledad, todos los embates de los nativos aliados de los ingleses, que, juntamente con ellos, consiguieron destruir cualquier vestigio de la culturización y evangelización que los franciscanos, con su ejemplar dedicación durante cerca de cien años, consiguieron llevar a cabo con éxito en aquella región de Norteamérica (fundaron, al menos 38 *doctrinas* a lo largo y ancho del territorio, incluso en las zonas más alejadas de San Agustín). Misiones que, por desgracia, terminaron por desaparecer en el último cuarto del siglo XVII, fruto de una continuada y sistemática agresión de los colonos ingleses provenientes de las Carolinas, apoyados desde Londres, lo que constituiría un ejemplo palmario de las diferentes políticas de colonización seguidas por la católica España y la protestante Inglaterra, con su cultura del supremacismo de la raza blanca sobre la de los naturales del país, y su desprecio por las culturas indígenas. Ejemplo de todo lo cual quedaría resumido con la construcción por España en 1739 del fuerte denominado Gracia Real de Santa Teresa de Mose, más conocido como, simplemente, Fuerte Mose, en cuyo entorno convivieron pacíficamente, españoles, indios, y negros africanos traídos como esclavos para trabajar en las plantaciones inglesas de las Carolinas. Caso que también será analizado en este trabajo.

En fin, a partir del cambio, en 1700, de la dinastía que gobernaría España (los Borbones sustituirán a los Austrias), y, sobre todo, a partir de los Tratados de Utrecht en los que Luis XIV, al parecer, no permitió a los representantes españoles acceder a las negociaciones de los mencionados tratados, alegando diferentes motivos, se consolidó la bajada de categoría de España en el concierto de las naciones europeas en el que, a partir de este momento destacarían Inglaterra y Francia como líderes, frente al resto de países.

En este contexto, el peso político de Florida fue difuminándose poco a poco, una vez asumido ese papel casi estrictamente militar, lo que le llevó a tener que hacer frente y rechazar, una y otra vez, no sólo las incursiones y las provocaciones de los colonos ingleses y sus aliados indios, sino, sobre todo, los ataques ingleses a su fortaleza en San Agustín, porque, de haber perdido esta, los ingleses hubieran conseguido paso franco para apoderarse, nominal y físicamente, de todo el territorio floridano, y para entrar sin obstáculos en el mar y las costas del golfo de Méjico, lo que les permitiría amenazar, incluso a Cuba. Y por tierra, hubieran podido llegar, como mínimo, hasta las orillas del Misisipi, es decir, a las puertas de Texas y de las provincias nororientales del virreinato de Nueva España.

Así que Florida resistió, resistieron sus gobernadores (ahí están los ejemplos de José de Zúñiga y Manuel de Montiano), como resistieron los escasos soldados, (mal nutridos y peor equipados) allí destinados, apoyados por los casi inexistentes civiles y los nativos que todavía se mantenían fieles a la Corona de España.

Pero el colmo de las desgracias para esta desamparada provincia llegaría cuando Cuba cayó en poder de Inglaterra el 6 de agosto de 1762, prácticamente en vísperas de la firma del Tratado de París, de 1763, e Inglaterra, vencedora de Francia en una guerra a la que España se vio arrastrada, una vez más por sus pactos de familia con esta última, puso a Carlos III en la tesitura de entregar la Florida a cambio de recuperar Cuba.

El autor

14

Brevísima referencia sobre la Florida de la primera mitad del siglo XVI

Por su propia ubicación frente a Cuba y porque los galeones españoles de la Carrera de Indias tenían que navegar, necesariamente, a lo largo o cerca de las costas americanas del golfo de Méjico, bien procedentes de Tierra Firme, en el continente sur, o Veracruz, en Méjico, bien desde la propia isla de Cuba hacia Méjico o hacia España, la existencia del territorio que se extendía por la costa oriental y la costa sur de lo que hoy son los Estados Unidos, era bien conocido por los marinos españoles, entre otras circunstancias, porque el descubrimiento de una fuerte corriente que fluía de sur a norte realizado por Alaminos en el primer viaje de Ponce de León, en 1513, y que discurría entre la costa oriental de ese continente y las islas Bahamas, significaba un ahorro de tiempo muy importante para la navegación oeste-este entre América y Europa.

Esta circunstancia terminó por convertir en estratégico este *paso* para los navíos que realizaban la Carrera de Indias, si bien todavía transcurriría casi medio siglo en alcanzar la debida importancia, primero bajo el reinado de Carlos I y, después, durante el de su sucesor, Felipe II.

Por ello, todavía puede resultarnos sorprendente que el territorio que luego sería denominado como Florida se mantuviera desconocido, cuando no claramente hostil, para los españoles que, durante este período, intentaron *descubrirlo* y, sobre todo, explorarlo.

Quien primero intentará, oficialmente, *descubrirlo* será Juan Ponce de León quien, partiendo desde Puerto Rico el 13 de marzo de 1513, navegó con tres barcos hacia aquel territorio que se encontraba al norte de Cuba, entre otros objetivos para intentar encontrar lo que se creía entonces era una isla a la que los nativos denominaban

15

Bimini, y en la que se decía que existía una fuente cuyas aguas proporcionaban la eterna juventud. Aprovechando, precisamente la corriente ya mencionada del canal de Bahamas, el 27 de marzo descubre una tierra frondosa y exuberante, en la que, a la altura de lo que hoy conocemos como Cabo Cañaveral, desembarca el 2 de abril para, el día 8, tomar posesión de aquella tierra en nombre del rey de España, poniéndole por nombre Tierra de la Pascua florida, por haber sido descubierta el domingo de Resurrección y que, en aquellos momentos dio nombre a un inmenso territorio que abarcaría no sólo lo que hoy conocemos como Florida, sino también los actuales estados norteamericanos de Georgia, Carolina del Sur, extremo meridional de Carolina del Norte, Alabama, Misisipi, Tennessee, y aún los bordes de Missouri, Arkansas y Luisiana[1].

Pero ahí tendrá, ya, la oportunidad de conocer la hostilidad de los nativos, por lo que vuelve a embarcar para, costeando hacia el sur doblar la península por los Cayos y subir por la costa oeste de la misma, llegando, incluso hasta la región, hoy, de Pensacola.

De vuelta a Puerto Rico, se desplazará hasta la Corte con el fin de solicitar al rey una nueva autorización para llevar a cabo una segunda expedición, cosa que consigue y para lo que firma las correspondientes Capitulaciones el 27 de septiembre de 1514. De modo que el 26 de febrero de 1521 zarpa de nuevo desde Puerto Rico con dos carabelas y 200 hombres. En esta ocasión navegarán por la costa occidental de la península de Florida y desembarcarán en la que hoy es la bahía de Tampa, territorio de los belicosos *calusa*, que años más tarde mantendrán una dura y difícil relación con Pedro Menéndez de Avilés, quien, a pesar de firmar acuerdos con ellos no pudo nunca confiar en su cacique. Pero en esta ocasión, los *calusa* les atacan con tal violencia que matan a todos los soldados excepto a 7 y hieren gravemente a Ponce de León, que se tiene que retirar a La Habana en donde, finalmente, muere como consecuencia de las heridas recibidas.

No obstante, la desgraciada aventura de Ponce de León, lejos de desanimar, espoleó la curiosidad, y, sobre todo, la ambición del toledano Lucas Vázquez de Ayllón, licenciado en Derecho y, por tanto, alejado de la mentalidad y formación predominantes en aquellas fechas entre los españoles residentes en este nuevo mundo. En esta ocasión el motivo de lanzarse a una aventura de exploración y conquista, fue intentar la empresa de localizar el denominado «paso del noroeste», un canal acuático que se daba por cierto atravesaba la geografía del continente americano en unas latitudes muy alejadas, precisamente, de la península floridana, pero que, sin embargo, terminaba desembocando en el Pacífico, lo que facilitaría de forma muy importante la conexión con las *islas de las especies*, acortando así el viaje hacia ellas, y favoreciendo, por tanto, el comercio con aquellas lejanas culturas.

Como preparación de esta expedición, acuerda con un marino de nombre Francisco Gordillo, una primera exploración de las costas que había planeado recorrer, pero este, en compañía de un segundo navío comandado por un tal Pedro Quexo, alcanzan un punto de la costa oriental americana, cerca del hoy conocido como Cap Fear, al sur de Carolina del Norte, en donde, aprovechándose de la hospitalidad e ingenuidad de los nativos del lugar, que los habían recibido amistosamente, capturan a unos 70 de ellos y los llevan a La Española para utilizarlos como esclavos, conducta que quedará grabada para siempre en la memoria de aquella comunidad, que no mucho más tarde aprovechará cualquiera ocasión para vengarse.

Este suceso complicó mucho las negociaciones de Vázquez de Ayllón con la Corona española a la hora de redactar las Capitulaciones, que se firmaron, finalmente, el 12 de junio de 1523 en Valladolid y en las que, además de recoger la obligación de descubrir y poblar el territorio en el que planeaba entrar, se comprometió a que «… en dicha tierra no hubiere repartimiento de indios ni fuesen apremiados (los indígenas) a que sirvan en servicio personal si no fuere de su agrado y voluntad, pagándoselo como se hace con otros vasallos libres…».

Por fin, en julio de 1526, Vázquez de Ayllón se hace a la mar desde La Española, llevando bajo su mando 5 navíos con 600 hombres, unos 90 caballos y los bastimentos necesarios para facilitar la instalación y asentamiento de los colonos y las familias que iban en la expedición. No obstante, debido al momento en el que se inicia este viaje (julio), la expedición se verá enfrentada a la climatología de la zona, pues se encontraban en plena época de huracanes, lo que ocasionará la primera baja en la flota, uno de cuyos navíos terminará por encallar con la consiguiente pérdida de la mayoría de los bastimentos, mientras que a los demás, los fuertes vientos les impedirán sistemáticamente el desembarco en la zona escogida para ello. Y cuando, al fin lo consiguen, sufrirán el ataque de los nativos que, evidentemente, no habían olvidado el episodio de la captura de sus 70 compañeros o familiares. Ante esta situación, Vázquez de Ayllón decide continuar su navegación siguiendo la costa hasta los 33°de latitud norte, en donde descubrirá la hoy denominada bahía de Chesapeake a la que él puso el nombre de Santa María, convirtiéndose en el primer europeo en explorarla y trazar su mapa. Y, ya en tierra, funda el primer asentamiento europeo en tierras de Norteamérica, al que pondrá por nombre San Miguel de Gualdape.

Pero, abrumado por la hostilidad de los nativos, por la huida al interior del territorio de los esclavos negros que les acompañaban en la expedición, por la oposición de los colonos (que, al parecer, se sentían engañados al no ver cumplidas ninguna de las condiciones de vida que se les habían prometido), por la pérdida, en fin, de casi 400 hombres (muchos de ellos víctimas de los ataques de los naturales de la zona) y por la llegada de un duro invierno en aquellas latitudes, Vázquez de Ayllón, vencido por las circunstancias, decide regresar a Santo Domingo con los supervivientes que, en número cercano a los 150, aún quedaban en condiciones de viajar. Pero, ya en ruta, aquejado de malaria, fallecerá el 18 de octubre de 1526, y sus restos tendrán que ser arrojados a un mar embravecido para evitar el naufragio de la nave en la que regresaba.

Como si el descubrimiento de este territorio hostil, y los fracasos cosechados en su conquista por otros españoles, fueran un acicate más a unir al deseo de fama y riquezas de estos conquistadores, uno de ellos, el segoviano llamado Pánfilo de Narváez, ya curtido en las luchas contra los mexicas e incluso contra su propio compañero, Hernán Cortes, consigue, reinando todavía Carlos I, firmar con el rey, el 26 de diciembre de 1526, unas Capitulaciones que le habilitaban como adelantado y gobernador de las tierras aún por conquistar en aquellos territorios tan cercanos a Cuba.

A diferencia de las dos expediciones anteriores, en esta ocasión, y quizás por la personalidad del *conquistador* que lo intentó, se trató de una expedición que nació con muy malos augurios por los sucesos que fueron sucediendo en su preparación, ya desde su salida de Sanlúcar de Barrameda el 17 de junio de 1527, hasta su llegada a Cuba en el mes de octubre o noviembre de 1527 en donde, una gran tormenta, les hace perder 60 hombres y 20 caballos.

Finalmente, a finales de febrero de 1528, Pánfilo de Narváez consigue salir de Cuba llevando bajo su mando 4 navíos y un bergantín en los que iban 400 hombres y 80 caballos. Tras una travesía cargada de problemas por la impericia del piloto que dirigía el rumbo de la expedición, llegan a la zona de la bahía de Tampa el 12 de abril, de acuerdo con el relato que nos ha dejado Alvar Núñez Cabeza de Vaca uno de los integrantes de la expedición[2].

El día 14 saltan a tierra unos 300 hombres y 42 caballos «flacos y fatigados» por la travesía, y el día 16 Pánfilo de Narváez toma formalmente posesión de aquellas tierras en nombre del rey de España. Al día siguiente se produce una primera y fuerte discusión entre Narváez y Cabeza de Vaca, que proponía seguir la costa en lugar de penetrar en el territorio, si bien termina por prevalecer la opinión del primero y el 1º de mayo, Narváez, al frente de un contingente de 300 hombre (incluidos 2 frailes y 3 clérigos) y 40 jinetes inicia su marcha hacia el interior. Caminan durante dos meses, en medio de continuas escaramuzas con los nativos, que no dejaron nunca de hostigarles, debido, en parte, al brutal comportamiento y a la falta casi absoluta de tacto con ellos por parte de Narváez. Prácticamente perdidos en una tierra desconocida y asediados a diario por sus habitantes decide, por fin, cambiar el rumbo de su andadura, y aconsejado por uno de los caciques de la zona inicia su marcha dirección sur, hacia el mar.

El viaje resultó un auténtico infierno, como lo atestigua el relato de Cabeza de Vaca, a causa de los obstáculos naturales, los animales salvajes, los mosquitos, las fiebres, que afectaron a una gran parte de los soldados, y los continuos ataques de los nativos, que aprovechaban el paso de las numerosas ciénagas que tuvieron que atravesar para atacarles con absoluta impunidad. Cuando, finalmente, alcanzaron un poblado llamado Aute, abandonado por sus habitantes, era tal el estado de debilidad física de la mayoría del grupo de españoles, y la desmoralización por la falta de resultados positivos que, incluso, se produjo un conato de motín entre ellos, lo que llevó a Narváez a la decisión de regresar a Cuba, para lo que se vieron en la necesidad de construir las embarcaciones que deberían utilizar para ese viaje de regreso, pues los barcos en los que habían llegado, y que estaban destinados a recogerles habían sido enviados en dirección oeste para explorar la costa.

Así que se ven obligados a construir ellos mismos (técnica que la práctica totalidad de los soldados desconocía) las embarcaciones necesarias para todos los supervivientes, con la dificultad añadida de carecer prácticamente de materiales y herramientas. Trabajaron con este objetivo desde el 4 de agosto hasta el 20 de septiembre de 1528, en que dieron por terminadas 5 embarcaciones, en cualquier caso, con muy malas condiciones de flotabilidad y gobernanza. Durante este período murieron 10 hombres atravesados por flechas, a los que hubo que añadir 40 fallecidos por hambre y enfermedades y todos los caballos, entre los que se incluían los sacrificados para servir de alimento a los supervivientes.

Hasta este lugar, desde el que se disponían a partir de vuelta a Cuba, y al que pondrían el nombre de Bahía de Caballos, habían recorrido, según los pilotos que iban en la expedición, unos 1560 km en los que en prácticamente ningún día tuvieron paz o tranquilidad.

Finalmente, el 22 de septiembre de 1528, los 242 supervivientes comenzaron a embarcar en las mencionadas embarcaciones, en las que iban tan apretados que, según Cabeza de Vaca, «… no había más de 20 cm de bordo fuera del agua…»[3].

Los primeros 50 días serían de navegación relativamente tranquila si no fuera por la escasez de agua potable, pues las *botas* que contenían el agua que llevaban, fabricadas a partir de la piel de las patas de los caballos muertos, terminaron por pudrirlas, de modo que, algunos días se vieron en la necesidad de saltar a tierra para hacer aguada. En un punto del recorrido se encontraron, sin duda, con el área de desembocadura del Misisipi, cuya corriente era tan fuerte que les impedía llegar a tierra, lo que, unido a un fuerte viento del norte, terminó por dispersar las embarcaciones. Momento en el que, según Cabeza de Vaca, Narváez decide renunciar al papel de máximo jefe de la expedición y al grito de que «… ya no era el tiempo de mandar unos a otros; que cada uno hiciese lo que mejor le pareciera para salvar la vida; que él así lo entendía de hacer…», se adentra en el mar sin esperar a nadie[4], por lo que cabe concluir que murió en el mar en aquellas fechas, en torno a octubre de 1528.

Así que este fue el comienzo del fin de la expedición de Pánfilo de Narváez, de la que, más pronto que tarde, murieron todos los participantes, excepto 4, entre los que se encontraba Alvar Núñez Cabeza de Vaca, que nos legó una magnífica crónica conocida, hoy, bajo el título (abreviado) de *Naufragios y comentarios*, impresa en Valladolid en 1555.

En contraposición a la triste imagen que deja la lectura de la desastrosa *aventura* de Pánfilo de Narváez, con su trágico final, y siguiendo con la cronología que nos muestra la evolución del asunto de Florida en la historia de estos primeros años del futuro Imperio español, destaca necesariamente, con luz propia, la figura de Hernando de Soto.

Hernando de Soto podría encarnar perfectamente el prototipo del explorador y conquistador español del siglo XVI: líder admirado y respetado por las tropas bajo su mando, valiente, audaz y resistente a todas las penalidades físicas que inevitablemente le salían al paso. Características a las que unía toda la experiencia acumulada bajo el mando de Pedrarias Dávila y, sobre todo, bajo el de Francisco Pizarro, en la conquista del Perú, en donde se convirtió en el primer europeo en conocer y negociar con Atahualpa, antes de que este fuera sacrificado por los españoles en Cajamarca en 1532 (algo que, al parecer, De Soto no aprobaba) para, después, apoderarse de los tesoros que el monarca inca les había entregado a cambio de su libertad.

Con la fortuna conseguida en el reparto del rescate de Atahualpa, (del que a De Soto le correspondieron 724 marcos de plata y 17.740 pesos de oro), el español decide regresar a la Corte para, con la vitola de hombre rico y poderoso, comenzar las gestiones para conseguir la gobernación de la Florida. En 1538 consigue entrevistarse con Carlos I a quien solicita licencia para organizar una nueva expedición al mencionado territorio, cubriendo el coste de la misma con su propia fortuna, al tiempo que ofrecía al emperador la mitad de las ganancias que esta nueva tentativa pudiera generar. Carlos I accede y en las subsiguientes capitulaciones le concede el título de adelantado del nuevo territorio y el de capitán general y gobernador de la isla de Cuba a condición de explorar, conquistar y poblar aquel territorio. Para financiar la expedición, De Soto liquidaría prácticamente toda su fortuna.

En fin, de acuerdo con el relato de Fidalgo de Elvas, De Soto partió de La Habana el 18 de mayo de 1539, con una flota compuesta por 9 navíos, en los que iban 950 hombres según Garcilaso (entre 600 y 700 según Fidalgo de Elvas y Rangel, el otro cronista de esta expedición) más 12 sacerdotes y 213 caballos[5], llegando ante las costas de Florida el día 25, si bien continuaron navegando durante 4 días más en busca de un lugar adecuado para el desembarco, que fue, posiblemente, de nuevo, la bahía de Tampa, que ellos denominaron del Espíritu Santo, en territorio de los *calusa*, de cuya belicosidad ya se ha hablado más arriba y que, haciendo honor a esta fama, atacaron a los españoles días después de la protocolaria toma de posesión del 2 de junio, con tanto ímpetu que les obligaron a retirarse al real que habían establecido en la playa de desembarco. Es a propósito de este pasaje cuando Fidalgo de Elvas mencionará la habilidad de los nativos con sus arcos y flechas que disparaban con tanta fuerza que sus flechas penetraban, incluso, las cotas de malla que usaban los españoles y las defensas con las que protegían a sus caballos en los enfrentamientos. Garcilaso también mencionará esa habilidad de los nativos para comentar que los españoles no conseguían siquiera tensar el arco como ellos lo hacían.

Este fue el comienzo de la expedición de De Soto, que finalmente se convirtió en una gran marcha sin asentamiento en ningún lugar, atravesando lo que hoy son los estados de Florida, Georgia, extremo meridional de Carolina del Norte, Carolina del Sur, Alabama, Misisipi, Tennessee, Missouri, Indiana, Illinois (hasta llegar a las cercanías del lago Michigan), Arkansas y Luisiana).

Hernando de Soto y sus hombres, a pesar de los ataques de los indígenas ribereños, serán los primeros europeos en cruzar el Misisipi al que denominaron río Grande; y también serán los primeros en llegar a las cercanías de los Grandes Lagos, en concreto el lago Michigan para desde allí descender, luego, hacia el sur en una marcha salpicada de continuos enfrentamientos con los habitantes de las tierras por donde pasaban, a los que, en ocasiones, les privaban de sus propias provisiones, destacando la terrible batalla de Mauvila en la que ambos contendientes casi se aniquilan entre sí, pues aunque los españoles salieron vencedores, tardaron más de 25 días en recuperarse de las heridas, pues resultaron muertos un número importante de españoles… y caballos, herramienta esencial para la supervivencia de aquel ejército itinerante.

En fin, en su descenso hacia el sur, hacia las costas del golfo de Méjico, llegaron a un lugar que las crónicas denominan Guachoya, un poblado en el que deciden detenerse por un tiempo para recuperar fuerzas. Allí, nos dice Fidalgo de Elvas, (cap. XXX) «El gobernador sintió en sí que se llegaba la hora en que había de dejar esta presente vida...», con fiebres que fueron en aumentando con el paso de los días. No obstante, tuvo tiempo de dejar ordenada su sucesión en el mando de la expedición, nombrando para ello a Luis Moscoso de Alvarado.

Hernando de Soto murió el 21 de mayo de 1542, y los españoles que ocultaron a los indígenas este suceso, sepultaron en tierra su cadáver al lado del campamento, de lo que muy pronto se arrepintieron por temor de que sus restos fueran profanados por los nativos, por lo que optaron por echar su cuerpo al río, alojado en el interior del hueco de un árbol pesado en cuyo interior depositaron el cadáver, sujeto con tablas y cuerdas. Luego, de noche, lo lanzaron a la corriente del Misisipi hasta que terminó por desaparecer. En total, hasta ese punto, la expedición había recorrido unos 10.065 km según Fidalgo de Elvas (capítulo XLIV), que al final de su crónica hace un cálculo que podría ser exagerado, visto el que realiza Rodrigo Rangel, según traducción de John E Worth, que habla de unos 5100 km, es decir, prácticamente la mitad[6].

A partir de este momento la expedición, bajo el mando de Moscoso de Alvarado «pierde el norte», coloquialmente hablando, pues decide comenzar una nueva marcha hacia poniente en busca del territorio de Nueva España y Méjico, su capital, para arrepentirse de tal decisión después de recorrer unos 825 km y volver por el mismo camino ya recorrido, hasta llegar, de nuevo, a Guachoya, (es decir unos 1650 km en total) en donde deciden construir siete embarcaciones para navegar río abajo hasta el mar. En este lugar tendrán que soportar, prácticamente desnudos, un crudo invierno y una de las enormes crecidas de primavera del Misisipi, hasta que consiguen terminar la construcción de las 7 embarcaciones previstas, en medio de un ambiente prebélico instigado por uno de los caciques de una de las 10 tribus que habitaban en la margen izquierda del río. Finalmente, el 5 de junio de 1542 subirán a las 7 embarcaciones los 350 supervivientes más 30 caballos que pretendían llevar en unas balsas amarradas a popa de cada embarcación juntamente con algunos cerdos que deberían servirles de sustento durante la navegación.

Al cabo de 48 horas de navegación aparece una flota de unas mil canoas con 25 remeros por banda, más 30 guerreros por canoa que les perseguirán día y noche durante 16 días en los que los españoles terminarán perdiendo 48 hombres y todos los caballos que llevaban. El día 20 avistan, por fin el mar tras recorrer según sus propios cálculos unas 25 leguas por día lo que harían algo menos de 500 leguas, es decir, unos 2640 km[7].

Desde el punto en el que entraron en el mar, navegaron hacia el poniente durante unos 30 días, empleando otros 20 en saltar a tierra para hacer aguada y buscar alimentos, hasta que les sobrevino una dura tormenta que duró unos 5 días y dispersó la flota dividiéndola en dos grupos, uno de 5 y otro de 2 naves, hasta que ambos grupos separado por unos kilómetros, consiguieron sacar a tierra sus respectivas embarcaciones. Se encontraban, aunque aún tardaron unos días en confirmarlo, al lado del río Pánuco (hoy, en las cercanías de Puerto Madero y Tampico, en la costa oriental de Méjico) y, por tanto, relativamente cerca de la ciudad de México. Habían transcurrido, aproximadamente, 3 meses desde la salida de Guachoya, el 5 de junio.

Así que la expedición de Hernando de Soto finalizó a orillas de dicho río en torno a finales de septiembre de 1542. Sobrevivieron menos de 300 hombres, aproximadamente el 50% de los que habían entrado en Florida el 18 de mayo de 1539, si aceptamos las cifras de Fidalgo de Elvas y Rodrigo Rangel, cronistas y testigos directos de todos los sucesos acaecidos durante estos tres años. Aparte de ellos, todo lo demás, (fundamentalmente los caballos) se había perdido por completo[10].

Y Florida seguía sin ser conquistada.

No obstante todos estos dolorosos fracasos, no puede dejar de mencionarse otro español, esta vez un dominico, el padre Luis de Cáncer, que intentó la vía de la conquista pacífica, sin la presencia de militares (algo que sucedería más tarde con los jesuitas durante el mandato de Pedro Menéndez de Avilés), mediante la evangelización de los naturales de aquellas tierras, de las que sólo se conocían, en parte, su enorme extensión, la belicosidad y hostilidad de sus habitantes y una climatología que, en algunos momentos se comportaba con suma violencia. En efecto, este dominico, llevado por su celo evangelizador y su ingenuidad, y a pesar de las advertencias que se hicieron acerca de la peligrosidad de su empresa, decidió, en 1549, entrar en territorio floridano por la zona por la que sus predecesores ya habían entrado, con la esperanza de que su propia indefensión, pues no llevaba arma alguna ofensiva ni defensiva, le permitiera conectar con los nativos e iniciar, así, sus tareas catequizadoras. Lamentablemente, la realidad, tozuda, se manifestó inmediatamente pues nada más pisar la playa, los indígenas de la zona le atacaron y mataron ante la mirada horrorizada de quienes aún permanecían en el barco que lo había traído hasta allí.

La conclusión tras todos estos fracasos era que, pasados 36 años de continuos intentos, España no había conseguido aún establecerse, siquiera fuese provisionalmente, en algún punto de la costa de aquel territorio. No se trataba solamente de la pérdida de vidas humanas (el inca Garcilaso contabiliza en su libro que, a fecha de 1549, habían muerto, al menos, 1400 soldados y civiles, a los que habría que añadir 10 religiosos de las 4 órdenes de predicadores, y 8 clérigos)[8]. Es que también estaban las pérdidas económicas, pues las diferentes expediciones habían sido financiadas, al menos en una parte significativa, por la Hacienda Real, que, precisamente, en aquellos momentos de mediados de siglo, atravesaba una situación muy delicada que desembocaría años más tarde en varias suspensiones de pago de la deuda contraída durante el reinado de Carlos I. Así que la Corona española tomó la decisión, desde ese año 1549, de no implicarse más en cualquier tipo de apoyo económico a empresas cuyo objetivo fuera el descubrimiento, la conquista o el poblamiento del territorio floridano.

No obstante, ocho años más tarde, en 1557, se intentó mantener el empeño exploratorio y conquistador mediante una nueva fórmula, impulsada por el virrey de Nueva España, Luis de Velasco, asesorado por un grupo de expertos entre los que se encontraba Pedro Menéndez de Avilés: que fuera el Virreinato de Nueva España quien, a través de su tesorería, financiera un nuevo intento de conquista de la Florida. El proyecto fue aprobado por la Corona mediante Real Cédula de 29 de diciembre de 1557, pues, además del interés por entrar en Florida estaba la amenaza latente o efectiva de la presencia de franceses y corsarios de esta nacionalidad en las aguas del golfo de Méjico y el Caribe.

El encargado de llevar a efecto este nuevo intento será Tristán de Luna y Arellano, que, el 11 de junio de 1559, parte del puerto de Veracruz al mando de una flota de 13 barcos y 1500 soldados.

Todos ellos llegan a las cercanías de la bahía de Pensacola a finales de agosto de ese año, dentro, por tanto, de la época de huracanes. Allí se decide enviar un barco a Veracruz para informar al virrey y dos barcos a España para informar al rey. Pero la fatalidad no iba abandonar tan fácilmente a esta nueva expedición, pues en la noche del 19 de septiembre uno de esos huracanes golpea a la flota antes incluso de que se pudieran desembarcar las provisiones y los pertrechos, destrozando en 24 horas la práctica totalidad de los 10 barcos que todavía quedaban y matando a muchos de los colonos que acompañaban la expedición.

A partir de este momento, Tristán de Luna tendrá que replantear sus objetivos: deja a unos 50 soldados con su capitán en la zona, pues había enviado a Cuba en busca de ayuda uno de los barcos que se había salvado, y él decide remontar el río Alabama hacia el interior del territorio.

Comienza entonces una verdadera odisea para los expedicionarios a los que, aparte de los sufrimientos causados por un severo invierno, la práctica ausencia de provisiones les obligará, a muchos de ellos, a comerse el cuero de los arneses y las fundas de sus rodelas, muriendo finalmente a causa de inanición o por envenenamiento por la ingesta de hierbas.

Esta situación sacó a la luz las escasas dotes de mando de Tristán de Luna, quien finalmente caerá enfermo con fiebres y disentería y una profunda depresión que aumentará la confusión reinante en el grupo de los supervivientes.

En octubre de 1560 el virrey de Nueva España conocerá la grave situación física y mental que afectaba a la expedición y ordena a Ángel de Villafañe acudir en su socorro. Villafañe llega a la zona en abril de 1561, y asume el mando del grupo, tratando, no obstante, con respeto y consideración a Tristán de Luna. Recoge a los 50 soldados de la costa y a los 230 supervivientes e intenta llegar hasta las costas de lo que hoy es Georgia con el fin de intentar, una vez más fundar allí un asentamiento, pero de nuevo la climatología, en forma de un devastador temporal golpea la flota impidiendo cualquier intento de desembarco, lo que, por fin decide a Villafañe a poner rumbo a Cuba para reparar los navíos dañados. Una vez conseguido esto se dirigirá a la zona de Pensacola en donde recoge a los 50 soldados que allí permanecían y, finalmente pondrá rumbo a Veracruz, poniendo punto final a esta desgraciada tentativa de exploración y asentamiento en Florida. El campamento de Pensacola será desmantelado y destruido y el asentamiento será abandonado a su suerte durante más de 100 años, cuando será rehabilitado y reconocido por su valor estratégico para los intereses de la defensa de Florida y, en definitiva, para los intereses de la corona española[9].

Parece que este nuevo fracaso colmó definitivamente la paciencia de Felipe II, que por Real Cédula de 23 de septiembre de 1561 decide prohibir la organización de nuevas expediciones a Florida salvo causa de fuerza mayor. La fuerza de los acontecimientos ocurridos durante esas expediciones había llevado al rey a la conclusión de que algunos se habían aprovechado de la Corona para enriquecerse a su costa de modo que, en julio de 1563 hará publicar una serie de ordenanzas con el objetivo de regular algunos aspectos relacionados con las mismas. Así se dice expresamente: «… por ello ordenamos que no se realicen más descubrimientos, exploraciones y poblamientos a expensas de nuestro Tesoro Real y tampoco aquellos que gobiernan gasten nada con estos objetivos… salvo que tengan una autorización especial para hacerlo a nuestra costa…»[11].

Esta decisión real afectaría directamente a los planes del futuro adelantado, de 1563 y 1564, en cuanto a la financiación de su propia expedición, que tendrá que asumir, finalmente, contra su propio patrimonio, exceptuando, eso sí, el coste del mantenimiento de los militares que le acompañaron en su viaje de 1565, que corrió a cargo de la Hacienda Real, así como el de los religiosos que más tarde se incorporarían a San Agustín bajo el mando del propio adelantado. Era una nueva modalidad de colaboración con la Corona: la colaboración público-privada, que dejaría en manos de Pedro Menéndez de Avilés, hasta su muerte la gobernanza de Florida.

No obstante, esta situación de *impasse* en cuanto a Florida experimentaría pronto un cambio radical.

Porque sería, sorpresivamente, la cuestión religiosa la que de forma definitiva daría pie a la Corona española a *entrar* en Florida, con el pretexto, prioritario para Felipe II, de expulsar de este territorio a un grupo de hugonotes franceses que, comandados por Jean Ribault y aprovechando que Catalina de Medicis, regente del trono de Francia por la minoría de edad de su hijo, el futuro Carlos IX, había suavizado su política agresiva contra los seguidores de la nueva religión predicada por Lutero y Calvino, habían cruzado el Atlántico bajo la protección del Almirante Coligny, enemigo declarado de España, instalándose en una primera expedición, en 1562, precisamente en la zona que luego ocuparía Santa Elena, al norte de San Agustín, algo que Felipe II no podía consentir por razones religiosas y políticas. Esta expedición fracasó y los franceses regresaron a Francia en una travesía dura y azarosa en la que, incluso, se dieron casos de canibalismo, y en la que murieron la mayoría de ellos.

Ante la inexplicable inacción de España, Coligny organiza una segunda expedición de hugonotes que sale de El Havre el 22 de abril de 1564 y llega a las costas floridanas el 22 de julio al mando de René de Laudonnière, que escoge para su asentamiento un punto situado algo más de 9 millas río arriba de la desembocadura del río St. John's en donde construyen el fuerte Caroline en honor de su rey.

Será ya por esas fechas, cuando el gobernador de La Habana, Mazariegos confirmará a Felipe II la efectiva presencia francesa en Florida en el asentamiento indicado, lo que determina al rey a encargar a Pedro Menéndez de Avilés, a finales de 1564 o principios de 1565, una vez sustanciado su pleito con la Casa de Contratación, un informe sobre los peligros de la situación creada por los franceses, cerca de la salida del canal de Bahamas, precisamente por donde pasaban los galeones españoles en su navegación hacia la metrópoli.

Es así como la cuestión de Florida se convirtió, por mor de la presencia de los hugonotes franceses, en una «cuestión de Estado», que pondría sobre el mapa un territorio que, para la Corte española tomaría, casi desde el principio, un enfoque militar, antes que de colonización o explotación de las potenciales riquezas que pudieran existir en su interior.

En fin, en un tiempo récord para los estándares del momento y para estas cuestiones, las capitulaciones entre Felipe II y Menéndez de Avilés fueron firmadas por el rey el 20 de marzo de 1565 y por parte del asturiano el 26 del mismo mes. Por ellas se concedía al avilesino, entre otros, el título de adelantado de la Florida y gobernador de la misma, con el objetivo prioritario de expulsar a aquellos franceses del territorio floridano[12].

El 27 de junio de 1565 y después de unos preparativos llenos de dificultades de todo tipo, que imponía la burocracia del momento y las malas relaciones del propio Menéndez de Avilés con los

CVM Galli in Floridam provinciam, secunda navigatione instituta duce Laudonniero, appulisisent, ipse comitibus quinque & viginti pyxidarijs in continentem descendit, salute ab Indis accepta (nam catervatim ad eos conspiciendos advenerant) Rex Athoré quatuor aut quinque milliaribus à maris littore habitans etiam venit, & muneribus datis & acceptis, omnique humanitatis genere exhibito, indicavit se singulare quidpiam ipsis demonstrare velle, propterea orare ut una proficiscerentur: assentiuntur, quia tamen magno subditorum numero cinctum videbant, cautè & circumspectè cum eo profecti sunt. Ille verò eos in insulam deduxit, in qua Ribaldus super tumulo quodam saxeum limitem insignibus Regis Galliæ insculptum posuerat. Proximi facti, animadverterunt Indos hoc saxum non secus atque idolum colere: nam ipse Rex eo salutato, & exhibito qualem à suis subditis accipere solet honore, osculû fixit, quem imitati sunt ipsius subditi, ut idem faceremus adhortati. Ante saxum iacebant varia donaria fructibus eius regionis & radicibus edulibus, vel ad medicum usum utilibus constantia, vasaque plena odoratis oleis, arcus & sagittæ: cinctum etiam erat, ab imo ad summum, florum omnis generis corollis, & arborum apud ipsos selectissimarum ramis. Perspecto miserorum horum barbarorum ritu, ad suos redierunt observaturi commodissimam ad propugnaculum extruendum locum. Est verò hic Rex Athoré formosus admodum, prudens, honestus, robustus & proceræ admodum staturæ, nostrorum hominû maximos sesquipeda superans, modesta quadam gravitate præditus, ut in eo maiestas spectabilis reluceat. Cum matre matrimonium contraxit, & ex ea plures liberos utriusq; sexus suscepit, quos percusso fœmore nobis ostendit: postquam verò ipsi desponsata fuit, parens eius Saturioua illam amplius non attigit.

B 3

Saturiba agasaja a Laudonnière (1564) ante la estela de piedra con las
armas del rey de Francia, Carlos IX, erigida por el también hugonote
Jean Ribault en 1562, durante el primer viaje de este a Florida.

funcionarios de la Casa de Contratación, el asturiano sale de Cádiz al mando de una flota integrada por 995 personas, de las cuales 567 eran militares, 170 marineros y 254 civiles de diversos oficios. Pero, a consecuencia del fuerte viento de proa que hubiera podido poner en riesgo la navegación agrupada de la flota, el adelantado decide regresar a puerto en espera de la mejoría de las condiciones de navegación.

En esta detención cerca del puerto, parece que se incorporaron al viaje entre 150 y 300 personas, de modo que, en la partida que se produjo al día siguiente, el 28, la cifra final estaría cercana a 1500 personas, como se pondría luego de manifiesto en el alarde previo a la salida de la flota desde las Canarias rumbo a Florida[13].

Finalmente, el 28 de agosto los cinco barcos que en aquellos momentos constituían su flota avistan las costas de Florida, pero desconociendo en qué punto se encontraban los hugonotes continúan la navegación en dirección norte, descubriendo durante el recorrido la ensenada en la que establecerían su primer asentamiento. El 4 de septiembre, encuentran, por fin los 4 grandes navíos que habían traído a los franceses, y sin conseguir entrar en combate con ellos porque se dan a la fuga, regresan hacia la ensenada ya mencionada e inician el desembarco de la gente y los pertrechos que traían. No será hasta el 8 de septiembre de 1565 cuando, habiendo desembarcado previamente el grueso del grupo que había viajado desde España, Pedro Menéndez de Avilés tome posesión de aquel territorio en nombre del rey de España. Dado su carácter eminentemente ejecutivo su primera acción será la de iniciar inmediatamente la selección de la fuerza que habría de acompañarle para tomar el fuerte Caroline, donde presumía se encontraban todos los franceses. Con la fuerza seleccionada, el 16 de septiembre inicia su marcha al encuentro de los franceses. El día 20 tras cuatro días de marcha bajo una intensa lluvia que les obligaba a veces a caminar con el agua a la altura de la cintura, el adelantado, con los suyos, estaba en posición de atacar el fuerte, cosa que hizo al amanecer del día 21.

Cogidos por sorpresa los franceses no tuvieron capacidad alguna para resistir este ataque y en unas pocas horas los españoles dieron muerte a más de 140 soldados, a los que se unieron 20 que murieron en los bosques que rodeaban el fuerte, si bien no consiguieron capturar a otros 50 o 60, que consiguieron escapar.

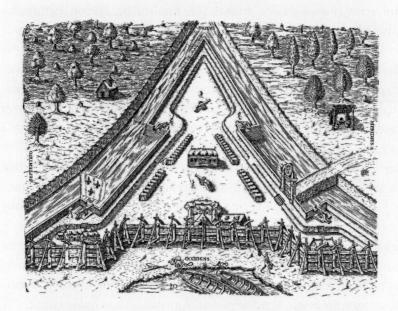

EDVCTA igitur in triangulum arce, quæ Carolina poftea nuncupata eft, latus Occidenti objectü & continentē fpectans, exigua foffa & vallo ex cefpitibus conftante novem pedum altitudine claudebatur ; aliud latus flumini objectum tabulis & cratibus feptum fuit. Latere Meridiem fpectante veluti propugnaculum quoddam affurgebat , in quo horreum ad annonam recondendam exftructum. Omnia ex fafciculis & fabulo conftabant præter valli fuperiorem partem, quæ ex cefpitibus duos aut tres pedes altis erat. Jn media arce ampla fuit area decem & octo paffus longa, totidem lata , in cujus meditullio ad partem Meridiei obverfam locus ad militum ftationem paratus: parte verò ad Septentrionem vergente ædificium, quod, quoniam altius quàm par erat, fuit exftructum, paulo poft ventus dijecit: nofque experientia docuit , humilioribus contignationibus fabricanda effe ædificia in ea regione magnis ventis obnoxia. Erat præterea alia area fatis capax, cujus alterum latus ipfam claudens horreo fupra dicto contiguum erat , & in altero latere amnem fpectante Laudonnieri domicilium porticu circumquaque cinctum. Hujus anterior janua majorem aream feu forum refpiciebat, pofticum autem, flumen. Satis procul ab arce furnus exftructus ad vitanda incendia: cùm enim ædes palmarum ramis effent tectæ, facilimè ignem concepiffent.

Dibujo mostrando la estructura del fuerte Charlesfort, construido entre 1564 y 1565. Estaba ubicado en un lugar río arriba de la entrada del San juan, al norte de San Agustín. Fue conquistado por Pedro Menéndez de Avilés en septiembre de 1565, en una batalla que supuso el principio del fin de la presencia francesa en las costas orientales de Florida. Del Libro de Jackes Le Moyne, circa 1590.

El drama de los hugonotes no terminaría ahí pues el resto de los que, días antes, habían salido en sus barcos huyendo de un primer enfrentamiento, como ya se ha comentado más arriba, terminaron naufragando en la propia costa cercana al nuevo asentamiento español, reuniéndose en dos grupos que, finalmente, fueron capturados y pasados por las armas en los días sucesivos.

El adelantado había cumplido, así, el encargo principal de su rey, desalojar a los franceses de los territorios que España consideraba de su propiedad. A partir de estos momentos Menéndez de Avilés desarrollará una actividad que podríamos calificar de frenética, en la que recorrió la costa de ese trozo de Florida bordeándola hasta llegar a la zona de Tampa, en donde trabó contacto con el jefe de los *calusa* con el que siempre mantendría una relación de mutua desconfianza; recibió y acogió a los jesuitas tal como él mismo había solicitado a Felipe II, pero con los que al cabo de los días llegaría a mantener unas relaciones cuando menos incómodas; recorrió y fortaleció las defensas de las principales islas del Caribe en poder de España; enviará dos expediciones al mando del capitán Pardo al interior del país que se adivinaba al norte de San Agustín; se enfrentó y venció al cacique Saturiba, al norte de San Agustín, que se había convertido en su principal enemigo; elaboró unas ordenanzas reguladoras de la vida diaria en aquella provincia; en 1567 fue nombrado gobernador de la isla de Cuba y organizó, en parte, los trabajos de reforzamiento de las defensas de esta ciudad; tuvo que hacer frente en la metrópoli al desinterés mostrado en la Corte por la delicada situación de la Florida, que dio lugar a una especie de levantamiento de los soldados allí destinados que, en número de 110, se presentaron, el 22 de octubre de 1570, en Cádiz, a bordo de una embarcación y comandados por uno de los capitanes más reconocidos y respetados de Florida, Esteban de las Alas, hombre de total confianza del Adelantado, con el objetivo de dejar patente el estado en que vivían tanto ellos como los compañeros que habían quedado en los tres fuertes que guardaban el territorio de la Florida española (falta de ropa, mantas, alimentos, armas, municiones, desnudez…), prueba todo ello del poco interés que se prestaba ya a esta provincia en la Corte.

En fin, en 1572 constituye a Santa Elena (al norte de San Agustín, en donde hoy se encuentra el condado de Beaufort, en Carolina del Sur) como capital administrativa de Florida, trasladando hasta allí

VAMDIV Galli cum magno Rege Holata Outina in bello quod adversus hostes gessit, versati sunt, numquam pugna commissa est, quæ legitimè prælium appellari possit: sed omne eorum bellum aut clandestinis occupationibus, aut turmarum velitationibus constat, submissis semper in eorum qui regrediuntur locum recentioribus. Qui primus hostem cædit vel etiam vilissimum, victoriam sibi adscribit, licet majorem militum numerum amittat. In istis velitationibus, qui occumbunt statim extra castra abripiuntur ab ijs quibus commissa est hæc cura, & arundinis fragmentis, exactioris quàm ullus culter aciei, à fronte in orbem ad occiput, capitis cutim ad cranium usque secant; eamque totam detrahunt, hærentibus adhuc capillis cubito longioribus in nodum supra caput collectis; & qui supra frontem & occiput sunt, resectis in orbem ad duorum digitorum longitudinem, pileorum limbi instar; statim (si tantum est otij) egesta terra foramine facto ignem excitant, quem musco exceptum, plicis pellis, quà illis cinguli loco est, involutum semper gestare solent, igne accenso, cutim desiccant, & membranæ instar indurant. Pugna etiam commissa ijsdem arundineis cultris cæsorum brachia sub humeris & crura sub coxis incidere solent, ossaque nudata palo frangere, deinde eorum confractas & sanguine fluentes partes eodem igne ustulando resiccare: tum ea, capitisque cutim de summis pilis suspensa domum triumphantium modo deferre. Vnum sum miratus (nam ex eorum numero, qui à Laudonniero missi fuerunt Ottignio duce, fui) numquam eos pugnæ loco excedere, quin cadaveribus hostium sic mutilatis, sagittam per anum ad summum usque traijciant: quod sanè non sine magno periculo interdum fieret, nisi qui ad hoc munus sunt delegati, perpetuò turmam militum auxiliarem haberent.

Escena ritual de la muerte y desmembramiento de sus enemigos por
parte de los guerreros del cacique Utina, enemigo de Saturiba.

33

todos los enseres de su casa en España, acompañado de su esposa Dña. María de Solís.

Y prueba de su interés por hacer de Florida un territorio importante para España, consiguió de Felipe II la aprobación de una Real Cédula de 23 de febrero de 1573, por la que se le ordenaba extender los límites de la gobernación de Florida «… hacia la parte del oeste hasta el río Pánuco… y hacia la parte del norte hasta donde acaba lo que está descubierto por el distrito de la Audiencia de Nueva España… hasta venir juntando la población con lo que está poblado en Santa Elena…»[14].

Pero parece que el destino de este activo *emprendedor* del siglo XVI era otro, y pasaba por volver a la metrópoli en 1573, en donde Felipe II tenía para él otros planes: comandar una flota que debía controlar el paso de cualquier navío más allá de una línea imaginaria de bloqueo trazada entre la isla d'Ouessant en el extremo noroeste de Francia y las islas Sorlingas en la punta sureste de Gran Bretaña. Se trataría, en definitiva, de sellar el paso de los navíos que regresaran a sus puertos de origen desde las Indias o Guinea, Brasil, Azores y costa de Portugal, ahogando, así, el tráfico de corsarios y piratas protegidos por Inglaterra, Francia o Flandes, los grandes enemigos de España en esos momentos[15]. Es decir, vencer al enemigo mediante un bloqueo económico.

Pero cuando el 8 de septiembre de 1574, se preparaba la ceremonia de la toma de posesión del mando de una armada que él mismo había conseguido juntar y que contaba con 150 navíos y 12.000 hombres, Solís de Meras nos cuenta que «… aquel día le acometió un tabardillo (tifus exantemático) tan violento que los médicos le desahuciaron…y el día 17 murió, convirtiendo en llanto la alegría de todos…».

El impacto de la muerte del Adelantado fue tal que Felipe II decidió cancelar todo el proyecto que con tanto empeño el Adelantado y sus colaboradores habían conseguido finalizar. Se desmovilizó la tropa ya embarcada y los diferentes navíos fueron destinados a otros objetivos.

No obstante, las consecuencias para la nueva provincia americana, serían todavía más profundas, pues al tener que dejar la gobernanza de Florida en manos de sus familiares políticos, en concreto sus dos yernos, la pésima gestión desarrollada por estos durante unos pocos años, llevaría a Felipe II a cancelar la administración privada llevada hasta entonces por los familiares del Adelantado para colocar a Florida bajo la administración y control de Nueva España. Decisión que marcaría en adelante el futuro de este territorio.

En paralelo a los sucesos generados por los familiares políticos del Adelantado, Bernardo del Castillo, el funcionario enviado por la corte de Madrid, realizaba una inspección sobre la gestión que se estaba llevando por los sucesores del Adelantado en la administración de la provincia, y cuando su informe llegó a manos del Consejo de Indias a principios de 1577, este órgano, de acuerdo con Felipe II, decidió poner punto final a la gestión privada de la provincia Florida, eso sí, manteniendo a Pedro Menéndez Márquez no ya en calidad de adelantado sino sólo como gobernador. Y dato importante para el futuro de Santa Elena, Menéndez Márquez decidió fijar su residencia en San Agustín, en detrimento de Santa Elena que había sido reconstruida.

Todos los acontecimientos sobrevenidos en estos años posteriores a la muerte del Adelantado, terminaron por suscitar el debate acerca de la conveniencia de mantener dos asentamientos como San Agustín y Sante Elena, tan cerca, relativamente, el uno del otro. El debate lo perdería Santa Elena máxime después del ataque del pirata Drake a San Agustín en 1586 (Santa Elena se libró porque Drake no pudo acercarse a la costa debido a un gran temporal) cuyo fuerte fue arrasado y San Agustín saqueada, lo que puso sobre la mesa la decisión de concentrar las fuerzas en un solo punto, con un fuerte más poderoso.

La idea tuvo una importante oposición por parte de los colonos de aquel asentamiento, que habían realizado allí sus inversiones. Finalmente, el 16 de agosto de 1586 Pedro Menéndez Márquez llevaría a Santa Elena la orden real de abandonar la plaza, operación que se llevó a cabo a pesar de las protestas de los colonos, que decidieron demandar a la Corona en solicitud de las pertinentes indemnizaciones.

Florida se replegaba, así, sobre sí misma, renunciando a un desarrollo más amplio que el de servir de defensa del territorio.

La Florida, 1565-1700

A diferencia de lo que sucedía con el desarrollo de la presencia española en los territorios mejicanos o peruanos durante los siglos xvi, xvii, y xviii en los que, a pesar de las lógicas dificultades para consolidar los diferentes asentamientos que sistemáticamente se iban abriendo en aquellas tierras, se mantuvo un crecimiento constante, el afianzamiento de esa presencia en los territorios que hoy ocupan los Estados Unidos, supuso para el Reino de España, primero, un auténtico semillero de problemas militares, económicos y políticos, porque la Corona de España nunca valoró la importancia económica de los territorios de la costa oriental del subcontinente, que por la dificultad de su gestión suponían una carga económica y administrativa a añadir, fundamentalmente, al Virreinato de Nueva España; y luego, quizás como factor de mayor importancia, porque a partir de 1607 (cuando Inglaterra levantó un primer asentamiento, Jamestown, al norte de San Agustín), los colonizadores españoles se vieron obligados a coexistir con un pésimo vecino, con una mentalidad y un código ético radicalmente diferentes de los de la Corona y la cultura españolas, que no reconocía más objetivos que la expansión continuada hacia el oeste y la expulsión de los españoles de aquellos territorios, (reivindicados como propios por España, por derecho de conquista), ni más leyes que las que imponían sus armas y sus intereses comerciales, apoyados en algunas de las *naciones* indias que poblaban aquellos parajes, y muchas veces, en el corso o en la piratería practicados por sus propios súbditos, con el apoyo casi siempre explícito de la Corona inglesa.

La superficie de esta provincia, desconocida e inexplorada en su mayor parte, totalizaba unos 690.000 km² (la superficie de la España peninsular no llega a los 500.000 km²) y abarcaba lo que hoy son los estados de la propia Florida, Alabama, Georgia, las dos Carolinas y una parte de Virginia, hasta llegar, en los 38º 31' de latitud norte, a la bahía de Chesapeake, (también descubierta por un español, Lucas Vázquez de Ayllón, quien en 1526 le puso el nombre de Bahía de Santa María). Y las costas correspondientes a este territorio sumaban, desde Pensacola, en la costa del golfo de México, hasta la mencionada bahía de Chesapeake, una longitud total de unos 3680 km (la longitud total de las costas peninsulares españolas es de unos 3900 km).

En cuanto a la población indígena de esta inmensa superficie, y ciñéndonos, casi exclusivamente, a la superficie de lo que hoy es el estado de Florida, según cálculos realizados por los estudiosos de la historia de la Florida del siglo XVI, cuando se produjeron los primeros contactos entre los europeos (principalmente los españoles) y los floridanos, la población no alcanzaba siquiera los 26.000 individuos, repartidos entre los *calusas*, unos 4000, que ocupaban el sur de la península hasta lo que hoy es la bahía de Tampa; los *timucuanos*, que representaban la gran mayoría, con unos 14.300 individuos, que se extendían desde Cabo Cañaveral hasta el actual estado de Georgia por el norte y el río Aucilla por el oeste; y unos 6800 *apalaches*, que habitaban el espacio comprendido entre el río de este nombre y el Ochocknee, abarcando también las cuencas de sus afluentes, al norte y al oeste[1].

Así que la defensa de este vasto territorio, conocido como la Florida desde 1513, representó, desde el primer momento, un problema realmente muy complicado por al menos dos circunstancias: de una parte, la superficie terrestre a cubrir con los efectivos militares disponibles que, de media, y en el mejor de los casos, nunca fueron más de 300 soldados, cifra en la que iba incluida la correspondiente a los misioneros franciscanos, verdaderos colonizadores de la Florida durante cerca de 150 años, y que convivieron con los militares en una convivencia nunca exenta de fuertes discrepancias, pero cuya protección, en cualquier caso, recaía siempre en aquellos escasos efectivos militares.

La segunda circunstancia que complicaría la gobernación de esta provincia, ya desde los tiempos de Pedro Menéndez de Avilés, que en sus capitulaciones había pactado con la Corona la administración «privada» de los territorios a descubrir y conquistar, era la económica.

ROCODILIS hoc modo bellum inferunt: casulam rimis & foraminibus plenam apud flumen faciunt, in qua vigil, qui Crocodilos procul conspicere & exaudire potest: nam fame pressi è fluminibus & insulis reptant prædæ causa; qua non inventa tam horrendum clamorem edunt, ut per dimidij miliaris spatium exaudiri queat. Tum vigil excubitores convocat ad id paratos: illi deni aut duodeni longam arborem corripientes huic vasto animali obviam procedunt (hiante rictu si quempiam illorum apprehendere posset adrepenti) atque summa agilitate tenuiorem arboris partem quàm altissimè possunt in rictum ejus adigunt, ut inde ob inæqualitatem & corticis scabritiem eximi nequeat. Crocodilum igitur in dorsum obvertentes, ejus ventrem, qui mollior est, clavis & jaculis feriunt & aperiunt; dorso enim ob duras quibus tectum est squammas impenetrabilis est, præsertim si vetulus est. Hæc est apud Indos ratio venandi Crocodilos, à quibus adeò molestantur, ut noctu & interdiu non minus excubias agere cogantur, quàm nos adversus infensissimos hostes.

E 3

Caza del cocodrilo. Se trataba de conseguir voltear al animal para dejar al descubierto la parte de su cuerpo menos protegida.

BELLVM denuntiaturus Rex aliquis alteri suo hosti, nullo fetiali utitur qui bellum indicit; sed sagittas quarum summis capillorum promissorum flocci alligati, secundum publicas vias figere jubet: quemadmodum observavimus, cùm Regem Outinam captum per ditionis ejus pagos circumducebamus, annonæ recuperandæ gratia.

Ritual de declaración de guerra al enemigo por parte de guerreros timucuanos.

Quizás la más importante, pues al carecer Florida de agricultura o pesca, que la imposibilitaban para generar recursos para la escasa población española que allí residía, pasó a depender prácticamente desde la muerte del Adelantado, de la Administración real, es decir de las ayudas que con el nombre de *situado* les proporcionaba la Corona, en este caso concreto, a través de unos impuestos específicos, recaudados en el Virreinato de Nueva España y monitorizados por el Gobierno de Cuba. De modo que Florida nunca gozaría de una auténtica autonomía, al haber estado siempre sometida a los gobernadores de Cuba, primero, durante el período en el que ésta dependía de la Capitanía General de Santo Domingo y luego, a partir de 1607, de la propia Capitanía General de Cuba.

EL SITUADO

Las capitulaciones firmadas en marzo de 1565 entre Felipe II y Pedro Menéndez de Avilés confirmaban el cambio de filosofía del rey en cuanto a la política a seguir en materia de descubrimientos y conquistas, pues vistos el coste y los fracasos ya experimentados en este campo por la Hacienda Real a lo largo de la primera mitad de siglo XVI, decidió que este tipo de iniciativas fueran soportadas por las economías de los posibles descubridores o conquistadores, a los que, como contrapartida, se les concedían títulos como el de adelantado u otros que llegaban aparejados beneficios económicos o sociales para ellos y sus sucesores.

En el caso de Pedro Menéndez de Avilés su inteligencia natural y su innata mentalidad empresarial para conseguir la financiación necesaria para su empresa, a costa de hipotecar su patrimonio, como finalmente ocurrió, determinaron que hasta su fallecimiento, la Florida española, mal que bien, consiguiera sobrevivir a las diferentes circunstancias y obstáculos que grabaron los primeros años de la colonización de aquel territorio, si bien tanto los militares como los escasos civiles que decidieron establecerse allí tuvieron una vida más que azarosa, en el filo siempre de la miseria y la hambruna (recuérdese el testimonio, en octubre de 1570, de los 120 soldados que viajaron a Sevilla con Esteban de las Alas desde los fuertes de Florida y que hablaron de hambruna, desnudez, falta de armamentos, y, en definitiva, abandono por parte de la Corona como consecuencia de la falta de la mínima atención y financiación de la propia Administración española)[2].

Así que cuando falleció el Adelantado en 1574 ni estaba resuelta la financiación del aprovisionamiento regular de San Agustín, la capital efectiva de la provincia de Florida, ni había visos de que el problema pudiera solucionarse. De hecho, en fecha tan cercana a ese momento como era 1575, el gobernador Diego de Velasco ya escribía al rey informándole del descontento de los militares de aquella plaza, que aglutinaba a la mayoría de los destinados a la Florida, porque los pagos hechos, ya, con tres años de retraso sobre la fecha prevista, habían sido hechos en monedas de plata que no podían ser utilizadas por los soldados para conseguir comida u otros bienes o, incluso, munición.

Por ello, cuando el rey decidió integrar la provincia de la Florida en el sistema administrativo y burocrático de la Corona, es decir cuando decidió pasar de una colaboración público-privada como la que se mantenía con el Adelantado, a una administración totalmente pública, Felipe II por reales cédulas de 18 de enero de 1574 y 24 de enero de 1580, ordenó que la Florida fuera financiada desde la Caja de Méjico, mediante el *situado*, si bien debido a los continuos retrasos en los pagos a los soldados se ordenó, por Cédula de 28 de Septiembre de 1584, que ese pago se realizara desde la Habana, previa supervisión y aprobación desde Méjico.

De acuerdo con la definición que figura en la edición de 1739, primera edición del Diccionario de Autoridades, este término significaría «caudales que por cuenta del rey se transferían de una caja a otra para cubrir gastos que interesaban a la Corona»; y en 1970 el Diccionario de la Real Academia Española de la lengua, definía este sustantivo como «salario, sueldo o renta señalados sobre algunos bienes productivos».

En cualquier caso, y a efectos prácticos para la época que nos ocupa, el *situado*, se obtenía de un impuesto (la alcabala), que gravaba, fuera del territorio floridano, las operaciones de compraventa y o permuta. En un principio, los importes destinados a Florida se cargaban contra los presupuestos de Nueva España, pero en 1702 se decidió nutrir este *situado* con los ingresos fiscales obtenidos en Puebla de los Ángeles, en Méjico, cuyo alcalde los enviaba al obispo de esta plaza y este a su vez los remitía a Cuba cuyo gobernador los entregaba a San Agustín, previa justificación del oficial de aquella plaza que venía a recogerlos[3]. Y se decidió así en base a la teoría de que, dado que la Florida debía ser mantenida fundamentalmente para la tranquilidad y protección del comercio de Nueva España y como frontera defensiva frente a los ataques de piratas, corsarios y otras potencias extranjeras, los beneficios del establecimiento de tal sistema de protección deberían ser pagados por las regiones principalmente beneficiadas, en este caso la Nueva España.

Dibujo de las rutas más habituales que tuvo que utilizar Pedro Menéndez de Avilés durante los 7 años de su mandato en Florida para conseguir aprovisionarse de víveres y otras vituallas.

El procedimiento seguido era el siguiente: en primer lugar, se fijaba el número de individuos de los diferentes estamentos destinados al territorio floridano. Dentro de cada estamento se establecían las diferentes categorías: así, por ejemplo, en 1586, el gobernador tenía asignados 2000 ducados; el interventor, el tesorero o el contable tenían asignados 1096 ducados cada uno (estos *oficiales reales*, incluido el gobernador, recibían la mitad de su sueldo en especie, por ejemplo, frutas, tierras, etc.); un capitán, 200 ducados; el maestro carpintero 150 ducados; para los 178 soldados allí destinados 2,74 ducados a cada uno más sus correspondientes raciones de comida diaria[4].

El número de individuos se fijó en 300 a partir de 1574, y se mantuvo invariable (salvo contadas excepciones, como por ejemplo, el aumento de la tensión en Georgia o Carolina a consecuencia de las invasiones y ataques de los colonos ingleses), hasta prácticamente 1700. Con otra circunstancia que pudiéramos calificar como agravante: que dentro de esta dotación o cuota para los 300 individuos, los familiares a cargo de los soldados o de los *oficiales reales* no contaban a la hora de calcular la cantidad final del *situado*, de modo que cuando, por ejemplo aumentaba el número de religiosos franciscanos, la otra minoría mayoritaria en Florida, los militares, tenían que reducir su número a efectos de la dotación económica, y a la inversa, pues el sistema funcionaba como vasos comunicantes. De ahí, que pronto surgieran quejas de los militares cuando disminuía o se hacía necesario un número mayor de efectivos para las labores de patrullaje o defensa del territorio y de las fronteras.

Cada año, el gobernador de San Agustín tenía que certificar al virrey de Nueva España un listado de los habitantes de la Florida susceptibles de recibir el *situado*, incluyendo, como se ha dicho, a los religiosos. Para asegurar el cálculo correcto y la libranza de la correspondiente cantidad, el gobernador despachaba generalmente a uno de sus oficiales (el sargento mayor o el contable) a Veracruz vía La Habana, llevando consigo las correspondientes credenciales y la petición de fondos. Los oficiales del virrey, a su vez, sometían las peticiones a una rigurosa inspección en cuanto al número de beneficiarios y sueldos que les correspondía, para que, finalmente, estos últimos pudieran evacuar las órdenes necesarias para la entrega del dinero al emisario.

Pero en la práctica, este procedimiento fracasó casi desde el principio dada la inclinación de los sucesivos virreyes y del resto de los oficiales reales de Méjico a ralentizar las comprobaciones, poner excusas y, en definitiva, atender peticiones que tenían más cerca, posiblemente más molestas políticamente que las que les llegaban de un territorio de frontera tan lejano como era la Florida. Por ello, y porque desconfiaban de los informes o por ambas cosas a la vez, terminaban a menudo por recortar las peticiones, exigir que se rehiciesen los cálculos y que los números volvieran a ser certificados, lo que se traducía indefectiblemente en retrasos sistemáticos que llegaron a alcanzar incluso los ocho años.

Por ejemplo, en 1580 Pedro Menéndez Márquez, el sobrino predilecto del Adelantado, y su sucesor como gobernador de San Agustín, hubo de viajar a La Habana para conseguir del gobernador de aquella plaza la libranza del dinero que se debía a Florida y que llevaba ya dos años de retraso, haciéndole ver, que en caso contrario se corría el peligro de motín por parte de la tropa, a lo que dicho gobernador le contestó que «... incluso si se fueran a perder siete Floridas no daría el dinero sin antes hacer bien las comprobaciones aunque fueran contrarias a las órdenes de Su Majestad...». (De hecho, Pedro Menéndez Márquez, en 1578, en su etapa de gobernador de la Florida, ya había dado instrucciones para mantener y guardar los apuntes contables relacionados con el *situado*).

Durante la centuria siguiente las quejas de los oficiales reales de San Agustín se repitieron con monótona regularidad, por el fallo sistemático de este mecanismo de apoyo económico. De hecho, lejos de mejorar, la situación creció y empeoró a lo largo de los años, pues si bien entre 1653 y 1670 la Corona decretó un incremento de 50 personas en la dotación de Florida, elevando el total a 350 individuos, por una u otra razón el virrey no dio curso a esta orden real por lo que la cifra de 300 individuos se mantuvo hasta cerca de 1700. El punto álgido de esta situación de penuria económica se alcanzó en el trienio 1657-1659 en el que las cantidades correspondientes a este período estaban devengadas, pero no pagadas, y aunque en 1656 se habían enviado a Florida dos anualidades, Nueva España todavía debía siete años, incluyendo 1656, y en 1658 se debían ya ocho años y había pocas perspectivas de que fuera a adoptarse alguna medida al respecto.

El único remedio posible consistía en aportaciones directas y finalistas de la Administración española, ayudas que llegaban normalmente en momentos de grave peligro cuando el enemigo amenazaba la frontera o después de un ataque que hubiera destruido las fortificaciones o la ciudad de San Agustín. También se enviaron cantidades extra, por ejemplo, durante el período 1672-1685 dirigidas a sufragar los costes de la construcción del castillo de San Marcos.

Pero la realidad fue que el *situado*, atrapado por un sistema de libranzas muy burocratizado, con un límite tan rígido como el de los 300 individuos, supuso, posiblemente, el más serio obstáculo para conseguir organizar una defensa del territorio digna de ese nombre, pues en la primera época de la existencia de la provincia, el incremento regular del número de religiosos, determinó el decremento paralelo de los militares, cuya fuerza, como consecuencia, se debilitaba.

Frente a este modelo de financiación, «las trece provincias» fundadas por los anglosajones que llegaron al territorio americano en estos años, se regían por un sistema mucho más flexible y práctico, en el que los gastos militares de autodefensa (sobre todo contra las diferentes etnias nativas) corrían, en parte, por cuenta de las diferentes asambleas o parlamentos de las trece administraciones, independientes de su metrópoli común, hasta el punto de que el estallido de la rebelión que dio pie a la guerra de la Independencia de 1776 se vincula, habitualmente, al rechazo frontal e inmediato de estas colonias al intento del gobierno del rey Jorge III de imponer impuestos, directamente, a la importación de productos como el té, el azúcar o el ron.

En fin, solamente a partir del Tratado de Madrid, de 1670, y a pesar de este, cuando las autoridades españolas verificaron el peligro de extinción de las misiones como consecuencia del sistemático avance de los colonos ingleses hacia el sur y el oeste del continente, partiendo desde de las Carolinas, se pudo ver un tímido movimiento favorable al incremento de los efectivos militares en San Agustín, con el objetivo de frenar a estos invasores, y, consiguientemente del importe del *situado*. Pero la dura realidad demostró, una vez más, que la respuesta tan tardía, en cuanto a la defensa del territorio, no iba a evitar que en el período 1680-1705 desapareciera la presencia española (misiones) en los Apalaches, al sur, y en Guale y País Timucuano, al noroeste del río St. John's, en lo que luego sería el territorio de Georgia.

LOS MISIONEROS

La Bula «Inter Caetera» dictada por el papa Alejandro VI· el 4 de mayo de 1493 concedió a los Reyes Católicos y a sus herederos «el exclusivo privilegio de cristianizar las Indias» que incluía la completa jurisdicción sobre materias eclesiásticas. A cambio de esta concesión, la Corona se comprometía a hacer progresar la presencia de la religión católica por cualquier medio posible y esa era la razón por la que prácticamente todas las primeras expediciones de exploración y colonización llevaban consigo uno o más clérigos seculares o representantes de las órdenes religiosas de predicadores, como los agustinos, dominicos, franciscanos o trinitarios, a los que en 1565 se añadieron los jesuitas por expresa petición del adelantado Pedro Menéndez de Avilés.

Los jesuitas entraron en la Florida en 1567, pero, en 1572, a raíz de la muerte de ocho representantes de la Compañía a manos de los nativos del Axacán, región cercana a la bahía de Santa María (hoy Chesapeake) los superiores de la Orden decidieron abandonar este territorio, «tierra dura e insalubre que se tragaba las expediciones sin lograr provecho alguno ni para Dios ni para el rey»[5]. No regresarían a Florida hasta 1743.

Con la muerte de Pedro Menéndez de Avilés en España, en 1574 tomaron el relevo los religiosos de la Orden de San Francisco (O. F.M.), si bien, como ahora veremos, de acuerdo con su propio relato, parece que ya se encontraban en territorio floridano desde 1570.

En cualquier caso, los franciscanos comenzaron sus trabajos de evangelización con menos de una docena de religiosos (nunca pasarían de 10 a lo largo del siglo xvi) si bien su número fue creciendo gradualmente hasta alcanzar su máxima expresión en la década de 1670 a 1680 con unos 50 frailes, no incluyéndose en esta cifra ni los novicios ni otros frailes dedicados a tareas que exigían menos capacidades[6]. (Otros historiadores americanos dan la cifra de unas 40 misiones gestionadas por 70 frailes, que atendían hasta a 26.000 nativos cristianizados)[7].

Con esta pequeña organización los franciscanos consiguieron levantar más de 50 misiones en el territorio floridano, incluyendo un considerable número de *doctrinas* (el centro principal de una misión) y otros centros que no tenían establecimientos permanentes,

Oppidorum apud Floridenfes ftructura.   XXX

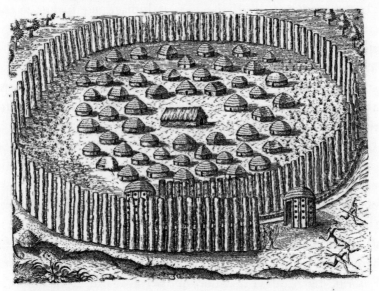

OLENT Indi hac ratione fua oppida condere. Delecto aliquo loco fecundum torrentis alicujus profluentem, eum quantum fieri poteft complanant; deinde fulco in orbem ducto, craffos & rotundos palos duorum hominum altitudinis conjunctim terræ infigunt, circa oppidi ingreffum circulum nonnihil contrahendo cochleæ in morem, ut aditum anguftiorem reddant, nec plures quam binos conjunctim admittentem, torrenti etiam alveo ad hunc aditum ducto: ad huius aditus caput folet ædicula rotunda extrui, altera item ad eius finem, fingulæ rimis & foraminibus plenæ, & eleganter pro regionis ratione conftructæ. Jn his conftituuntur vigiles viri illi, qui hoftium veftigia è longinquo odorantur: nam fimulatque aliquorum veftigia naribus perceperunt, adverfus contendunt, & ijs deprehenfis clamorem attollunt, quo exaudito incolæ ftatim ad oppidi tutelam convolant, arcubus, fagittis & clavis armati. Oppidi meditullium occupant Regis ædes nonnihil fub terram depreffa ob folis æftum: has cingunt nobiliorum ædes, omnes palmæ ramis leviter tectæ, quia novem menfibus dumtaxat ijs utuntur, tribus alijs menfibus ut diximus in fylvis degentes. Vnde reduces, domos repetunt: fin eas ab hoftibus incendio abfumptas reperiunt, novas fimili materia exftruunt, adeo magnifica funt Indorum palatia.

F

Dibujo de un asentamiento timucuano, con la empalizada
de protección, una estrecha entrada al interior del recinto,
y la casa comunal en el centro del grupo de cabañas.

48

pero que eran visitados ocasionalmente por los frailes encargados de esta tarea.

Aunque en otros países de la América española su subsistencia dependía de la caridad de los fieles, en Florida, dadas sus características y, sobre todo, la práctica ausencia de una población civil que, en su caso, tampoco contaba con un mínimo nivel económico, los religiosos fueron incluidos en el presupuesto aportado por la Corona, recibiendo una parte proporcional del *situado*, que, como se ha visto, funcionaba por el sistema de los vasos comunicantes por lo que el incremento fuerte y continuado de los religiosos durante la primera centuria de su presencia en estas tierras, adentrándose cada vez más al interior del territorio y cada vez más lejos de San Agustín, se llevó a cabo a expensas de otras actividades, fundamental y casi exclusivamente militares, causando numerosos problemas de convivencia con estos últimos y en ocasiones un agrio criticismo por su parte y la de, en su caso, los líderes civiles, pues en general muchos de estos pensaban que la seguridad de los diferentes asentamientos requería el mantenimiento de más y más poderosas guarniciones militares, incluso si ello implicase rebajar la importancia de las misiones.

Por su parte los religiosos argumentaban que su trabajo y su éxito en controlar a los nativos les convertía no sólo en un instrumento indispensable desde el punto de vista de la defensa del territorio, sino incluso superior al papel del personal militar, siendo apoyados en este aspecto por diferentes gobiernos españoles durante la primera centuria desde la fundación de San Agustín.

En relación con el procedimiento usado por los franciscanos para organizarse y desarrollar sus actividades de evangelización, en el Nuevo Mundo, Geiger[8] dice que «... cuando se trataba de abrir una nueva misión, cerrarla o reemplazarla por otra, el virrey o gobernador notificaba el asunto al Consejo de Indias con el número y perfil de los frailes que se deseaba enviar. El Consejo analizaba el asunto y hacía la consiguiente recomendación o propuesta al rey. Si el rey daba su autorización, esta se notificaba al comisario general de las Indias (es decir, al representante de la Orden en España) el cual, a su vez, designaba un *comisario* para que se encargase de la recluta y número específico de frailes. Una vez reclutados, los gastos que generasen (vestidos, libros o viaje) eran pagados por la Casa de Contratación. Es decir, «... los misioneros actuaban también en la tarea de la conquista de América, pues llegaban a las Indias mediante un permiso real y eran mantenidos con cargo a la tesorería real...» (Geiger, *ibid.*).

Por lo demás, todas las operaciones de la Iglesia en Florida quedaban nominalmente bajo la dirección del obispo de Cuba, cuya sede estaba en La Habana. Debido a las peligrosas condiciones de los viajes, al gran esfuerzo y tiempo exigidos para una inspección minuciosa de las misiones creadas en aquel territorio, solamente se hicieron dos inspecciones durante la primera centuria desde la muerte de Pedro Menéndez Avilés: una, en 1606 llevada a cabo por el obispo Altamirano y otra, en 1674 por el obispo de Cuba, Gabriel Díaz Vara Calderón.

Altamirano llegó a San Agustín a mediados de marzo de 1606 empleando tres meses en sus visitas a las misiones, viajando de pueblo en pueblo, y manteniendo conferencias con los indios... Durante su visita fueron ordenados más de 20 jóvenes, algunos de los cuales eran criollos, hijos de familias de Florida, y fueron confirmados 2074 indios y 370 blancos.

Por su parte Calderón llegó a Florida el 23 de agosto de 1674 y permaneció allí por unos diez meses (el último acto confirmado en Florida fue en junio de 1675) viajando durante ocho meses por las diferentes misiones en este territorio, contabilizando 32 asentamientos y misiones de indios cristianos, pertenecientes a las *provincias* de Timucua y de Apalache, con una población, de unas 13.152 personas, la gran mayoría de ellas cristianizadas, si bien es poco probable que todas ellas pertenecieran a la etnia *apalache*. De acuerdo con la información que proporcionan Keegan y Tormo Saiz en *Experiencia misionera en la Florida (siglos XVI y XVII)*, posiblemente, sea esta visita del obispo Calderón, por su duración y detallismo la que nos acerque a la cifra demográfica más fidedigna.

La región de Apalache estaba limitada, al este, por el río Aucilla y al oeste por el río Ochockonee. Su frontera norte era más indefinida, pero parece que se encontraba en algún lugar cercano a la línea divisoria de Florida y Georgia; y al sur, su límite era la bahía Apalache y el golfo de Méjico. Su nombre proviene del que le daban los nativos en el momento de sus primeros contactos con los europeos y aparece ya en las crónicas de Hernando de Soto en términos muy elogiosos por los abundantes recursos naturales y las cosechas que normalmente se obtenían. Sus campos eran los más extensos y productivos que cualesquiera otros que los exploradores españoles pudieron descubrir en el este norteamericano. Por todo ello, se trataba de una sociedad de cultivadores y agricultores, organizada en *reinos*, por lo que, a pesar de la llegada de las misiones, estas mantuvieron muchos aspectos de su economía tradicional y sus relaciones sociales.

Estas circunstancias, fundamentalmente la estructura social y el carácter sedentario de los nativos, hicieron que, ya en 1633, los franciscanos decidieran, establecer allí sus misiones al tiempo que comenzaron a enviar a San Agustín, por tierra, maíz y otros productos y por mar, desde el puerto de San Marcos de Apalache maíz y trigo a La Habana. Y fueron seguramente estas circunstancias las que atrajeron la presencia de los colonos ingleses, originando los sangrientos acontecimientos que se verán más adelante.

De acuerdo con la información proporcionada por los propios misioneros y por la autoridades militares españolas, los historiadores han llegado a la conclusión de que la influencia española, a través de los asentamientos levantados por los misioneros franciscanos, alcanzó su punto álgido en los días de la visita pastoral del obispo Calderón (1675) tanto en el territorio *timucuano*, al oeste y próximo a San Agustín, como en el *apalache*, más alejado, en las proximidades del golfo de Méjico, en la estrecha franja de terreno, que va desde la zona donde hoy se encuentra Tallahassee hasta Pensacola, en concreto, el territorio comprendido entre los ríos Suwannee (para los españoles del siglo XVI, San Juan de Guácara), Apalachicola (río y puerto de Apalache), y Flint (ríos St. Marks y Aucilla, en la parte occidental de la bahía Apalache, al sur de Tallahasee). Expansión, la del oeste y sur, que fue acompañada de la de los militares, y que venía impulsada por un doble motivo: salvaguardar la actividad misional, y asegurar la seguridad y estabilidad del propio San Agustín, pacificando a los pobladores nativos de aquellas tierras y fomentando el desarrollo colonial y el comercio, muy difícil, por no decir imposible en el área de Guale, al norte de esta ciudad.

Debemos, precisamente, al obispo Calderón una descripción muy interesante de San Agustín en aquellas fechas: «... es la capital de la provincia de Florida. Tiene más de 300 habitantes, soldados y gente casada. Su puerto es muy seguro debido a un peligroso banco de arena ubicado a su entrada, el cual cambia de posición debido a las tormentas y que en marea alta tiene unos 20 metros de profundidad. La ciudad se extiende de norte a sur y está casi aislada de la costa por un brazo de mar que la rodea y la golpea dejándola medio inundada en época de huracanes, pues está construida a nivel del mar. Su clima es, en cierto modo, insalubre, muy frío en invierno, con heladas, y excesivamente caluroso en verano, cuyos extremos se notan mucho, pues no hay protección ni defensa en las casas, que son de madera con paneles de tablero…». (Es llamativo que el Obispo no mencione, entre los 300 habitantes a los propios misioneros que, a efectos presupuestarios, estaban incluidos en esa cifra de 300).

En cuanto a los recursos, dice que «… el suelo es arenoso y, consecuentemente improductivo: no crece el maíz y el trigo muy escasamente, y a costa de mucho trabajo. Por ello, los habitantes se ven impelidos de forma sistemática a depender para su sustento de los productos provenientes de la provincia de Apalache. El sitio no produce ninguna clase de materia prima que pueda atraer comercio y no tiene otros recursos que los que le permite el gobierno, y que espera cada año de la ciudad de Méjico, con los cuales la infantería es alimentada y vestida…».

(Al igual que en el caso anterior, el obispo se *olvida* de que tanto en cuestión de ropa como, sobre todo, en lo que se refiere a los alimentos, los religiosos también dependían del *situado*).

Además de estos dos obispos, otro ilustre franciscano, fray Gerónimo de Oré, también visitó la mayoría de las misiones de Florida entre 1614 y 1616, aunque no dejó registrado su itinerario, si bien Geiger editó el libro correspondiente. Oré llegó en un momento en el que se estaba proponiendo la expansión hacia el oeste, hacia los Apalaches, y se interesó por la posibilidad de un desarrollo económico en esta región, poniendo así de manifiesto el importante papel que, además del religioso, significaba la presencia de los franciscanos en el desarrollo económico de este territorio, es decir la colonización.

En relación con la expansión hacia los Apalaches, pensaba, con un magnífico sentido práctico, que se tenían que tener en cuenta una serie de puntos: 1º, el gobierno necesitaba más soldados para controlar la nueva frontera ampliada; 2º, debido a las dificultades inherentes al viaje entre San Agustín y Apalache se necesitaría construir allí un fuerte y dotarlo de una guarnición permanente; 3º, los alimentos

HÆc autem animalia ut diutius adfervari poßint, in hūc modum præparare folent. Quatuor ligneis & craßis furcis in terram defixis alia ligna imponunt cratis in modum, fuprà
quam animalibus & pifcibus explicatis, ignem fubftruunt, ut fumo indurari poßint : ma-
gnam porro adhibere folent curā ad diligenter & æquifitè indurandum, ut facilius à cor-
ruptione fervari queant, quemadmodū ex hac pictura videre licet. Hanc verò annonam
comparari exiftimo ad vitam menfibus hibernis, quibus in fyluis delitefcunt, traducendam : nam eo tempore
numquam ab illis vel minimū quidpiam impetrare potuimus. Propterea, ut dixi, annonæ horreum fub
rupe vel fcopulo aliquo, fecundum flumen, nec procul à magna quapiam fylua ex-
tructum eft, unde, cùm opus eft, parvis cymbis
eam ferant.

E

Escena cotidiana de los timucuanos en la tarea de
desecar y ahumar peces y piezas de caza.

y las provisiones deberían llegar por mar a través del estrecho de Florida, dada la dificultad y la peligrosidad de los viajes por tierra; 4°, aunque los misioneros ya habían estado allí no podrían mantenerse bajo las condiciones existentes en ese momento porque necesitaban suministros que no podían conseguir por sus propios medios, entre otras razones «porque los indios son demasiado belicosos...»; y 5°, lo mejor sería establecer una colonia de «castellanos» enviada allí desde España, «... pues la tierra en esta región parece buena, de hecho tan buena como la de Extremadura en España...»[9].

En todo caso, en lo que se refiere a los misioneros, el hecho incontestado fue que las *doctrinas* se extendieron con rapidez por San Agustín, San Mateo, y Santa Elena, al amparo de la protección que representaba San Agustín, y ya en 1597 se habían extendido por la costa atlántica desde este punto hasta Port Royal Sound, unos 320 km al norte. Misiones, que eran atendidas por no más de una docena de frailes, que, no obstante, sufrieron el primer revés en su expansión en 1596-1597 con la revuelta desatada en Guale con la que los indígenas consiguieron hacer desaparecer todas las misiones al norte de San Pedro, en la desembocadura del río St. Marys, con el resultado de más de cinco frailes torturados y muertos y un fraile prisionero. El gobernador Gonzalo Méndez de Cancio dirigió personalmente una expedición de castigo contra los rebeldes que, aparte de la destrucción que produjo en los pueblos de los nativos, no terminó hasta que se liberó al fraile prisionero y se castigó severamente a los cabecillas. Afortunadamente, los trabajos de la misión se recuperaron pronto, y, en 1605, esta se encontraba ya en un estado razonablemente satisfactorio de actividad.

Hacia 1606 los misioneros comenzaron a moverse al oeste, hacia el interior, desde San Agustín, San Mateo, San Pedro, y la desembocadura del río Altamaha, en la zona de Guale; y también a lo largo del antiguo camino que unía San Agustín y la bahía de Apalache en el golfo de Méjico, aunque en 1616 solamente unas pocas misiones habían podido establecerse inmediatamente al oeste del río St. John's.

En 1650 la cadena de misiones se había extendido, ya, todo a lo largo del mencionado camino que conducía a la bahía de Apalache, en el que destacaba el puesto de San Luis, cerca de la ubicación de la actual Tallahassee en donde un pequeño fuerte mantenía una guarnición de doce soldados y se había establecido una plantación real.

Y para 1655, en su máxima cota de evangelización, el sistema puesto en pie por los franciscanos, con más de 40 *doctrinas* y unos 70 religiosos en aquellos momentos[10], parece que contó con más de 26.000 nativos convertidos en toda la Florida, incluyendo una parte sustancial de ellos ubicados en los actuales estados de Carolina del sur y Georgia, territorios, todos ellos reclamados como suyos por la Corona española.

En 1680 esta sucesión de misiones se había desarrollado aún más en dirección noroeste, y siguiendo el curso del río Chattahoochee se fue introduciendo en el distrito de los *apalachicolas*, en un punto cercano a la unión de esa corriente de agua y la del actual río Flint. Sin embargo, estas misiones estaban destinadas a no seguir, desgraciadamente, mucho más allá: no solamente los indios cambiaban a menudo de parecer en cuanto a su relación con los españoles, y eran muy belicosos, sino que también los comerciantes ingleses, que llegaban desde el asentamiento en Charleston (San Jorge, para los españoles), comenzaron desarrollar su particular *misión*, hasta tal punto que en los siguientes 25 años consiguieron cerrar una alianza definitiva con aquellas tribus, lo que les permitió avanzar hacia el sur en la dirección de las misiones del distrito de los Apalache, a lo largo del camino San Agustín-Apalache, con el consiguiente peligro no sólo para los propios religiosos y los nativos cristianizados, sino para los pocos civiles instalados en los ranchos que habían ido surgiendo al amparo de la protección que podía ofrecerles la relativa cercanía de San Agustín.

En cuanto a su organización, el censo más preciso de las misiones franciscanas hacia finales del siglo XVII está contenido en la carta que el obispo de Cuba envió a rey de España el 28 de septiembre de 1689: Florida estaba dividida en cuatro *provincias*: Guale, con 6 *doctrinas* y un total de 185 familias; Timucua, con 13 *doctrinas* y 591 familias; Apalache, con 13 *doctrinas* y 1920 familias; y Provincia Nueva, al sur de San Agustín, con sólo 2 pueblos y 100 familias. Es decir, Florida contaría en esos años, con 2796 familias atendidas por los misioneros franciscanos, que, considerando, al menos, unos 5 miembros por familia harían un total de 13.980 personas.

Además, en la ciudad de San Agustín estaban unas 500 familias (2000 personas aproximadamente) incluyendo blancos, nativos y negros[11].

De modo que a partir de 1702, con la derrota de Moore en su fallido intento de hacerse con la fortaleza de San Marcos, en San Agustín, y, más concretamente, a partir de los devastadores ataques desarrollados en 1704 por este individuo, conjuntamente con sus aliados indios (los *creek*), los británicos consiguieron acabar con la práctica totalidad de las misiones que los franciscanos habían ido levantando durante los últimos quince años de trabajo misionero, resistiendo únicamente las ubicadas en las cercanías de San Agustín.

Pero, finalmente, los franciscanos, sobrepasados por los comerciantes ingleses de pieles, oro, ron y las armas de fuego proporcionadas por ellos, tuvieron que capitular, abandonando los pocos asentamientos que se habían salvado de los incendios y la destrucción.

A tal punto debió llegar la preocupación y la desmoralización de los rectores más importantes de la Orden, a raíz de las incursiones promovidas por Moore en 1704 que, en una carta de 7 de mayo de 1707, dirigida al rey de España desde San Agustín, y firmada por siete altos cargos franciscanos, entre ellos un provincial y un «padre de la Provincia», (el *definitorio* de la Orden en San Agustín) hacen llegar al monarca una relación, con sus nombres, de los religiosos de la Orden que perdieron la vida o fueron esclavizados por los nativos «paganos» con motivo del ejercicio de su ministerio, (durante períodos que en algunos casos llegaron hasta los tres años) desde 1550 hasta 1705, con particular incidencia en el período de las agresiones provocadas por Moore y sus aliados indios. Momento en el que casi todos los historiadores coinciden en afirmar que comenzó a decaer la presencia y la incidencia de las misiones en estos territorios, como consecuencia muy principal de las acciones hostiles, conjuntas, de los colonos ingleses y sus aliados indios en los distritos de Guale, Timucua y Apalache, con el resultado de 14 religiosos muertos y 4 esclavizados[12].

La carta mencionada comienza su relato recordando al rey de España cómo el trabajo de todos los religiosos destinados en Florida se había venido realizando «… entre los obstáculos propios de un entorno selvático, la desnudez, el hambre e incluso el derramamiento de sangre, sacrificando sus vidas en el trabajo apostólico de enseñar el evangelio sin sentirse intimidados por los idólatras, enemigos de la fe…». Preámbulo que da paso a un informe resumido, según ellos mismos reconocen, del coste en vidas humanas de los miembros de la Orden franciscana: así, entre 1550 y 1597 (año, este último en el que se produjeron los duros enfrentamientos en Guale) y como consecuencia de las agresiones recibidas por los naturales de los asentamientos en los que desarrollaban su labor misionera, se produjeron las muertes de 6 misioneros y la esclavitud de uno durante 2 años; en 1647 perdieron la vida a causa de este tipo de acciones 3 misioneros sacerdotes; en 1696 un episodio de rebelión en la misión de Jororo se cobró la vida de un misionero más, y en 1702, el año del asedio del fuerte San Marcos y de la destrucción de San Agustín por Moore, 3 misioneros fueron capturados por los indígenas que acompañaban a los ingleses, los cuales permitieron que fueran mantenidos como esclavos hasta ser liberados al cabo de casi tres años; también en 1702, y como consecuencia de las incursiones de los colonos y sus aliados indios, murieron a manos de estos grupos otros 3 sacerdotes misioneros (algo de lo que, al parecer, ya había informado Zúñiga al monarca español): uno de estos misioneros había predicado el evangelio entre los indios durante 26 años y otro durante cerca de 10. Este último sería el que con motivo, seguramente, del ataque de Moore a la zona de Apalache en 1704, acompañó a los soldados e indios cristianizados para hacer frente a los atacantes, «animándoles y alentándoles» hasta que fue derribado por un disparo y, luego, arrojado a la hoguera todavía vivo; el 3 de septiembre de 1705, otro misionero, el P. Fray Agustín Ponce, fue muerto en una refriega con uno de estos grupos mixtos de colonos e indios mientras acompañaba al capitán José Begambre, que iba en persecución de los indios que llevaban prisioneros a un grupo de mujeres, niños y jóvenes que vivían en el poblado a cargo del P. Ponce. Este choque se produjo en la madrugada de dicho día 3, y fray Agustín peleó con el enemigo hasta que varios disparos acabaron con su vida; en fin, en ese mismo año 1705, otros 3 sacerdotes vagaron por la selva sufriendo todo tipo de penalidades, carencias y hambre para proteger a un grupo de indios que con sus hijos, se escondían en las selvas huyendo de las continuas incursiones de sus enemigos. Hasta que uno de los sacerdotes, fray Domingo Criado, fue capturado, y, luego, prácticamente todos los indios que vivían en su poblado, a menos de 60 km del fuerte que iban buscando, fueron asesinados. A fray Domingo le despojaron de su hábito, realizando sobre él todo tipo de burlas y lo llevaron a su poblado, en donde prolongaron su martirio utilizándole como esclavo hasta que murió al cabo de varios meses, de acuerdo con el relato de otros indios, también tomados como prisioneros, pero que pudieron escapar. Los otros dos sacerdotes consiguieron llegar al fuerte en el verano de 1706 en compañía de los pocos indios que consiguieron reunir.

Para terminar su relato, este grupo de altos rectores de la Orden en Florida le recuerdan a Felipe V que «estos son, Señor, los trabajos y penurias, muy resumidos, que los pobres evangelizadores destinados en esta parte de Florida, han sufrido y sufrirán si el enemigo continúa con sus incursiones de acuerdo con su fanatismo y dureza de corazón...».

En fin, el análisis de las duras condiciones en las que los misioneros tuvieron que desarrollar su actividad durante más de cien años, lleva a Chatelain (*op. cit.* pág. 38 ss.) a afirmar que «en el verdadero sentido de la palabra estos misioneros franciscanos fueron la vanguardia española en Norteamérica. Tras su huella siguieron los militares, trayendo consigo importantes implicaciones internacionales...». Para este historiador, «el trabajo de las misiones en la Florida española se caracterizó por la misma abnegación y dedicación a sus ideales que los que exhibieron en el sur, oeste y en California. A menudo los misioneros estaban solos y desprotegidos en los bosques y selvas para permanecer allí, en su puesto, durante meses sin descanso [...] lo que hace todavía más reprobable y rechazable la conducta seguida por los colonos ingleses, que se introducían desde las Carolinas y Georgia hacia el sur y suroeste de los Apalaches». En definitiva, concluye su análisis afirmando que ellos, los franciscanos, fueron los que, de hecho, dieron a España la posesión efectiva, aunque no sólida, de más territorio que el que España había tenido nunca en aquella zona de Norteamérica.

Pero no puede evitar trasladarnos una reflexión crítica sobre la ingenuidad y la falta de previsión de los religiosos que, en su celo por conservar para los nativos sus bosques, sus campos, la caza o la pesca, no vieron los desastrosos efectos de dejar las fronteras en condiciones muy frágiles y desprotegidas por la falta de apoyo militar, expuestas a la agresiva, implacable y despiadada competencia de Inglaterra.

Toda esta debilidad salió a la luz cuando empezaron las incursiones y los ataques ingleses, pues los cazadores ingleses de pieles conectaron fácilmente con la mentalidad de los nativos, ofreciéndoles unos modos de vida diferentes y menos rígidos que los que trataban de imponerles los franciscanos sobre el matrimonio, los vestidos, o el alcohol, como sugiere la abrupta forma en la que bajo la influencia inglesa abandonaron las misiones y se aliaron con las fuerzas hostiles a España. Aunque esos mismos nativos, descubrieron luego, demasiado tarde, que sus nuevos *amigos* estaban dispuestos a exterminarlos y, en todo caso, a desalojarlos de sus antiguos hogares.

Así, cuando los colonos carolinos comenzaron a proveerles de cuchillos y armas de fuego (algo prohibido por la Administración española y también por los propios franciscanos) las autoridades españolas fueron cogidas totalmente desprevenidas, y ese fue el momento en el que esas autoridades reaccionaron, restaurando un mayor equilibrio entre religiosos y militares y, aunque esa reacción llegó demasiado tarde para retener importantes porciones de territorio en Georgia o en las Carolinas, finalmente España pudo, con gran esfuerzo, mantener el control de la península de Florida.

Pero la debilidad fundamental de la posición española en relación con las fronteras de Florida, concluye Chatelain, (*op. cit.*) no estuvo tanto en el número excesivo o no de frailes (nunca superior a 90 en los años más florecientes de las misiones) sino más bien en que el apoyo de la metrópoli a Florida fue en estos años vacilante, inconstante y cicatero.

En este asunto, la actitud de los gobernadores españoles respecto del valor relativo del personal militar y el religioso a la hora de resolver el problema de la defensa de la frontera en Florida, así como su mutua interdependencia, aparece claramente en la correspondencia intercambiada entre Felipe III y algunos de sus gobernadores.

Así sucedía con el gobernador Ibarra (1603-1609) que tenía una visión muy distinta de la del monarca en lo que se refiere al desarrollo de esta provincia: Geiger, (*op. cit.,* págs. 208-209) comenta que en junio de 1606, este gobernador se quejaba de que los asuntos militares iban de mal en peor (estaba decepcionado por no haber recibido el personal militar que había solicitado) pero, contrariamente a lo que esperaba, Felipe III le contestó que si bien le había aconsejado no desmantelar San Agustín, sí le había ordenado reducir la guarnición y seguir adelante como mejor pudiera con la fuerza que le quedara, y que el personal religioso, en esta misma línea de reducir costes, tendría que quedar sólo. Porque, de acuerdo con la opinión de Felipe III, San Agustín tenía poca importancia en la defensa general del Nuevo Mundo y estaba siendo mantenido «a un coste desproporcionado».

Geiger subraya que Felipe III estaba decepcionado por tres cosas en lo que se refiere a Florida: la actitud de los indios tal como había puesto de manifiesto la reciente rebelión en Guale (1597); la falta de oro y plata; y la falta de puertos adecuados, por lo que ordenó a Pedro de Ibarra mantener solamente 150 hombres para proteger a los indios cristianizados, notificando al virrey de Nueva España que en el futuro tendría que enviar a Florida un subsidio (el *situado*) reducido, decisión de la que Ibarra discrepó frontalmente, declarando que la situación de las misiones y la amenaza de los enemigos de España hacían totalmente desaconsejable desmantelar San Agustín.

No obstante, no todos los gobernadores pensaban lo mismo acerca del papel de los militares en Florida, y en el otro extremo estaría el ejemplo de Juan Fernández de Olivera, descrito también por Geiger (*op. cit.*, pág. 246) que cuenta cómo este gobernador, que sucedió en el cargo a Ibarra, pensaba que Florida era fundamentalmente un territorio de misión, protegido por un único fuerte, y que, por encima de todos los problemas, los misioneros debían recibir una especial consideración porque, alegaba, «esto redundará igualmente en el bienestar de su propia administración civil…».

Como muestra de este ambiente, el 14 de enero de 1617, desde San Agustín, los franciscanos elaboraron y enviaron una carta a la Corte protestando contra «las informaciones que hacen los gobernadores valiéndose de testigos falsos». En esa carta, el P. Pareja, rechazando que fueran necesarios más soldados, pidió al rey que el gobernador Juan de Treviño (1613-1618) no enviara más soldados entre los indios, salvo que los frailes lo pidieran expresamente «pues los soldados con sus malos ejemplos obstaculizaban el trabajo de la conversión de los nativos».

Más adelante, Diego de Rebolledo gobernador durante el período 1651-1659, partidario de incrementar la fuerza militar, justificaba su actitud hacia los frailes y los indios argumentando que la defensa de la provincia requería de las medidas tomadas por él, especialmente porque fuera de las empalizadas de los fuertes existía una amenaza constante del enemigo. Y en carta del 18 de octubre de 1657 comunicaba al rey que él protegería la provincia de Florida «con independencia de las peticiones de los frailes que solamente basaban sus objeciones a la presencia de los soldados españoles entre los nativos en el hecho de que en las condiciones actuales ellos, los misioneros, eran los jefes absolutos de los indios»[13].

Pero, en esta atmósfera cuanto menos poco amistosa entre ambos grupos, también tenía algo que ver la actitud de algunos religiosos, que argüían que, tanto sus trabajos y penalidades como el éxito en controlar a los nativos, les convertían en un instrumento, no sólo indispensable sino incluso superior al militar, en la defensa de la frontera. Postura que, según Chatelain, era compartida por el gobierno español, al menos, durante la primera centuria del descubrimiento y poblamiento de la Florida.

La Corona nunca fijó una postura definida, pero, en la práctica, los gobernadores tenían medios más que suficientes a su disposición para influir en las políticas de la Iglesia, siendo una de las principales herramientas, precisamente, el control sobre la distribución del *situado*.

Chatelain, por su parte, (*op. cit.*, pág. 24) mantiene una opinión bastante distinta sobre este asunto de la primacía de una autoridad sobre la otra, al afirmar que «la inmisión del rey a través del Patronato Real en los asuntos de los religiosos y por ende la subordinación de estos a la autoridad civil y militar puede ser inexacta. Más bien sería lo contrario: el trabajo de los religiosos fue dirigido y operado por la monarquía con límites siempre bien marcados, y ciertamente esto fue así en el caso de la Florida española, e incluso más: esa política fue mantenida tanto en teoría como en la práctica»[14].

LOS SOLDADOS

En el esquema de la difícil convivencia entre religiosos y militares, ya mencionado y, aparte del delicado asunto de la dependencia del *situado*, las disputas sobre supuestas interferencias en el trabajo de los misioneros por parte de los gobernadores tomaron formas diferentes, como la postura más militarista mantenida por algunos de ellos de que, como representantes personales del rey, argumentaban tener derecho a controlar ambos asuntos, los *temporales* y los *religiosos*.

Desgraciadamente, parece que los hechos sobrevenidos a partir de 1670 y, particularmente a partir de 1700, estarían más cercanos al enfoque de Rebolledo que al de Fernández de Olivera, pues en el aspecto estrictamente geopolítico, hay que subrayar una vez más, que San Agustín nunca fue considerado por los gobernantes en Madrid como un asentamiento cuya ubicación permitiera colonizar el país recién *descubierto*, sino más bien como el núcleo del control de un vasto territorio que había que defender, en beneficio de la Corona, tanto en tierra como en las costas, tanto del golfo de Méjico como de las que bañaba el Atlántico, desde la punta sur de la península floridana hasta la que hoy se conoce como la bahía de Chesapeake.

Que la Florida española nunca fue un lugar especialmente deseable para colonizar y vivir, al menos en las dos primeras centurias a contar desde 1565, el año de la fundación de San Agustín, se demuestra con la simple lectura de su *biografía*, incluso desde los primeros años de existencia. Recuérdese que, ya en 1576 Santa Elena (la primera capital administrativa de Florida) fue atacada y destruida por los nativos de Guale, lo que provocó la retirada de todos los españoles a San Agustín y el principio del fin de esta plaza, ubicada en el territorio de Carolina del Sur, en la zona que hoy ocupa el condado de Beaufort, en el límite con Georgia; que en 1586 Drake, después de atacar por dos veces y destruir el propio asentamiento de San Agustín y su fuerte todavía construido en madera, intentó hacer lo mismo con Santa Elena, algo que no consiguió, afortunadamente, a causa de las condiciones meteorológicas adversas con las que se encontró su flota frente a la costa de esta plaza; que ese mismo año, Santa Elena, que había sido nuevamente reconstruida, fue abandonada por la inseguridad del lugar, como asentamiento de civiles y como fuerte (véase Fernández Toraño A., *op. cit.*, pág.463 ss.) y que, finalmente, en 1597, tras una nueva rebelión de los nativos de Guale en esa zona, Felipe II manejó la idea, ya sugerida en su momento por el Adelantado, de expulsar a todos los nativos de Florida, (particularmente los *calusa*, al oeste, en la zona de Tampa, y los de Guale, al norte) y *transportarlos* a Santo Domingo, algo que, afortunadamente nunca se hizo.

Todos estos negativos sucesos se desarrollaron sólo durante el siglo XVI, pues aún quedan por relatar los correspondientes al siglo

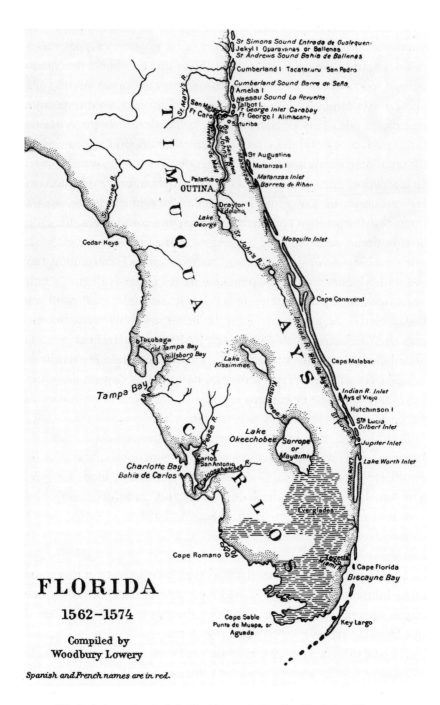

St Simons Sound *Entrada de Gualequen:*
Jekyl I *Oparavanas or Ballenas*
St Andrews Sound *Bahia de Ballenas*

Cumberland I *Tacatacuru San Pedro*

Cumberland Sound *Barra de Seña*
Amelia I
Nassau Sound *La Revuelta*
Talbot I.
Ft George Inlet *Carabay*
Ft George I *Alimacany*
Saturiba

St Augustine
Matanzas I
Matanzas Inlet
Barrera de Rihan

Palatka or
OUTINA.

Drayton I
delaho.
Lake
George

Mosquito Inlet

Cedar Keys

Cape Canaveral

Tocobaga
Old Tampa Bay
Hillsboro Bay
Lake
Kissimmee

Cape Malabar

Indian R. Inlet
Ays el Viejo

Hutchinson I

S*ta* Lucia
Gilbert Inlet

Tampa Bay

Lake
Okeechobee
Sorrope
or
Mayaimi

Jupiter Inlet

Lake Worth Inlet

Carlos
San Antonio
Caloosahatchee R.
Charlotte Bay
Bahia de Carlos

Everglades

Cape Romano

Tegesta
Miami

Cape Florida
Biscayne Bay

Cape Sable
Punta de Muspa, or
Aguada

Key Largo

FLORIDA

1562–1574

Compiled by
Woodbury Lowery

Spanish and French names are in red.

Dibujo de la península de la Florida, con la distribución de las diferentes
etnias o tribus que la ocupaban en el momento de la llegada a Florida de los
españoles, en 1565.Tomado del libro de Woodbury Lowery, «The Spanish
Settementes within the present Limits of the United States,1572-1574».

XVII, en el que veremos el dañino protagonismo de los ingleses y su guerra encubierta, *no declarada*, contra las posesiones y las misiones del Reino de España en los territorios que esta había detentado desde 1565 por derecho de descubrimiento y conquista; que en 1702, el esclavista James Moore, gobernador de Carolina, asedió durante tres meses el castillo de San Marcos, la fortaleza más poderosa de toda la costa oriental del continente norteamericano sin conseguir tomarla, pero dejando en ruinas San Agustín y todos los poblados a su alrededor; que entre 1700 y 1704 (año de la masacre de Ayubale), las agresiones de los colonos ingleses partiendo desde sus asentamientos en territorios reclamados por España como suyos, hicieron la vida de los habitantes de San Agustín más incierta y peligrosa; que en 1728, otro pirata, Palmer, asaltó la ciudad, causando grandes daños, sobre todo a los poblados de los esclavos negros y nativos huidos de la plantaciones de las Carolinas; y que, finalmente, en 1740 Oglethorpe, a quien el Gobierno británico había concedido tierras en 1732, entre los ríos Savannah y Altamaha, dando origen a la actual Georgia, también atacó San Agustín asediando el castillo de San Marcos durante varias semanas, hasta que la llegada de refuerzos españoles desde La Habana le obligó a retirarse a su territorio, no sin dejar tras de sí muerte y devastación.

Todo lo cual, más otras razones relacionadas con el problema de la mera supervivencia de los pocos civiles españoles que habitaron estas tierras en esos años, y que les obligó a retirarse, bien al mismo San Agustín, bien a sus alrededores, buscando la protección que les brindaba el fuerte, convirtieron a San Agustín en el único asentamiento español permanente y la única guarnición en la provincia de Florida.

Fuerza militar, cuya operatividad seguía estando muy mermada como consecuencia de la limitación que significaba el *situado* y que nunca llegó a flexibilizarse hasta prácticamente 1763, el año en el que Florida tuvo que ser cedida a Inglaterra.

Así, en 1621 de las 300 plazas de cuota, 50 estaban vacantes, 35 estaban asignadas a los misioneros franciscanos, 18 a los marineros encargados de gestionar el estado y manejo de las embarcaciones disponibles en el puerto de San Agustín, y de los restantes militares, 20 estaban enfermos y 3 plazas se destinaban a ser ocupadas por mujeres, por orden directa del rey.

Quizás, como eco de las continuas protestas y advertencias de los propios gobernadores sobre la difícil situación militar en estos territorios, parece que, en 1664, después de muchas dudas, la Administración española decidió reforzar la guarnición de San Agustín reasignando las 43 plazas de los misioneros franciscanos a los militares, y sacando a los religiosos del *situado*. Pero los franciscanos presionaron de tal manera que consiguieron posponer la decisión final que habría arruinado su poder en Florida.

En 1665, se hizo necesario, una vez más, reparar la vieja estructura de madera del fuerte, (era el noveno fuerte desde 1565) a punto de caerse a pesar de las continuas advertencias de los gobernadores anteriores y de otros líderes militares, por lo que el gobernador Francisco de la Guerra y de la Vega recurrió a los nativos pretendiendo, además, que trajeran sus propias raciones de maíz y otros alimentos lo que motivó su rebelión, que se sustanció con la tortura y muerte de los cabecillas[15]. Circunstancia que sirvió para avivar una de las fuentes más recurrentes de conflictos entre los misioneros y los militares, la acusación de trato injusto a los indios, pues los religiosos objetaban constantemente que se les obligase a cargar con pesadas cargas durante largas distancias, algo que, decían, era cruel e injusto, o que se les obligase a llevar sus propios alimentos a costa de su casi nula capacidad de conseguirlos (algo en lo que, sin duda, parecían tener parte de razón, al menos). Este tipo de abusos tuvieron lugar, principalmente durante los mandatos de Gonzalo Méndez de Cancio (1596-1603), Pedro de Ibarra (1603-1609) y Diego de Rebolledo (1651-1659).

No obstante, la expansión, lenta pero constante, de los misioneros hacia el oeste a partir de 1606, determinó la necesidad de contar con un fuerte que pudiera proteger su actividad que había comenzado, ya, hacia 1633, y reforzar la seguridad fronteriza que en aquellos momentos comenzaba a estar muy cuestionada. Así surge, durante el período 1640-1660, el fuerte fronterizo de San Luis de Apalache, en la Florida occidental, al que en 1638 llegó el primer contingente militar compuesto por cinco soldados y en 1645 el primer gobernador de la zona, dependiente del gobernador de San Agustín. La guarnición se amplió a 12 en 1660, por tanto, antes de la guerra angloespañola, de fronteras, si bien este número fluctuó durante los años siguientes llegando a 45 militares en torno a 1680.

Los terrenos a través de la estrecha franja sursuroeste de Florida fueron gradualmente parcelados y entregados a los colonos como concesiones de tierra. El éxito de estos ranchos y granjas en la provincia de Apalache llevaron rápidamente a excedentes de productos como los cueros, gamuza, sebo, gallinas, trigo o judías, y el tráfico comercial se vio facilitado por la construcción de un puerto en San Marcos de Apalache, en la bahía de Apalache, que permitió a los barcos viajar desde esta zona a otros puertos como por ejemplo a San Agustín. La misión de San Luis de Apalache fue la más grande de las misiones de los Apalaches con una población de unos 1400 individuos en 1675 si bien la gran mayoría de ellos eran nativos cristianizados (un informe escrito de 1670 decía que esta región «estaba cristianizada a fondo»). E, igualmente, la introducción de ganado produjo un cambio importante en las actividades de los *timucuanos,* al oeste de San Agustín y los *apalaches* llegaron a mantener rebaños comunales.

En 1668, cuando llegó el ataque del pirata Searles (a.John Davis) a San Agustín, el gobernador Francisco de la Guerra y de la Vega tenía menos de 130 soldados disponibles en toda la Florida, de una teórica cuota de 300, y, además, una parte estaba destinada en los Apalaches. Searles no llegó a tomar la plaza, parece que por la falta del armamento necesario para atacar el fuerte, lo que, por supuesto, no le impidió saquear el asentamiento español.

Y poco después de la firma del Tratado de Madrid de 1670, se construyó en la misma zona del desaparecido fuerte de San Luis de Apalache, el fuerte de San Marcos de Apalache, en las cercanías de la bahía del mismo nombre. Contaba con una dotación de 45 militares españoles, como ya se ha comentado más arriba, todos ellos deducidos de la cifra real de los soldados disponibles en San Agustín, y contaba con el apoyo de más de 400 nativos aliados. Esta guarnición y su fuerte incrementaron la actividad española en los Apalaches y el oeste de Georgia para hacer frente al aumento de la presión inglesa en la zona, y, siempre con una pequeña fuerza militar, se mantuvo en activo hasta 1763[16], fecha en que la Florida pasó a manos de Inglaterra.

En 1679, un listado relacionado con el *situado* informaba de 288 plazas en la dotación de militares, de los que 198 estaban «en activo», 7 eran viudas, 19 eran ancianos o enfermos, 29 eran oficiales y 31 militares estaban destinados en Apalache. Además, se computaban unos 50 religiosos.

En 1696, el gobernador de esos años informaba de una dotación de 350 plazas, de las que 111 correspondían a soldados de infantería, entre 8 y 10 estaban enfermos, 37 eran «falsos alistados» y 11 mujeres y niños, sin mencionarse el número de misioneros, que indudablemente eran computados a efectos del *situado*[17].

Y en los años finales del siglo XVII, cuando James Moore ya era considerado un personaje relevante de la comunidad de Jamestown, y, más en concreto, en 1699, el número de militares destinados a San Agustín, y, por extensión, a todo el territorio de Florida, era de 315 hombres, de los cuales 33 eran jubilados, pensionistas, o «de baja» por una u otra razón, de modo que la fuerza militar disponible era solamente de 282 hombres, de los cuales 137 eran soldados de infantería y 16 marineros a cargo de las embarcaciones que permanecían en el puerto del San Agustín, a disposición del fuerte. El resto, con dos oficiales, lugartenientes del gobernador, estaban destinados en el distrito de Apalache (región de Tallahassee), de Guale (Amelia Island) o en los fortines construidos en los alrededores de San Agustín.

Pero la verdadera dimensión de la odisea que vivieron los militares españoles a partir de 1670, y, sobre todo a partir de 1700, nos la dan las informaciones aportadas por los diferentes gobernadores de San Agustín en esos años, ante la indiferencia casi absoluta con la que sus mandos superiores en Méjico, en La Habana, o en Madrid, recibían las informaciones sobre los hechos de guerra, con sus muertes, la pérdida de territorio, la ausencia de aprovisionamiento, tanto de alimentos como de hombres y material de guerra, y la angustia de ver peligrar ante los ingleses los territorios que la Corona española había puesto en sus manos desde 1565.

Aunque desafortunadamente, por su peso en la sociedad española de esos dos siglos, la presencia de la población civil propiamente dicha era casi insignificante, no por ello debe ignorarse y merece ser mencionada: Si bien en las capitulaciones que Pedro Menéndez de Avilés firmó con Felipe II el 26 de marzo de 1565, aparte de las más 1400 personas que le acompañaron en el primer viaje, el de la fundación de San Agustín, el Adelantado se había comprometido a poblar la Florida con unos 500 colonos más en tres años, en 1569 sólo había en Florida unos 20 agricultores casados, residentes en Santa Elena, que años más tarde sería la primera capital administrativa de la provincia de Florida, y uno más en San Agustín; en 1572 sólo había 10 agricultores en San Agustín y en 1602 sólo había en Florida 5 hombres que no recibieran su sueldo de la Administración española.

Es decir, que la colonización, entendiendo como tal la población de un territorio con hombres, mujeres y una mínima organización civil, fracasó en Florida casi desde el primer momento de la fundación de San Agustín, el único asentamiento desde los primeros meses... y años. Y ello debido a factores tan importantes como las condiciones edafológicas del terreno, el clima y la seguridad personal de las personas, que hacía que la vida en aquellos territorios sólo fuera posible si se hacía prácticamente en los alrededores muy próximos de los escasos fuertes, que albergaban casi exclusivamente a los militares destinados, precisamente a la defensa de ese concreto territorio.

Esa fue, posiblemente, la gran diferencia entre la colonización española y la inglesa, que marcaría de forma absolutamente definitiva la evolución de la provincia de Florida, y su consideración de territorio prácticamente improductivo.

LOS INGLESES. PÉSIMOS VECINOS

Con independencia de que los datos históricos nos digan que los barcos españoles habían ya reconocido durante el siglo XVI las costas orientales de Norteamérica desde los 25° 30' de latitud norte (cabo de Florida) hasta los 48° 30' (cabo de los Bacallaos), el hecho cierto es que los españoles no se asentaron físicamente, ni poblaron, más que en los territorios costeros norteamericanos comprendidos desde el mencionado cabo de Florida hasta los 36° en los que se estableció el asentamiento de Santa Elena que, como ya se ha comentado, se convertiría en la primera capital administrativa de Florida bajo el gobierno del adelantado Pedro Menéndez de Avilés, que, precisamente, escogió este lugar para fijar allí su futura residencia, «sin que otra nación europea tuviese en este tiempo establecimiento alguno ni abordado esta parte de la América, hasta el año 1584 en que Walter Raleigh realizó un intento de asentamiento...» finalizado, por cierto, en un absoluto fracaso (Abad y Lasierra, *op. cit.,* cap. XIII). Fracaso que no terminó con la muerte de todos los componentes de esa expedición porque el pirata Drake, en su ruta de vuelta a Inglaterra, después de atacar y devastar San Agustín y su fuerte en junio de 1586, y renunciar a hacer lo mismo con Santa Elena debido al estado de la mar, los descubrió, devolviendo a los supervivientes a Inglaterra.

Los ingleses no volverían a hacer aparición en estos territorios hasta 1606.

Estos testimonios, parte de ellos, archivados en el Archivo General de Indias (en adelante AGI), están en la obra de Boyd, Smith y Griffit y nos dan una mínima idea de lo que fue la llegada e invasión de este territorio español por parte de los colonos ingleses y de los militares que les apoyaban o les dirigían.

España, pues, hasta esos momentos, no experimentó ningún tipo de problemas con los ingleses por razón de la posesión de un territorio que, por su enorme extensión y por ser absolutamente desconocido hacia su interior por los europeos del momento, era considerado por ellos, prácticamente como *res nullius* y, por tanto, objeto de posible de exploración y conquista.

Los problemas con Inglaterra comenzaron a partir del mencionado año 1606 cuando un grupo de puritanos ingleses, perseguidos por la Iglesia anglicana en Inglaterra, fundaron un asentamiento con el nombre de James Town, unos 275 kilómetros río arriba del Povatán (o río James) que desemboca en la que hoy es conocida como bahía de Chesapeake, es decir, la bahía descubierta por el español Lucas Vázquez de Ayllón en 1526.

A este territorio, que se extendía desde los 41° hasta los 55° de latitud norte pusieron los ingleses el nombre de Virginia en honor de su Reina Isabel I, extendiéndose hacia el norte en donde crearon sucesivamente cuatro provincias en lo que llamaron desde esos momentos Nueva Inglaterra, no superando en esos años la ribera oeste del río James.

Pero después del *protectorado* de Oliver Cromwell (1653-1658), el rey Carlos II de Inglaterra, ya recuperado el trono de Inglaterra, concedió en 1663 a 8 lores que le habían apoyado durante ese período, la propiedad de las tierras situadas entre los 31° y 36° de latitud norte, territorio al que ellos, conocidos ya como los Lords Proprietors, en agradecimiento por esta concesión, pusieron el nombre de Carolina, fundando en 1670 Charles Town, un asentamiento en la ribera oeste del Ashley, que, posteriormente, en 1783, (al recibir el estatus de ciudad) cambió su ortografía por la de Charleston. Y, aunque el rey retuvo la soberanía sobre Carolina, concedió a los lores importantes poderes, relacionados fundamentalmente con el establecimiento de estructuras civiles, la recaudación de impuestos o el mantenimiento del orden.

Pero en 1712, como consecuencia de las diferencias políticas y económicas entre dos de los principales condados en los que había sido dividido este territorio, este quedó finalmente dividido en dos, dando origen a las dos Carolinas tal como hoy las conocemos, si bien, en aquellos momentos continuaron siendo administrados por los Lords Proprietors. Más adelante, en 1719, los colonos depusieron a los *lords*, pasando a ser, a petición propia, una colonia real, con un gobernador nombrado por el rey, que en este caso era Jorge I (Abad y Lasierra, *op. cit.*, cap. XIII).

Estima Abad y Lasierra (*op. cit.*) que esa distribución de tierras realizada por Carlos II, sin mencionar previamente latitud, población o río que pudiera servir de referencia para trazar una línea fronteriza, estaría en el origen de la indefinición con la que fue redactado el artículo 7 del Tratado de Madrid de 1670, lo que le lleva a subrayar «la voluntariedad y ningún derecho con que Carlos II hizo donación del país situado entre los 36° y 31°», que lesionaba directamente derechos territoriales españoles (baste recordar que Santa Elena estaba ubicada en los 32° 31').

Sin embargo, y como se verá más adelante, los ingleses llegarían a reclamar, incluso, la titularidad del territorio en el que se asentaba San Agustín… desde 1565. Al parecer, según este autor, los ingleses alegaron a favor de su ocupación del territorio español en los 31° latitud norte, una *carta de donación* de Carlos II, rey de España, sobre esa porción de territorio, *carta de donación* que nunca apareció, a pesar de los numerosos requerimientos de los españoles sobre esta materia. Esa donación de territorio, comenta, sólo podría extenderse a partir de los 36°, pues España «estuvo en pacífica posesión» hasta la dicha latitud de 36°, por lo que de no aparecer ese documento estima que deberían mantenerse los límites antiguos de la Florida, es decir, los 36° de latitud norte, y, en longitud, desde la orilla atlántica hasta la cordillera de los Apalaches, algo que nunca han respetado los ingleses. (Con esta conclusión Abad y Lasierra estaría implícitamente reconociendo una renuncia de España, eso sí, nunca escrita, a todo ese territorio existente a partir de los 36° hacia el norte, que, en la práctica, nunca habría sido realmente ocupado por el Reino de España).

Hasta estos años, hasta abordar el último tercio de este siglo XVII, Florida, los hombres que la defendían, misioneros o militares, habían capeado más bien que mal los numerosos problemas que habían ido surgiendo a lo largo en los primeros cien años de existencia de esta provincia española: la coexistencia con los belicosos pobladores de aquellos territorios; el avance ciertamente poderoso, considerando las circunstancias en las que se producía, de la evangelización y poblamiento de las tierras en las que poco a poco se iban instalando los franciscanos (Abad y Lasierra, *op. cit.* págs. 132 y 133, relaciona con sus nombres hasta 38 *doctrinas* activas en 1655); la defensa frente a los piratas y corsarios ingleses, franceses u holandeses que, cada vez en mayor número, navegaban las aguas del Caribe y del Atlántico en busca de presas españolas en mar y en tierra. Pero ahora, en el último tercio de este siglo, Florida iba a entrar, para mayor complicación de la vida de los españoles allí establecidos, en el juego político de las dos potencias más poderosas de Europa junto con España, que ya se encontraban en suelo norteamericano: Francia, y, sobre todo, Inglaterra.

En el caso de Inglaterra, Oliver Cromwell, *lord protector* de la Commonwealth of England desde diciembre de 1653 a septiembre de 1658, consideraba que España actuaba en el área caribeña en contra de la libertad comercial que propugnaba Inglaterra, atacando y persiguiendo a sus barcos, a los que consideraba contrabandistas, al tiempo que se arrogaba la exclusividad en el comercio y la navegación en aguas del Caribe y golfo de Méjico. Consideraciones que le llevaron a declarar la guerra a España en 1655 (la llamada guerra angloespañola) ocasionándole graves perjuicios económicos y políticos: en 1655 Inglaterra tomó Jamaica (y ya no la soltaría); en 1656 la armada británica bloqueó la salida del puerto de Cádiz y destruyó la «flota de indias», acción que volvió a repetir en Tenerife en 1657. Y, finalmente, firmó con Francia un tratado de alianza militar que llevó, en 1658, a la derrota de las fuerzas españolas en Las Dunas, cerca de Dunquerque, que también se perdió, junto con otras plazas en esa zona.

Finalmente, con la restauración de la monarquía en Inglaterra, en 1660, y la subida al trono de Carlos II, que durante el período republicano de Cromwell había recurrido a España en demanda de ayuda, Inglaterra firma la paz con España, y, más interesante para el asunto de las posesiones de esta en Norteamérica, en 1670 se firma el mencionado Tratado de Madrid, cuyo artículo 7° consagró oficialmente la presencia inglesa en los territorios españoles de la costa oriental norteamericana.

Para desgracia de los intereses del Reino de España, estos enfrentamientos con Inglaterra serían sólo el principio de toda una serie de desencuentros políticos, diplomáticos, y bélicos, por mar y por tierra entre las dos potencias europeas, una, poseedora de un imperio con una antigüedad, ya de dos siglos pero que, gradualmente, entre otras, a causa de problemas internos y dinásticos, iba a comenzar un lento retroceso frente a sus antagonistas europeos; la otra, en constante crecimiento y expansión, asimismo por mar y tierra, precisamente en los territorios y lugares en los que España gobernaba o pretendía, todavía, gobernar.

En el caso de los territorios que se adivinaban más allá de las costas orientales de Norteamérica había uno, conocido ya como la Florida, que representaba la llave para la expansión hacia el golfo de Méjico, que la Inglaterra de aquellos momentos, siglo xvii, estaba dispuesta a conquistar y dominar a costa de España.

Ya se ha expuesto cómo durante el último tercio de dicha centuria, en concreto desde el Tratado de Madrid de 1670 (que se analizará más adelante), en el que se reconoció, y consolidó, por España, por la tácita, el derecho de «permanencia» de Inglaterra en territorios hasta entonces españoles, los colonos ingleses, con una mentalidad, unas costumbres y unos objetivos materiales casi radicalmente distintos de los de los españoles, comenzaron a penetrar de forma sistemática en tierras que eran españolas desde 1565. Como comenta Crane «el elemento crucial del siglo xvii en la frontera nunca bien definida entre Carolina y Florida, fue el colapso de las misiones españolas de Guale (al norte de San Agustín) frente al avance de los comerciantes ingleses. Allí, en esta zona fronteriza, se fue gestando el largo proceso de disolución de la autoridad española en Norteamérica…», cuyo primer aldabonazo serio fue el Tratado de París de 1763, y el último, al menos en esta parte del subcontinente, sería el Tratado Adams-Onís de 1819.

El primer episodio de todo este proceso de *retirada* de España de sus propios territorios, se produjo para Crane en 1680 cuando 300 indios *westo*, *cherokee*, y *creek* atacaron la misión de Santa Catalina «cabeza y frontera de estos enemigos» con el resultado de que los indios ya cristianizados por los misioneros, convivientes con ellos, desertaron aterrados de Santa Catalina de Guale (St.Ctherine Island, al norte de San Agustín) y la guarnición de este poblado tuvo que retirarse a Zápala. Pero los ataques indios no se frenaron, como tampoco los de los piratas que, de nuevo, descendieron por la costa atlántica atacando los asentamientos españoles con la consecuencia de que las misiones se desintegraron literalmente. Además, parece que la decisión del gobernador de Florida, Juan Márquez Cabrera de mover a un grupo de indios Guale a las islas de Santa María y San Juan para ponerlos fuera del radio de acción de los atacantes del norte, precipitó la revuelta final de Guale de 1684, generando un movimiento migratorio de estos indios en tres o cuatro distintas ocasiones entre 1684 y 1703. Así que desde Santa Catalina las misiones terminaron refugiándose en Santa María (Amelia Island) a donde precisamente fueron a buscarles los atacantes *creek* en su camino hacia San Agustín en 1702, incendiando y destruyendo este último asentamiento.

El resultado de todos estos sucesos fue que la hegemonía y el control de hecho de toda la región al norte de San Agustín, entre 1702 y 1703 quedó en manos de los ingleses y sus aliados *creek* vaciando de nativos, más o menos proclives a los españoles, la llanura baja interior de toda esta zona.

De modo que San Agustín y su zona de influencia al oeste y al sur, comenzaban a quedar rodeados por los ingleses y sus aliados indios, a los que los ingleses tenían un acceso mucho más sencillo y tentador que el que les ofrecían los españoles con sus políticas controladoras en materias como el comercio o la moral. Ejemplo de esta situación nos la ofrece la carta del gobernador Zúñiga al rey, de 30 de septiembre de 1702, a raíz de la incursión india sobre el asentamiento de Santa Fe[18], en la que describe con precisión y mucha claridad los puntos débiles de esta política seguida no sólo por los misioneros sino también, lógicamente, por los militares como representantes de España en el territorio. Dice Zúñiga, a propósito de la libertad con la que se mueven en el territorio de soberanía española los indios apoyados por los ingleses: «nos encontramos en clara desventaja por la ayuda que los ingleses dan a los indios cuya amistad consiguen porque no les imponen las leyes que nosotros les imponemos, ni les someten a la iglesia parroquial o al clero… y deberíamos emplear una mayor severidad contra los (indios) paganos (los indios aliados de los ingleses) y los ingleses que les animan con armas y municiones y que incluso les acompañan, porque existe la convicción de que era un inglés el que lideraba la banda que entró en San Tomás de Santa Fe, la noche del 20 de mayo, la incendió y la arrasó, atacando el convento con armas de fuego y flechas y quemando la iglesia…», para terminar comentando que era necesario garantizar a los indios *apalache* y *chacato* la protección que solicitaban frente a sus vecinos paganos que él pretendió organizar durante el mes de octubre de ese año (*ibid.*). Protección que veremos no se concretó y determinó la desafección final de estos aliados a partir de la invasión de Apalache en 1704.

A todo esto se unía un tercer factor, como era la efectiva presencia de los franceses en la zona de la desembocadura del Misisipi (Mobile, Biloxi) con sus planes de expansión hacia el territorio que hoy ocupa Alabama y con sus planes y los de los españoles de utilizar a los *apalache* contra los denominados *lower creek*, los indios de la *nación yamasee*, enemigos de los *apalache* y los españoles, generando la natural preocupación en Charleston.

1702. Destrucción de San Agustín y asedio del castillo de San Marcos

En este ambiente de guerra no declarada, el primer aldabonazo de lo que les esperaba a los españoles, misioneros, militares y colonos, al inicio del siglo XVIII vino muy pronto, en 1702, cuando el Parlamento de Carolina, la provincia inglesa ubicada al norte del territorio español de la Florida aprobó un ataque a la ciudad y fuerte de San Agustín. Hecho que puso a prueba el sistema defensivo militar español y sacó a la luz su debilidad por la escasez de hombres y armamento para controlar tan vasto territorio, pero también mostró la calidad y capacidad de los oficiales y soldados encargados de la defensa de dicho territorio, y de las otras plazas españolas importantes existentes en el mismo, (San Marcos de Apalache y Pensacola) así como su entrega para cumplir hasta el último momento con la misión que tenían encomendada.

La decisión de atacar y tomar la plaza de San Agustín y su fuerte, la tomó la Cámara de Carolina al conocer la noticia del cambio de alianzas llevado a cabo por Inglaterra con motivo del ascenso de la casa de Borbón al trono de España a la muerte de Carlos II, el último rey de la casa de Habsburgo. En efecto, en 1700, Carlos II en su testamento, había ofrecido la corona a Felipe de Anjou, nieto del rey de Francia, Luis XIV y, como él, de la casa de Borbón, lo que desató la denominada guerra de Sucesión española, que empezó con la declaración de guerra de 4 de mayo de 1702 de la reina Ana (conocida por los ingleses como la Queen's Anne War), que ya en 1701, en el Tratado de La Haya, había firmado una alianza ofensiva con países como Austria, Provincias Unidas de los Países Bajos, Prusia y, algo más tarde Portugal, y que terminó en 1713 con, entre otros, los Tratados de Utrecht… y el sistemático enfrentamiento de los españoles con los ingleses a lo largo de todo ese siglo.

Frente a ellos, estaba la alianza entre España y Francia, y los intereses de esta última no sólo en todo lo que podía suponer manejar la política del Imperio español, aprovechando la bisoñez de Felipe V, sino también sus propios intereses comerciales en Norteamérica, en donde ya habían puesto pie, además de en Canadá, en las orillas del Misisipi, en los que luego constituirían el territorio de la Luisiana francesa.

Pero volviendo a Carolina, quien movió con más fuerza el asunto del ataque a las posesiones españolas en Florida fue un colono llamado James Moore, quien trasladó al Parlamento de aquella provincia la idea de que la alianza entre las dos monarquías borbónicas podría poner en peligro no sólo los interés comerciales de Inglaterra o los de los colonos, sino la propia existencia de Carolina si ambas monarquías decidieran atacarles, máxime cuando ya se conocía la existencia de un asentamiento francés en Mobile, cerca de la desembocadura del mencionado Misisipi, río que les permitiría a los colonos franceses de la zona de Canadá transportar sus productos por vía fluvial hasta el golfo de Méjico.

Así que el 20 de agosto de 1702[19] Moore presentó ante la Common House de Carolina[20] una propuesta para tomar San Agustín y su fuerte San Marcos (terminado oficialmente en 1695)[21], antes de que su guarnición se viera, previsiblemente, reforzada por tropas francesas.

La Cámara, el día 22, rechazó su propuesta, entre otras razones por falta de dinero, pero también porque los enemigos de Moore consideraban esta expedición como una «miserable expedición de saqueo y de toma de esclavos» (Crane, *op. cit.* pág. 75). No obstante, sí aprobó tomar medidas defensivas (de hecho, Charleston no tenía, ni nunca tuvo, durante muchos años, un verdadero sistema defensivo en forma de fuerte o algo parecido), pero cuando a principios de septiembre se confirmó la noticia de la guerra en Europa entre Inglaterra y España, esa misma Cámara, siempre presionada por Moore, que a sus argumentos contra España añadió los del peligro de la presencia de los franceses en los alrededores de la desembocadura del Misisipi, aprobó el 10 de septiembre su proyecto, que incluía como forma de retribución, permitir a las tropas *blancas* que voluntariamente se alistasen, participar, a partes iguales, del botín conseguido en el saqueo de San Agustín, y en el reparto de los esclavos que consiguieran capturar entre los nativos que, de una u otra forma, hubieran apoyado a los españoles o que, sencillamente, fueran enemigos de los otros nativos que, a su vez, debían acompañar a la fuerza de Moore, a quien nombraron comandante de la expedición y de las operaciones bélicas consiguientes. Además, la Cámara aprobó un presupuesto de 2000 libras carolinas para cubrir los gastos que iban a originarse, calculando en dos meses la duración de esta expedición para conseguir la victoria.

En cuanto a la fuerza militar, se fijó el contingente en unos 500 hombres *blancos* y 600 indios, mayoritariamente de la nación *yamasee*, y se decidió confiscar 14 embarcaciones para el transporte de la tropa, fundamentalmente inglesa. Como lugartenientes, Moore nombró al corsario Robert Daniel (comandante de la fuerza que unos años antes había atacado y saqueado Veracruz) para dirigir las fuerzas de tierra, y a otro corsario, James Risbee, conocedor de San Agustín (y uno de los que más había vociferado en la Cámara, en la sesión en la que se aprobó el ataque) para acompañarle en viaje por mar hasta San Agustín, con el objetivo de bloquear su puerto y atacar el fuerte desde el mar.

Pero ¿quién era James Moore?

La biografía, con importantes lagunas respecto de los orígenes de este siniestro personaje, nos presenta a un líder de la rebelión irlandesa de 1641 que aparece por primera vez en los registros en la provincia de Carolina en 1675, sirviendo en el Consejo Colonial en los años 1677, 1682 y 1683 (año en el que recibió un terreno de unas 970 ha de manos de los Lords Proprietors, los fundadores de Carolina). Crane (*op. cit.*, pág. 40) lo describe como «un pionero en desarrollar el comercio con los *cherokee* y un ambicioso, y pobre, colono, pero, según algunos *propietarios* un hombre generoso, descripción empleada para minimizar sus retrasos en pagar sus alquileres». Y cierra su perfil sobre él afirmando de forma rotunda que «como empresario o político, era un típico expansionista angloamericano» (*ibid.*).

Y para Duncan Wallace se trataba de un «activo, ambicioso y alto eclesiástico, y también un cruel e implacable esclavista»[22].

Como gestor de las plantaciones de algunos de esos *propietarios*, se vio enfrentado a estos por su actividad de esclavista, al punto de que, en torno a 1685, estos terminaron por echarle de todos sus cargos, lo que no impidió que siguiera trabajando en esta actividad. Como miembro electo de la Common House (el Parlamento carolino), en 1698, ya era considerado como la mano derecha de Sir John Colleron, precisamente uno de los mencionados ocho *propietarios*, hasta que, en septiembre de 1700 consiguió ser nombrado gobernador de Carolina.

En su faceta de hombre de familia y empresario, destaca la proporcionada por uno de los prisioneros ingleses interrogados por Zúñiga en los días anteriores a la irrupción en San Agustín de este individuo al frente de una fuerza de guerra de mil hombres: estaba casado, tenía muchos hijos, ranchos con ovejas, cabras y ganado, y plantaciones ubicadas a unos dos días de camino de Charleston, servidas por muchos esclavos. Datos que nos permitirán interpretar mejor su afán y su satisfacción por el botín humano de indios, mujeres y niños a quienes, tras la masacre de Ayubale, en 1704, que luego analizaremos, obligó a desplazarse desde Apalache a las cercanías de Charleston, es decir, en realidad, lo que organizó fue una verdadera caza de esclavos para nutrir sus plantaciones y para venderlos a otros propietarios ingleses radicados en Carolina.

Pero volvamos al asunto principal, la expedición militar contra San Agustín y su fuerte, el castillo de San Marcos.

No existen en la literatura inglesa consultada muchos datos sobre la fecha exacta de la salida de la expedición, pero parece que la flota al mando de Moore debió salir desde Port Royal, el punto fijado para la reunión de toda la fuerza naval, entre el 19 y el 24 de octubre (para la datación del relato de la parte inglesa, ver nota 19).

La expedición terrestre, comandada por Daniel, es posible que saliera algo antes y su desplazamiento no ofreció ninguna dificultad, pues desde 1686 no había misiones operativas españolas al norte del río St. Marys y los nativos que habitaban en su zona de paso ya hacía tiempo que habían huido hacia el norte, hacia «el país indio», como se conocían a los territorios del oeste. De hecho, Amelia Island se había convertido en la frontera norte de las posesiones españolas a lo largo de la costa oriental, y en el centro administrativo para la provincia de Guale. (Ya en 1700, el gobernador Zúñiga informó que había menos de 200 nativos en Amelia y que la empalizada que había

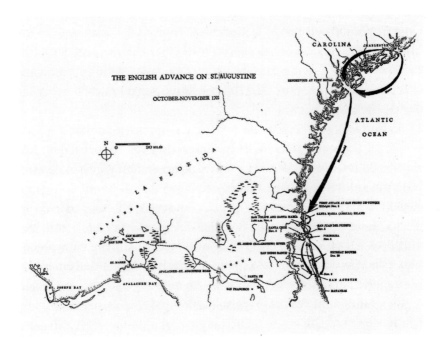

1702. Octubre-Noviembre. Dibujo del trayecto, y etapas, del recorrido de la expedición militar de James Moore desde Port Royal en su camino hacia San Agustín, con el nombre de los fortines y misiones atacados y destruidos. (Del libro de Arnade «The siege of St. Augustine in 1702»)

sido proyectada en 1691 no había sido terminada; y parece que tampoco lo estaba en 1702 cuando ese asentamiento español fue incendiado, el primero, en el avance de la fuerza terrestre comandada por Daniel. Así que las misiones españolas que quedaban al norte del río St. John's fueron borradas del mapa por la acción, fundamentalmente, de los propios indios que formaban parte de esa expedición (desaparecieron dos pequeños asentamientos a orillas de los ríos St. John's y St. Marys, así como varios puestos de vigilancia a lo largo de la costa).

Robert Daniel llegó a los alrededores de San Agustín en torno al 26 de octubre, encontrando una ciudad vacía porque sus habitantes ya se habían refugiado con parte de sus enseres en el castillo de San Marcos, y unos días más tarde, el día 29, se declaró a sí mismo *master of de town* («amo de la ciudad»), (Crane, *op. cit.* pág. 77).

Los carolinos que le acompañaban quedaron maravillados por la ciudad que veían por primera vez, por el tamaño de sus iglesias, y de la abadía de la que dijeron que era «suficientemente grande para albergar 700 u 800 personas», pero, sobre todo, quedaron impresionados por el tamaño y la impresionante estructura del castillo de San Marcos, momento en que se dieron cuenta que no podrían tomarlo por la fuerza al carecer de cañones de calibre suficiente para hacer daño al fuerte y a los que allí estaban refugiados, llegando a la conclusión de que en el mejor de los casos podrían someterlos por hambre (Crane, *op. cit.* pág. 76).

Por su parte Moore, con su flota, que había tenido que superar algunos días de mala mar, llegó a la barra de la entrada a la bahía de San Agustín hacia el ocho de noviembre... y llegó a la misma conclusión que Daniel. Así que visto el panorama, que conducía a un fracaso total por falta de cañones del calibre adecuado, así como de morteros y municiones, decidió enviar a este a Jamaica para conseguir este tipo de armamento, y, entretanto, dio orden de comenzar los trabajos para establecer un asedio en toda regla.

En cuanto a las fuerzas españolas, con independencia de contar con la existencia de un fuerte de las características del castillo de San Marcos, (reconocido por muchos estudiosos de aquella época como la estructura militar más importante desde Santa Elena, en el sur de lo que es hoy Carolina del Sur, hasta Veracruz, en la costa oriental de Méjico), uno de los factores que más contribuyeron a la victoria sobre los ingleses lo constituye, sin ninguna duda, la figura de D. José de Zúñiga y La Cerda, en aquellos momentos gobernador de Florida y capitán general de la misma, que supo sacar lo mejor de los escasos medios que la Administración española había puesto a su disposición.

José de Zúñiga y la Cerda nació en La Habana en 1564 y sirvió en los tercios de Flandes durante 27 años, llegando al grado de maestre de campo (categoría militar creada en 1534, junto con los tercios, por Carlos I de España y que en la escala de cargos se situaba solamente por debajo del capitán general, a quien, en su caso, sucedía en el mando del ejército, teniendo además potestad para administrar justicia). También participó en la defensa de Melilla cuando fue asediada por los moros. El 30 de enero de 1699 fue nombrado por Carlos II gobernador de la Florida y capitán general de la misma, cargo que desempeñó hasta 1706 en que, en atención a sus méritos se le nombró gobernador de Cartagena de Indias desempeñando el puesto hasta 1718. Murió en 1725. Se trataba, pues, de un ejemplo más del currículo que la Administración española exigía a los militares a los que seleccionaba para el cargo de gobernador.

Por lo demás, como factor muy importante, Zúñiga tuvo a su favor conocer con cierta antelación lo que se le venía encima, de modo que pudo organizar con un pequeño margen de tiempo la defensa del fuerte, ya que no, la de San Agustín.

En efecto, Zúñiga conoció la noticia de la expedición de Moore a través de la información que una joven india, cristiana, de la tribu *chacato* que, en un pueblo de la región Apalachicola al norte de Apalache, estuvo presente en una reunión de todo el pueblo en la que se conocieron y discutieron planes inspirados y supervisados por los ingleses sobre un ataque a los españoles, en la región de Apalache. Esta nativa, leal a España, huyó a San Luis de Apalache (en la zona hoy de Tallahasee), a donde había llegado el 21 de octubre y pudo informar a los capitanes Juan Solana, comandante de la guarnición, y a Francisco Romo de Uriza que acababa de llegar poco antes desde San Agustín con refuerzos. Entre otras cuestiones les informó de que los ingleses vendrían por la costa en 100 pequeñas embarcaciones para atacar y tomar San Agustín.

Información que, al día siguiente, 22 de octubre, ambos militares enviaron a San Agustín mediante un correo urgente que llegó cinco días más tarde, es decir el 27 de octubre. El gobernador interpretó muy en serio esta información y comenzó a organizar la defensa de la plaza tomando, como primera medida, la movilización de todos los soldados y oficiales, tanto en activo como en situación de reserva, prohibiéndoles abandonar el fuerte a partir del 28 de octubre, sin su permiso expreso.

Ante la peligrosa situación que se avecinaba, el 1º de noviembre escribió una carta al rey subrayando la extrema debilidad de su posición, aprovechando para hacer una descripción del territorio de Florida cuya defensa se le había encomendado: esta, estaba compuesta por las regiones de Apalache, Timucua, La Rinconada, la bahía de Tampa (conocida como la Ascensión), la costa de Carlos (los belicosos *calusa*), al oeste de la península, y Jororo y Mayaca al sur. Las más pobladas eran Apalache (la más alejada, a unos 440 km al oeste hacia Pensacola), y Timucua, también al oeste de San Agustín, pero a unos 170 km), que contaban con unos 4000 nativos y estaban unidos a San Agustín por el Camino de San Agustín a Apalache, lo que no quiere decir que estuviera exento de peligros. El objetivo de los ingleses, seguía informando, era conseguir aliarse con los nativos menos proclives a los españoles, conquistar San Agustín y su fuerte, y conseguir el control del canal de Bahamas, ruta vital para España. Pedía cien hombres más desde España y cincuenta desde Cuba, más armas y municiones, y, como el tiempo apremiaba, informó a la Corona de que iba a ordenar a la chalupa de La Habana, que estaba en el puerto de San Marcos de Apalache y a la fragata La Gloria, que estaba en el puerto de San Agustín, navegar a Pensacola y Mobile respectivamente, para pedir ayuda. La ventaja del barco español residía en que los barcos ingleses no podían acercarse a la barra que guardaba la entrada a la ensenada de San Agustín a causa de la poca profundidad de ese paso, en tanto que la fragata, más ligera, podía cruzarlo y navegar cercana a la costa interior.

Y ese mismo día los oficiales reales escribieron, ellos también, con el permiso del gobernador, una carta similar a la del gobernador a los oficiales reales de La Habana.

A esta primera carta al rey, sucedería una segunda, el 6 de noviembre, cuando ya se había confirmado la existencia de la expedición de Moore y la entrada de fuerzas enemigas en el territorio de Florida, matando a los dos centinelas de la isla de Santa María (Amelia

Island). En esta ocasión le transmitía su indignación por los apuros que estaban pasando en Florida y, sobre todo en San Agustín, que achacaba a la negligencia del virrey de Méjico y a los oficiales ejecutivos de La Habana que habían ignorado sistemáticamente sus peticiones de refuerzos (algo que se mostraría de forma dramática en los últimos días del asedio, a finales de diciembre), y pedía al rey incrementar la guarnición en 250 hombres, con el fin de llegar a los 600, subrayando que con la que contaba en esos momentos era imposible defender el vasto territorio de Florida. Reforzando su opinión al afirmar que los ingleses se habían atrevido a atacarles, precisamente porque sabían que Florida estaba escasa de fuerzas armadas.

Pero con independencia de sus dotes como militar experimentado, como se verá más adelante, Zúñiga nos muestra a lo largo del relato de este asedio, una categoría humana y una fortaleza de carácter que sin duda contribuyeron a salvar el fuerte y por extensión toda la provincia de Florida.

Bastan algunos ejemplos para calibrar la personalidad de este gran servidor de la Corona.

Así, el día 6 de noviembre de 1702, unos pocos días antes de la efectiva llegada a San Agustín de las fuerzas de Moore que venían por tierra, convocó a los suyos y les informó del acercamiento por mar y tierra del enemigo, con medios suficientes para atacar y asediar el Fuerte y anunció que iba a ordenar el ingreso en él de todos los habitantes de San Agustín, extendiendo esta orden también a los que vivían en los alrededores, incluyendo frailes, curas, mujeres, niños, esclavos negros, y libres, y «todos los indios de cualquier *nación* que hubieran jurado obediencia a Su Católica Majestad». Zúñiga estimaba que este llamamiento llevaría al Fuerte a unas 1500 o 1600 personas (como así fue, finalmente) que en su mayoría eran «pobres como un ratón de sacristía», que supondrían un serio problema de intendencia pues durante los tres últimos meses no habían entrado provisiones en San Agustín, hasta el punto de que el único rancho para la guarnición habían sido dos panes cada día. Y siguiendo con su política de información clara y veraz de la situación que se avecinaba, advirtió tanto a civiles como a militares que el asedio podía ser largo, al menos por dos razones básicas: la fuerza de infantería con la que contaban estaba mal equipada, aparte de estar poco dotada de soldados, y compuesta en parte por hombres viejos e inválidos y jóvenes sin experiencia; y, en segundo lugar, que el enemigo iba a poder encontrar en los ranchos de los alrededores «abundancia de ganado, maíz, guisantes y otras provisiones», por lo que la mejor solución para una situación tan comprometida era retirarse al interior del fuerte y obligar a los ingleses a enfrentarse a un largo y costoso asedio hasta que los refuerzos llegaran desde «Apalache, Mobile, Pensacola y La Habana», para lo que había enviado mensajes urgentes en solicitud de hombres, armas y municiones (Arnade, *op. cit.*, pág. 24). Y como cierre a esta proclama, terminó informando a su audiencia que había trasladado al rey la promesa de sus soldados de defender el fuerte hasta la última gota de su sangre.

Y, a continuación, en previsión de los pillajes que esperaba se iban a producir advirtió a la población que debían traer consigo sus pertenencias *de mano*, incluyendo sus joyas y adornos y, a los curas y administradores de las órdenes religiosas, que tomaran consigo los objetos religiosos, incluyendo imágenes, ornamentos y campanas, ordenando a la infantería llevar al Castillo todas las pequeñas piezas de madera con las que cubrían los tejados y laterales de las casas, así como el entarimado de la iglesia para construir alojamientos en donde las mujeres y los niños pudieran refugiarse del frío y la lluvia del invierno.

Y, cuando en la tarde el 9 de noviembre (calendario gregoriano) se confirmó la efectiva llegada del enemigo a los alrededores de San Agustín y comenzó, ordenadamente, la entrada en el recinto del fuerte de la gente de la ciudad y sus alrededores, confirmó la ingente cantidad que efectivamente estaba ingresando en él y reunió a sus oficiales reales (el tesorero y el interventor) para analizar la situación creada y les dijo (seguramente para evitar cualquier observación impertinente en esos momentos tan tensos), que era su deber y su obligación moral proteger a la gente de todas las razas que se había amparado bajo la bandera de España y que cada persona debería ser alimentada sin coste alguno ni discriminación de rango, edad o raza, responsabilizando del bienestar de los civiles al oficial encargado de las provisiones y municiones.

En fin, cuando el 24 de diciembre de ese año los centinelas avistaron dos barcos en el horizonte que, luego, resultaron ser ingleses, acrecentando la desmoralización que ya comenzaba a cundir entre los refugiados en el fuerte, Zúñiga, para aliviar esa tensión, dispuso celebrar la fiesta de Nochebuena en la que deberían tocarse las arpas y las vihuelas como se había hecho en otras ocasiones. Además, ordenó al tesorero y al interventor distribuir una paga extra a las tropas, decisión que los dos altos funcionarios citados objetaron a su gobernador porque las cuentas no permitían hacer eso, obstáculo administrativo que Zúñiga solucionó ordenándoles que esa partida de gastos se cargara a las cuentas del año que estaba a punto de comenzar. Y finalmente, para cortar de raíz cualquier conato de pánico prohibió las discusiones sobre la situación militar y estableció duras sanciones para los que desobedecieran esta orden.

Pero volviendo a la cronología de este episodio de la guerra contra los ingleses, el día 5 de noviembre Zúñiga recibía desde San Juan del Puerto, considerado por él la llave de la conflictiva zona de Guale, la noticia del ataque que el día anterior habían sufrido los pueblos de San Felipe y Santa María, al norte de San Agustín, donde vivía el lugarteniente del gobernador Inmediatamente ordenó que todos los hombres, incluyendo «negros, libres y mulatos», mayores de 14 años que no fueran ya parte de la guarnición se reunieran en una hora en el fuerte para recibir armas y municiones, poniendo a esta *milicia* en alerta las 24 horas. Igualmente se prohibió a los habitantes abandonar los límites de la ciudad bajo sanción de 200 ducados o 200 latigazos para las personas de color («pardos y morenos»). Zúñiga, temía, de una parte, la huida de nativos desafectos hacia los españoles que vivían en los alrededores de San Agustín, y que podían dar información sobre la situación militar y de aprovisionamiento del fuerte, y, de otra, que los civiles que fueran capturados podían, ellos también, proporcionar bajo tortura ese tipo de información)

Por fin, en la mañana del 7 de noviembre se avistaron las primeras 3 velas de la flota de Moore, que pasaron de largo en dirección sur hacia la ensenada denominada Matanzas, para bloquear una vía alternativa de salida por mar desde San Agustín. Ese fue el momento en el que Zúñiga, que ya no pudo enviar ninguna de las dos fragatas disponibles por temor a que fueran capturadas por el enemigo (no habían podido salir antes a causa de vientos contrarios) decidió enviar por tierra dos mensajeros con órdenes para Manuel Solana, su lugarteniente en San Luis de Apalache, de organizar un viaje de petición de socorro a Pensacola, Mobile y La Habana. A tal efecto Zúñiga decidió confiscar la chalupa anclada en el puerto de San

Marcos de Apalache (lo que no excluiría la debida compensación económica) para enviarla en busca de socorro a Pensacola, advirtiendo a Solana de que en caso de negativa de la tripulación debía arrestarla y sustituirla con soldados experimentados de Apalache. Los elegidos fueron el capitán en la reserva Jacinto de Roque y el alférez Diego de Florencia. Roque, debería navegar hasta Pensacola y Mobile para conseguir hombres, armas y municiones, y continuar luego a La Habana. Florencia, haría ese trayecto por tierra. Zúñiga le dio tanta importancia a esta misión que les hizo responsables del cumplimiento de la misma bajo pena de muerte.

Al amanecer del día 8 de noviembre giró una visita de inspección al equipo de artillería para constatar, con gran preocupación, que no sólo tenía pocos hombres, sino que, además, estaban mal adiestrados para estas tareas y que había muy pocos cañones de calibre suficiente en buenas condiciones de uso. Su juicio, en un expeditivo lenguaje militar que no admitía muchas interpretaciones fue que «los artilleros no tienen experiencia en estas tareas, están faltos de disciplina y tienen un muy pequeño conocimiento de los cañones de bronce y hierro que estaban montados en el fuerte». (Arnade, op. cit., pág. 27).

Por fin, ya a la plena luz del día, pudieron verse claramente, para angustia de los refugiados en el fuerte, las 13 embarcaciones que integraban la flota enemiga dirigiéndose directamente a la rada de San Agustín, momento en el que el gobernador ordenó al capitán de la fragata Ntra. Señora de la Piedad y del Niño Jesús, que permanecía fuera de la barra, con 16 tripulantes a bordo, que cruzase esa barra y anclase en el puerto, al lado de La Gloria, al amparo de la artillería del fuerte. Pero dicha fragata no pudo atravesar la barra debido a los vientos contrarios, a la marea baja y a la cercanía de la flota enemiga, y su capitán recibió la orden de encallar la embarcación, recoger todo el material útil que pudiera y retirarse con sus hombres al fuerte.

No obstante, no todas fueron malas noticias ese día, pues también recibió una muy positiva, con el regreso, desde la desembocadura del río St. John's, del capitán Horruytiner con sus 20 soldados y tres prisioneros (dos ingleses y un nativo) que en los días sucesivos le proporcionarían una valiosa información tras ser sometidos a hasta tres sucesivos interrogatorios.

Gracias a los mismos, Zúñiga conoció que Moore contaba con un total de mil hombres divididos en dos grupos, uno de 500 carolinos que venían por mar en 14 embarcaciones, y otros 500 que llegaban por tierra entre los que venían muchos indios y algunos luteranos franceses (hugonotes) así como negros que acompañaban a sus amos. Y en cuanto a los cañones, posiblemente su principal preocupación, los prisioneros desvelaron que los que traían no eran del calibre suficiente para hacer daño al fuerte, y que Moore no tenía morteros, pero sí *granadas* ordinarias (proyectiles redondos cargados con pólvora).

También aclararon que Moore, junto con el Parlamento de Carolina, era el único responsable de la expedición en cuya organización empleó unos tres meses, y que había confiscado hasta 40 embarcaciones, de las que finalmente sólo utilizó 14 a las que añadió 40 canoas indias. (Seguramente, algunas de las restantes embarcaciones fueron utilizadas para recoger a parte de la expedición en su retirada a Charleston a finales del asedio).

Uno de los dos ingleses, comerciante, más ilustrado que el otro (que confesó ser zapatero), informó algo más sobre la composición de la fuerza terrestre: en ella viajaban unos 370 indios *yamasee*, *chiluques*, *apalachicolas* y otras naciones indias, más algunos nativos cristianizados por los españoles. Los indios llevaban armas manufacturadas en Holanda, inferiores en calidad a las fabricadas por Inglaterra, que eran las que portaban los *blancos*.

Con esta información, Zúñiga juzgó más necesario aún volver a intentar conectar con La Habana en busca de socorro utilizando para ello la única fragata que le quedaba, La Gloria, designando para ello a Sebastián Groso, sacristán de la iglesia parroquial. Una vez aparejada, la fragata se deslizó por el canal que unía a San Agustín con la ensenada de Matanzas (unos 33 kilómetros) y consiguió superar el bloqueo de los ingleses, poniendo rumbo a La Habana en una misión que, al final, resultaría crucial para salvar al castillo de San Marcos, ya que no a San Agustín que para esas fechas de fin de año estaba casi reducida a cenizas.

Pero incluso en está comprometida situación, Zúñiga no dejaba de pensar en la posibilidad de atacar Carolina y destruir Charleston (como escribió en una carta a la Corona el 5 de noviembre de 1702), lo que habría, al menos, detenido las continuas provocaciones, cuando no los ataques directos, de los colonos ingleses, apoyados por los *creek*, a las misiones franciscanas y a los poblados en los que estaban ubicadas, siempre en territorio de soberanía española. Y aprovechando la oportunidad de contar con los dos prisioneros, apresados antes del inminente cierre de las puertas del castillo de San Marcos, interrogó de nuevo, el 9 de noviembre, al mencionado comerciante, procedente de Jamaica y que se hallaba en Charleston en el momento de la leva de voluntarios y de la confiscación de las embarcaciones por parte de Moore, una de las cuales era la suya. Este hombre le proporcionó una información muy valiosa desde el punto de vista militar: que Charleston no tenía fuerte que la defendiera y sólo contaba como única protección con un bastión dotado de 18 cañones de diferentes calibres; que Carolina no contaba con un ejército profesional, solamente con milicianos que actuaban, en su caso, voluntariamente; que la colonia tenía pocos *blancos* y muchos esclavos; y que las plazas más importantes, con más de 2000 hombres (esclavos) se encontraban en el interior del territorio como sucedía con la propia hacienda de Moore, ubicada a dos jornadas de camino de la costa.

Pero los hechos se sucedían ya con mucha rapidez y a poco de partir Groso, dos indios *apalache* llegaban al fuerte informando al Gobernador de que habían detectado a las fuerzas inglesas a unos 40 km de San Agustín, avanzando rápidamente, por lo que este calculó que para el 10 de noviembre (calendario gregoriano, que encaja con la fecha en la que Daniel llegó a San Agustín, 29 de octubre) esas fuerzas estarían frente al fuerte lo que, como primera providencia, le llevó a formar una partida de 30 jinetes con «caballos rápidos», cuyo objetivo sería mantener expedita una ruta de correo hacia Apalache y Pensacola, la única que aparentemente le podría conectar con el exterior.

Al tiempo, encargó a su sargento mayor, Enrique Primo de Rivera, realizar un recuento de las fuerzas disponibles para decidir si se podía hacer frente a campo abierto a los ingleses, como pedían algunos oficiales, o debían retirarse todos al interior del fuerte con el fin de resistir el ataque y el asedio de los ingleses.

La inspección realizada por el sargento mayor ese 9 de noviembre de 1702, no pudo ser más decepcionante para Zúñiga pues dio el siguiente resultado sobre las fuerzas disponibles en el castillo de San Marcos:

Tres compañías de infantería con un total de 174 hombres, incluyendo oficiales en la reserva y soldados jubilados; una milicia (soldados no profesionales) con 44 hombres disponibles más algunos ya mayores y niños de doce años o más, pero que nunca habían luchado; 123 indios *apalache, timucuanos,* o de Guale, que tenían experiencia en armas de fuego aunque sus propias armas estaban, prácticamente, inservibles; 57 hombres de color (negros, mulatos y esclavos) de los que 20 podían, al menos, sostener algún arma; 14 artilleros para los cuatro bastiones del fuerte. (Arnade, *op. cit.*, pág. 35).

Es decir, un total de 412 hombres de los cuales sólo 18 soldados y 18 milicianos tenían experiencia en lucha a campo abierto (los mejores soldados estaban en el *distrito* de Apalache y los demás eran demasiado viejos o demasiado jóvenes y no se podía confiar en los negros ni en los nativos).

Así que el gobernador calculó que, como máximo, podría contar con 70 hombres para un combate a campo abierto, lo que le hizo desechar la posibilidad de enfrentarse a los ingleses así, por lo que sólo quedaba la opción de retirar al interior del fuerte a la guarnición y a los habitantes de San Agustín y prepararse para resistir el asedio. De modo que, por medio de un bando, informó a la población que, quien estuviera fuera del fuerte, debería apresurarse a entrar en él al escuchar tres disparos y el sonido de la campana principal, porque las puertas del recinto se cerrarían muy poco después, advirtiendo además que todos debían evitar caer en manos del enemigo, responsabilizando a cada uno de soslayar esta eventualidad. Así que cuando, al amanecer del día 10 de noviembre la infantería inglesa entró en San Agustín y se dirigió hacia la misión y pueblo de Nombre de Dios, a unos 1500 metros al norte del fuerte, las pesadas puertas del castillo de San Marcos estaban ya cerradas, acogiendo a unas 1500 personas con sus enseres y con las provisiones que pudieron aportar.

Una de las primeras decisiones que tomó Zúñiga, con las puertas ya cerradas, fue la de liberar a todos los prisioneros que se encontraban encarcelados en el fuerte, a excepción de los 2 ingleses y el indio ya mencionado. La mayoría de los liberados eran españoles o criollos condenados a trabajos forzados en el fuerte más algunos negros, mulatos e indios que integraban cuadrillas de trabajo como castigo por diferentes delitos cometidos. (Posteriormente, reconoció que se había tratado de un riesgo calculado pues hubiera sido muy complicado vigilar a estos hombres mientras 1500 personas y animales atestaban las diferentes estancias del fuerte).

Aprovechando que durante estos primeros momentos del asedio las fuerzas inglesas todavía estaban desembarcando y estableciéndose sobre el terreno, Zúñiga decidió llevar a cabo una serie de acciones que fortalecieron más su situación, tanto defensiva como ofensivamente: de una parte, envió mensajeros a su lugarteniente Solana en San Luis de Apalache, informándole de que podría soportar un asedio largo y ordenándole llamar a todos los misioneros al interior de la empalizada que protegía esa plaza para evitar, así, la difusión de falsos rumores. También le ordenó que, después, se reuniera, él sólo, con todos los jefes indios, sin interferencias de los dichos misioneros, para asegurarles a los nativos que los españoles iban a «aplastar» el ataque inglés. (Desconfianza hacia los religiosos que ponía de manifiesto, una vez más, el delicado estado en que se mantenían las relaciones entre misioneros y militares).

Y en otra acción, rápida y sorpresiva, una patrulla española consiguió recuperar y dirigir a 163 cabezas de ganado a través de las líneas enemigas para encerrarlas, luego, en el foso del fuerte entre los gritos de aliento y alegría de los sitiados.

En fin, tras un consejo de guerra con sus oficiales, Zúñiga ordenó «una salida de hombres valientes, apoyados por dos líneas de mosqueteros para meter fuego a todas las casas grandes y pequeñas de San Agustín que pudieran servir de refugio a los ingleses frente a los cañonazos españoles y evitar, a su vez, que las baterías inglesas pudieran cañonear al fuerte protegidas por dichas edificaciones»; (parece que, sin embargo, esta orden no se llevó a cabo hasta el 14 de noviembre, una vez que los propietarios de esas casas hubieron conseguido rescatar parte de sus pertenencias, otro gesto de Zúñiga hacia los civiles).

Igualmente, durante estos primeros días, los españoles consiguieron destruir, siempre con incursiones por sorpresa, una gran parte de los matorrales y la vegetación que había en el camino a Nombre de Dios para evitar emboscadas, pues este camino era por donde se esperaba recibir refuerzos desde Timucua o Apalache (Nombre de Dios caería en poder de los ingleses el 14 de noviembre). Al tiempo, se siguió con la destrucción de aquellas edificaciones de San Agustín que pudieran facilitar los bombardeos por parte de las tropas de

Moore, lo que hace comentar a Arnade en su obra, (pensemos que irónicamente), «que la total destrucción de San Agustín no sólo fue obra de los ingleses».

Lo que no podía saber Zúñiga en estos primeros días de asedio, en torno a mediados de noviembre, era que el capitán Roque, que debía navegar a Pensacola y Mobile no había podido siquiera iniciar esta misión porque la embarcación que debía llevarle hacía agua y tuvieron que sacarla a tierra en el puerto de San Marcos para repararla. Al mismo tiempo, les llegó la orden de que él mismo, se hiciera acompañar por el alférez Florencia, para que este último siguiera luego a Mobile mientras que Roque debería seguir a La Habana desde Pensacola. Finalmente, el 12 de noviembre, Florencia pudo partir para Pensacola y Mobile en otro barco, pero Roque tuvo que quedarse esperando la reparación del barco y salió en una fecha indeterminada para La Habana. Al final, en la ejecución de esta operación, Florencia consiguió llegar a Pensacola en diez días «porque los vientos fueron muy contrarios», si bien allí sólo pudo conseguir diez hombres mientras que en Mobile su comandante «M. Berbila» (seguramente, el francés M. Brenville gobernador de ese puesto) le proporcionó generosamente 100 fusiles de chispa, 1000 libras de excelente pólvora para cañones, 1000 piedras para fusil y 200 cartucheras, y consiguió entrar de regreso en San Luis de Apalache el 10 de diciembre y aunque él, con el capitán Solana salieron el día 24 para San Agustín, cuando llegaron el asedio había terminado y Zúñiga les ordenó regresar a San Luis. (En cuanto a Roque, aparentemente nunca llegó a La Habana. El 24 de mayo de 1703 regresó a San Luis diciendo que había estado en Pensacola y Mobile, en donde había conseguido 50 mosquetes y 500 piedras para fusil y que también había enviado un mensaje a Nueva España desde Pensacola, añade Arnade, pero la realidad es que nada más se ha sabido de esta operación).

Zúñiga, para entonces, se había asegurado la comunicación con Solana, su lugarteniente en Apalache, utilizando un procedimiento que le garantizaba la recepción de los mensajes que tuviera que enviar o recibir. Así, las noticias más importantes debían trasladarse oralmente y no por cartas o informes. Cada mensajero debía llevar dos cartas, una, corta, resumiendo la información de manera que si era interceptaba por el enemigo este no pudiera entender qué se pretendía comunicar; la segunda, más detallada, contenía información falsa con el fin de «inspirar terror y desmoralizar al enemigo, empujándole a levantar el asedio» (Arnade, *op. cit.*, pág. 39).

Sin embargo, lo que el gobernador y los sitiados desconocían en estas fechas era que Groso, el sacristán, con su embarcación, había conseguido llegar a La Habana y con la información que llevaba había logrado convencer al gobernador de Cuba Pedro Nicolás Benítez de Lugo sobre la desesperada situación que se vivía en Florida, hasta el punto de que este, el 2 de diciembre de 1702, en consejo de guerra, decidió ayudar al fuerte de San Marcos con provisiones, municiones, e infantería pertenecientes al fuerte de La Habana, eso sí, dando órdenes muy estrictas al capitán López Solloso de que no corriese más riesgos de los necesarios y que, una vez en el fuerte, se pusiese a las órdenes de Zúñiga, y «permaneciese allí, con sus fuerzas, hasta su regreso a La Habana, que debería producirse cuando terminasen las operaciones y se hubiese levantado el asedio» (las últimas palabras, al parecer, estaban subrayadas, y escrita en el margen, con mayúsculas, la palabra «ojo» para enfatizar, seguramente, la importancia de que se cumplieran estrictamente esas órdenes). Se trataba, pues, sin duda, de una ayuda meramente finalista, no un refuerzo militar con posibilidades de quedarse en el fuerte.

Por lo demás, la situación en el interior del territorio seguía siendo confusa, particularmente en lo que se refiere a la zona de Guale, que se daba ya por perdida y por capturados sus soldados o extraviados en los pantanos de la zona, si bien Timucua, aparentemente, permaneció en calma durante todo el asedio.

Por su parte, los ingleses ocuparon definitivamente el pueblo y la misión de Nombre de Dios, destinando a este puesto unos 100 soldados, y no fue hasta el 22 de noviembre, cuando una patrulla española, en el camino a Nombre de Dios, consiguió capturar a dos soldados ingleses que fueron inmediatamente llevados a presencia del gobernador. Uno de ellos llevaba una carta del comandante de los acuartelados dirigida a Moore. Convenientemente traducida e interrogado este soldado, Zúñiga conoció que Moore había enviado a su lugarteniente Daniel a Jamaica en busca de cañones de mayor calibre, municiones, bombas y provisiones, así como que sus soldados estaban faltos de munición y que sus mochilas estaban prácticamente vacías de provisiones. También, que «con los machetes que

Moore les había enviado no se podía cortar nada porque era romos». Además, este comandante se quejaba de que habían pedido una gran caja con herramientas al buque insignia Susan y que los mandos del barco se la habían denegado (señal de las delicadas relaciones que, a estas alturas del asedio, mantenían los marinos con las fuerzas de tierra).

El 24 de noviembre, no obstante, los ingleses comenzaron a bombardear el Castillo, constatando la inutilidad del armamento con que contaban para obtener un mínimo resultado positivo. Y el 25 empezaron a incendiar el sur de la ciudad y las casas que se encontraban al lado de la iglesia de Nuestro Señor San Francisco, así como el monasterio, en donde había residido Moore, que trasladó su cuartel general a la iglesia parroquial de la ciudad, que sí fue respetada.

En fin, a lo largo de los últimos días de noviembre y principios de diciembre la situación se estabilizó en cierto modo, si bien en el bando inglés comenzó a cundir el desaliento por la falta de

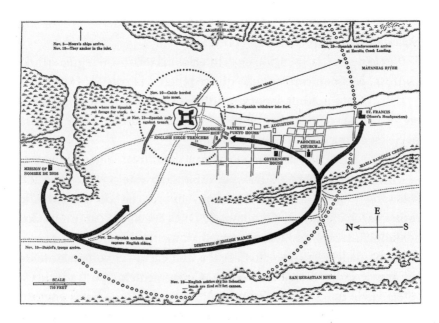

1702. Octubre-Noviembre. Dibujo del trayecto, y etapas, del recorrido de la expedición militar de James Moore desde Port Royal en su camino hacia San Agustín, con el nombre de los fortines y misiones atacados y destruidos. (Del libro de Arnade «The siege of St. Augustine in 1702»)

armamento adecuado, lo que les hacía ver que una operación que creían sencilla y fácil, se iba dilatando en el tiempo por la dura resistencia de los sitiados que no daban muestra alguna de debilidad, más bien lo contrario y continuaban cañoneando las posiciones enemigas, si bien es cierto que con poca eficacia.

Sin embargo, a mediados de diciembre el estado de la moral de los sitiados también se había deteriorado, y los ingleses, en cambio, habían avanzado en sus trabajos para rodear el fuerte, pues habían conseguido cavar tres trincheras: una, en dirección sur-norte-nordeste; otra, en dirección oeste; y una tercera, con 63 gaviones (cestos de mimbre llenos de tierra para fijar las zanjas abiertas en la excavación de la trinchera) en dirección noroeste-este. Esta última era la más peligrosa para los españoles porque dificultaba los trabajos de corte de hierba para el ganado y los caballos, de modo que a mediodía del día 19, 58 hombres hicieron, de nuevo, una salida por sorpresa con el objetivo de destrozar el mayor número de gaviones posible para derrumbar la trinchera. Los ingleses, que en un principio tuvieron que retroceder, se reorganizaron y contraatacaron, y con la ayuda de los refuerzos que llegaron de Nombre de Dios hicieron que los españoles tuvieran que retirarse al interior del fuerte tras sufrir una baja y varios heridos. Al final del día los ingleses habían avanzado a la distancia de un tiro de pistola del fuerte.

Llegados a este punto del enfrentamiento, todo este drama que había comenzado con la aprobación por el Parlamento de Carolina de una expedición de castigo y conquista de San Agustín y su fortaleza, iba a resolverse en los 6 últimos días del año 1702.

En efecto, el 24 de diciembre, los vigías en el puesto de observación del fuerte vieron aparecer dos velas en el horizonte dando la voz de alarma inmediatamente pues se ignoraba si pertenecían a la flota inglesa que regresaba de Jamaica con el armamento solicitado o a la flota española que traía el socorro desde La Habana.

Resultó que los barcos eran ingleses, lo que desató el pánico entre los sitiados y nos ha dado la oportunidad de conocer el tipo de líder que fue Zúñiga en esos momentos, pues ordenó la celebración de la Nochebuena con toda la solemnidad y alegría posibles dadas las circunstancias, y decidió distribuir una paga extra entre la tropa, a pesar de la burocrática negativa de los dos oficiales reales, el tesorero y el interventor, que parece que intentaban, cubrir a futuro, sus propias responsabilidades. Obstáculo solventado por el gobernador, como ya se ha comentado al ordenar cargar ese gasto al presupuesto del año que estaba por llegar.

Así que, al día siguiente, los dos barcos ingleses entraron en el puerto y comenzaron la descarga de sus bodegas. No venían de Jamaica, sino, al parecer, de Nueva York, pero eso también lo ignoraba Zúñiga, que estableció un estricto estado de alarma militar, prohibiendo cualquier discusión sobre la nueva situación y fijando penas severas para los que desobedecieran estas órdenes.

Pero cuando el día 26, hacia las 2 de la tarde, aparecieron en el horizonte 4 velas; esta vez sí, esta vez pertenecían a 4 poderosos buques de guerra españoles, que traían el socorro tantas veces demandado.

Pero ese mismo panorama también lo pudieron ver los ingleses para quienes se producía la peor noticia que podían imaginar, pues suponía que la situación daba un vuelco completo en contra de sus intereses: los sitiadores pasaban a colocarse en la situación más débil. Así que, tres días más tarde, en la mañana del 29 de enero de 1703, Moore dio, finalmente, por perdida la batalla y luego, temprano, en la mañana siguiente, comenzó a levantar el asedio y preparar la retirada hacia Charleston. En un principio pensó en embarcar a sus hombres en los tres bergantines y cinco chalupas que tenía fondeados en una zona de la bahía, pero a la vista del movimiento de los barcos españoles que le bloqueaban la salida, se vio obligado a cambiar de plan y decidió desembarcar a sus hombres y prender fuego a dos de los bergantines y a tres chalupas en torno a las 8 de la noche de ese día, abandonando a su suerte al otro bergantín y a las 2 chalupas restantes. Él, con sus fuerzas (unos 500 hombres) emprendió una retirada a marchas forzadas durante unas 60 leguas (330 km) por las playas y la costa en dirección norte hasta llegar a un punto cercano a la desembocadura del río Salamototo (hoy, río St. John's) al noroeste de San Agustín, en donde consiguieron embarcar en las piraguas que allí les esperaban y poner rumbo a la ciudad de la que habían salido más de dos meses antes.

En cuanto a la fuerza terrestre, también inició su retirada, pero por el camino que ya habían utilizado a su venida, no sin antes prender fuego a cualquier casa de San Agustín que todavía estuviera en pie. Oldmixon, cuenta al respecto que «el jefe de los indios Yamasee, que comandaba sus propias fuerzas se retiró hacia sus piraguas con el resto de los suyos y durmió sobre los remos con mucha valentía y despreocupación. Al día siguiente, los ingleses que les acompañaban, pensando que los españoles venían a por ellos, no aceptaron el paso tan lento que imponía este jefe y le urgieron a que acelerara la marcha a lo que este les respondió que no pensaba acelerarla, dando el siguiente argumento: «vuestro Gobierno os ha abandonado, pero yo no me moveré hasta que haya visto a todos mis hombres ante mí»[23].

En el lado español, Zúñiga puso inmediatamente en marcha el plan que ya tenía acordado con Groso (aunque seguía sin saber si la llegada de socorro era el resultado de ese viaje o del viaje del capitán Roque desde Pensacola, lo que nos permite acercarnos algo a la insegura realidad en la que transcurría la vida de estos militares principios del XVIII). Así que, como primera providencia, ordenó un completo silencio en el fuerte para que los guardas y vigías pudieran ver y oír las señales que, en secreto, había acordado con Groso para identificarse, por lo que, como comenta Arnade, los días 27 y 28 de diciembre fueron de una espera casi insufrible para los sitiados, que seguían sin poder confirmar la nacionalidad de los barcos. Espera que se alivió, en parte, al ver que 8 de las embarcaciones enemigas habían comenzado a poner proa a la salida de la ensenada y se estaban alineando con el propósito aparente de abandonar el lugar antes de quedar atrapados por los barcos recién llegados, a los que, sin duda ya habían identificado como españoles.

A la vista de esta conducta de los ingleses, Zúñiga convocó una reunión con sus expertos navales que llegaron a la conclusión de que la fuerza enemiga estaba atrapada, pero podía tener éxito en sus maniobras y escapar si la flota española no tomaba una actitud agresiva y planteaba una auténtica batalla naval en la barra del puerto. Pero esta posibilidad nunca se concretó porque la flota de socorro no mostró signo alguno de actividad y permaneció inmóvil, sin siquiera ponerse en contacto con el gobernador, ni por supuesto desembarcar las tropas que, en su caso, pudiera transportar, algo que extrañó y, sobre todo, indignó a Zúñiga.

Y aquí se produjo uno de esos momentos en los que, por motivos muchas veces no aclarados, pero probablemente personales, surge el enfrentamiento entre dos líderes militares, convirtiendo en derrota o simple fracaso, una situación propicia para una victoria rotunda (situación que se verá 40 años más tarde, esta vez con el marino que debía apoyar a Oglethorpe). Así que tuvo que ser Zúñiga quien, ante la inacción de la flota española, ordenara a su ayudante Sebastián López de Toledo que se deslizara por el pequeño canal que existía en la parte final de la barra e intentara alcanzar el buque insignia español con la petición de que el capitán al mando de la infantería desembarcara sus tropas, si las traía, y que el comandante de la flota bloqueara la salida de los barcos ingleses, lo que, sin duda, posibilitaría una gran victoria española.

López de Toledo abandonó el fuerte a las tres de la mañana del día 28 y a las nueve de la mañana del 29 alcanzaba el Águila Negra anclado tres leguas (unos 16.5 km) al sur de la barra y comandado por el general Esteban de Berroa. Según López de Toledo, el General tomó una actitud altanera desde el primer momento y le informó de que había dado órdenes de virar en redondo y volver a La Habana porque no había recibido información alguna desde el fuerte y asumía que había caído en manos inglesas. (El gobernador de La Habana diría más tarde que Berroa declaró haber lanzado señales cuatro veces pero que no había conseguido respuesta desde el fuerte, una afirmación que Zúñiga contradijo tajantemente y el capitán José Primo de Rivera de la infantería de socorro, admitiría posteriormente que Berroa, bajo presión de sus marineros, rehusó dar batalla a los barcos ingleses acorralados en la ensenada y navegó hacia el sur a una posición segura). No obstante, a la vista de la llegada del ayudante de Zúñiga, Berroa decidió quedarse y finalmente, en la tarde del 29 de diciembre, el capitán López de Solloso, desembarcó sus tropas en isla Anastasia, en el lugar conocido como playa de Matanzas, y en el sitio llamado Mosquitos, a unos 4 km de la barra. Traía consigo 212 infantes entre los que se incluían 70 reclutas jóvenes, gallegos, «extremadamente jóvenes, algunos enfermos, y todos sin experiencia militar alguna ni entrenamiento en el manejo de armas y que resultaron prácticamente inútiles para la lucha y para otras muchas tareas», un motivo más de indignación contra Berroa por parte de Zúñiga, que llegó a calificar a los 212 hombres desembarcados como «los más inútiles»[24].

De hecho, López de Toledo, calculó que ese retraso inicial de un día en desembarcar las tropas, y la operación del paso del Arroyo Escolta, (a unos 5 km al sureste de San Agustín) facilitaron la retirada de Moore y, por tanto, frustraron la posibilidad de destruir a los ingleses: dijo, llanamente, que las tropas de socorro habían rehusado entrar en batalla.

Por la parte inglesa, la expedición de James Moore fue un fracaso en toda la extensión de la palabra. El coste de la campaña fue mucho mayor que las 2000 libras presupuestadas, costando casi 8500 libras. A propósito de la situación creada por este fracaso, John Archdale, en su estudio sobre Carolina escrito en 1707 escribió que la aventura de Moore en San Agustín «estuvo a punto de generar un motín en su gente porque los propietarios de los barcos incendiados demandaron satisfacción y generaron grandes discusiones y divisiones en la Asamblea de Carolina»[25].

Además, tanto Moore como Robert Daniel y algunos de sus oficiales, fueron acusados de haberse quedado con el rico botín obtenido en San Agustín, ignorando la promesa de libertad de saqueo y de reparto del botín a partes iguales entre todos los participantes. Moore resultó completamente desacreditado y finalmente perdió su puesto como gobernador de Carolina.

El asedio del castillo de San Marcos había durado cerca de 50 días, pero de San Agustín sólo quedaban, casi literalmente, las cenizas.

No obstante, lo principal era que, a mediodía del 30 de diciembre ya no había señal alguna de ingleses y las llamas habían sido controladas.

Tan pronto como hubieron desaparecido los últimos vestigios de la fuerza enemiga, Zúñiga ordenó un primer informe de los daños producidos por los ingleses, enviando a los 70 reclutas a realizar una primera inspección cuya conclusión fue que San Agustín había sido incendiado hasta sus cimientos. Por su parte, el padre Martín de Alacano, de la misión de Nombre de Dios, dijo que los ingleses habían destruido todo «a excepción del hospital y 20 casas» y comentó que habían usado «furor y rencor» al prender el fuego, mostrándose especialmente salvajes cuando quemaron la iglesia parroquial de San Agustín, la iglesia y convento de San Francisco, la *doctrina* de Nombre de Dios y otras seis *doctrinas* de los alrededores. Igualmente, comentó que «el fuego fue tan voraz que nada, ni siquiera un vestigio quedó de esos edificios pues la construcción era de madera».

En fin, un consejo de guerra presidido por Zúñiga, haciendo suyos los informes de esta devastación, informó al rey que «a este daño se tenía que añadir el gran desastre ocasionado por el enemigo al quemar todas las granjas y plantaciones, y destruir el ganado y las cosechas».

Convencido, finalmente, de que no podía contar en forma alguna con el apoyo de Berroa, Zúñiga propuso, en un consejo celebrado el 3 de enero, aprovechar la circunstancia de la retirada del enemigo para perseguirle, pero la mayoría de sus oficiales rechazó la propuesta alegando el cansancio de los soldados, que los ingleses estarían ya muy lejos y que era muy peligroso dejar casi indefenso el fuerte, por lo que se vio obligado a aceptar la opinión de la mayoría.

De nuevo, el 7 de enero, reunió a su consejo, y esta vez, con el acuerdo favorable de sus oficiales, solicitó a López Solloso reforzar la guarnición con 80 soldados de los que habían venido con él, a lo que este le contestó que solamente podía ofrecerle 30, (recuérdese la advertencia del gobernador de Cuba al darle las órdenes para auxiliar a Zúñiga) que el gobernador no tuvo más remedio que aceptar. Al día siguiente López de Solloso abandonó el castillo de San Marcos rumbo a La Habana.

Pero la tensa relación entre Zúñiga y Berroa, originada por la actitud de este último, generó una agria disputa entre ambos en la que discreparon radicalmente sobre las diferentes cuestiones que afectaban a este episodio de guerra contra los ingleses. En primer lugar, Zúñiga hizo patente ante las autoridades que no conseguía entender la exacta responsabilidad y el cometido de Berroa, dado que era el capitán López Solloso quien estaba al cargo de la fuerza de socorro, de acuerdo con lo establecido por el gobernador de Cuba al aprobar la expedición a San Agustín. Asimismo, Zúñiga acusó al General de no haber destruido los barcos ingleses, pero que, en cambio, sí había saqueado los barcos abandonados por ellos, sin compartir nada con la guarnición que tan valientemente había luchado contra el enemigo. También acusó a Berroa de haber rechazado secamente la petición de dejar parte de la flota para reforzar la guarnición, especialmente cuando todavía existía la posibilidad de la llegada del inglés Robert Daniel desde Jamaica, y que, incluso, había rechazado dejar un barco grande o algunas lanchas pequeñas para esta protección. Asimismo, acusó a Berroa de haberse opuesto a desembarcar sus dos bien entrenadas compañías de soldados de color («pardos y morenos») para ofrecer batalla al enemigo y destruirlo, permitiendo, por el contrario, el desembarco de los soldados gallegos, inexpertos, que entraron en pánico casi inmediatamente (hecho confirmado por el visitador eclesiástico Antonio Ponce de León). Finalmente, le acusó de haber sido especialmente descortés pues nunca bajó a tierra, rehusó contestar a los informes que se le enviaron y abandonó el lugar con parte de la flota el 8 de enero de 1703 sin avisar previamente.

A lo que, para terminar, añadía su indignación porque no había perseguido al enemigo en su huida hacia el norte teniendo, como tenía, tropas frescas y barcos poderosos desperdiciando, así, la posibilidad de una gran victoria. Algo en lo que sin duda le asistía toda la razón desde el punto de vista militar, pues los ingleses salieron prácticamente incólumes de esta aventura fallida. Como atenuante, no obstante, cabría oponer que la conducta de Berroa, podría estar apoyada en las estrictas órdenes del gobernador de Cuba que enfocó este asunto como un simple apoyo defensivo, con plazo de caducidad muy corto.

Pero, fuera culpa de uno u otro, el hecho fue que los ingleses consiguieron escapar prácticamente indemnes, dejando tras de sí destrucción, saqueos y muerte, y los españoles, por su parte, perdieron una magnífica ocasión de derrotarlos, lo que hubiera aliviado la situación de la provincia de Florida.

Sin embargo, sí cabe imaginar que, de haberse producido la contraofensiva española con los barcos y la fuerza militar que llegó con Esteban de Berroa el 28 de diciembre, posiblemente las fuerzas del Moore, desmoralizadas y exhaustas como estaban, hubieran sufrido un serio descalabro, y Charleston y la colonia de Carolina, no hubieran podido organizar en 1703 la expedición, también comandada por Moore que, en enero de 1704, devastó la región de Apalache y prácticamente la despobló de sus habitantes naturales, sometiéndoles al mayor desplazamiento humano conocido hasta esos momentos en Norteamérica, preludio, desgraciadamente, de otros muchos que se sucederían a lo largo de este siglo XVIII y del XIX.

Para terminar con este episodio de la guerra no declarada entre españoles e ingleses en Florida, el 6 de enero de 1703, el propio Zúñiga elaboró un Informe conciso dirigido al rey con el relato de lo sucedido a lo largo de los cerca de dos meses de asedio, que luego serviría para fundamentar las decisiones que se tomaron durante este tiempo, y, en España, un consejo de guerra celebrado en Madrid informó que durante este asedio, las fuerzas españolas habían «matado más de

60 hombres, sin contar las bajas causadas por la artillería», reconociendo, en cuanto a las bajas propias, unos 3 o 4 muertos y 20 heridos, si bien los estudiosos de estos hechos se muestran más bien escépticos en cuanto a las cifras de bajas reconocidas o contabilizadas por ambos bandos.

En cualquier caso, la reputación de José de Zúñiga y la Cerda, creció de forma notable, aunque tuvo que superar el preceptivo juicio de residencia (presidido por su sucesor en el cargo de gobernador de Florida, Francisco Córcoles y Martínez) durante el que, por cierto, dos de sus colaboradores más estrechos a lo largo del asedio, los oficiales reales, Juan de Pueyo y Juan Benedit Horruytiner, le acusaron de causar la destrucción de San Agustín por haber renunciado a la lucha abierta, refugiándose, en cambio, en el fuerte. No obstante, las decisiones que tomó fueron aceptadas por el tribunal como bien fundadas y su conducta plenamente reconocida, pues si bien con sus decisiones como capitán general no pudo evitar la destrucción de la ciudad, sí consiguió mantener, en una pírrica victoria, la españolidad de San Agustín, la del castillo de San Marcos, y, en definitiva, la de la provincia de Florida.

Como señal de reconocimiento de su notable gestión, Zúñiga fue nombrado gobernador de Cartagena de Indias, cargo que ocuparía desde 1712 hasta 1716.

Como dato, sin duda, negativo, para la labor evangelizadora desarrollada hasta esos años, cabe reseñar que después de 1702 no hubo ningún intento más de establecer misión alguna a lo largo de la costa atlántica, fuera del alcance y protección de San Agustín y su fuerte, y que la ruina de la zona de Guale fue total. (Mc Ewan, Bonnie G. et al. *op. cit.*, págs. 35-37).

La reconstrucción de San Agustín fue necesariamente lenta, hasta el punto de que la iglesia principal no pudo ser reconstruida hasta 1783.

1704. La masacre de Ayubale en Apalache

La provincia de Apalache, como la denominaban los militares españoles, iba a ser el siguiente escenario en el que se desarrollaría otro serio enfrentamiento entre españoles e ingleses, que, apoyados en *naciones* indias como los *apalachicola* o los *creek*, enemigos tradicionales de los *apalaches*, los habitantes naturales de este territorio, terminaron de hecho, con la presencia española en este territorio, dejándola reducida a San Agustín y su fuerte, y a Pensacola, en aquellos momentos una plaza débil e inestable por la carencia de una fortificación digna de ese nombre y de una fuerza militar que garantizase su seguridad.

El territorio de Apalache estaba limitado al este por el río Aucilla y al oeste por el río Ochockonee (lo que hoy se conoce como el *panhandle* de Florida[26]). Su frontera norte estaba más indefinida, pero parece que se encontraba en algún lugar cerca de la frontera actual entre Florida y Georgia, y al sur, su límite eran la bahía Apalache y el golfo de Méjico.

Su nombre proviene del que le daban los nativos en el momento de su contacto con los europeos. La región de Apalache aparecería, ya en las crónicas de Hernando de Soto (1539) en términos muy elogiosos, relacionada con los abundantes recursos naturales y las productivas cosechas obtenidas por los agricultores de esta *nación* india. Sus campos fueron más extensos y productivos que cualesquiera otros que los exploradores españoles habían visto en el este de Norteamérica[27].

Sus habitantes eran agricultores y la sociedad estaba organizada en reinos. Y a pesar de haber perdido su independencia con la llegada de las misiones, estas mantuvieron muchos aspectos de su economía tradicional y sus relaciones sociales.

Una vez estabilizada la presencia de los misioneros en estas tierras (no llegaron hasta 1633), desde la segunda mitad de ese siglo comenzó a organizarse el envío de maíz y otros productos por tierra a San Agustín, y por mar, desde el puerto de San Marcos a La Habana y a otros asentamientos españoles en el Nuevo Mundo, y en 1675 el gobernador Hita Salazar concedió tierras en la región y animó a los civiles españoles a establecer explotaciones ganaderas y granjas para el cultivo del trigo y el maíz, lo que generó un nuevo motivo de disputas, esta vez, entre ellos y los nativos que no aceptaban que se pretendiese utilizar a hombres y mujeres para trabajar en las haciendas.

En cuanto a los ingleses, a pesar de la decepcionante derrota en San Agustín, ni Moore ni el nuevo gobernador de Carolina, Nathaniel Johnson, que le sustituyó, desistieron de acabar con la presencia española en la región, apoyados siempre en el argumento de un posible ataque español sobre Charleston, juntamente con los franceses, asentados ya en la zona de la desembocadura del Misisipi. Y como señal de su empeño en socavar esa influencia, en los primeros meses de 1703, conjuntamente con sus aliados indios, atacaron y destruyeron las misiones de San José de Ocuia, en la región de Apalache, y San Pedro de Potohiriba y San Francisco de Potano, en el de Timucua, matando a muchos de sus habitantes y tomando más de 500 prisioneros [28].

Y ya bien entrado el año, presentó a la Asamblea, con el apoyo de Johnson, un nuevo proyecto de campaña militar dirigida a conseguir la eliminación de presencia española en el *distrito* de Apalache. La Asamblea, reticente en un principio a tomar este tipo de medidas, fue convencida, finalmente, con la información traída por un testigo directo sobre los intentos de colonización de la Luisiana por los franceses. Así que el 17 de septiembre (calendario gregoriano) acordó que se designara a Moore para organizar una incursión sobre Apalache (un procedimiento mucho más efectivo que una declaración formal de guerra) con apoyo de indios aliados. No obstante, y dado que la hacienda de esta colonia carecía de fondos, la Asamblea rehusó poner una sola libra en el proyecto, incluso para proveer de caballos a las fuerzas inglesas, dejando como única salida la de que la campaña se financiara «con esclavos y botín», ordenando, eso sí, «que Moore fuera instruido para que se esforzase por todos los medios pacíficos posibles, en atraer a los *apalache* a nuestros intereses, como parece que lo están, según nuestras informaciones» (Crane, *op. cit.*, pág. 79).

Así que Moore tuvo que organizar, por su propio interés como comerciante en esclavos, pero «a su riesgo y ventura», al igual que deberían hacerlo los colonos que decidiesen acompañarle, una fuerza de guerra que, finalmente, consiguió reunir en diciembre en las proximidades del río Okmulgee, en número de 50 *blancos* y 1000 indios.

Sobre la conocida como batalla de Ayubale y, más en general, como la masacre de Apalache, existen dos versiones *oficiales*: una, la proporcionada por el propio Moore en sendas cartas enviadas, una a Nathaniel Johnson, el gobernador de Carolina, su mentor, y otra, dirigida a los Lords Proprietors, es decir, a los propietarios del territorio de Carolina, interesados directos en el resultado de la razia.

Ambas, al parecer llevan fecha de 16 de abril de 1704 (sería el 26 de abril según el calendario gregoriano) aunque sobre la dirigida al gobernador hay dudas en cuanto a la veracidad de la fecha, dados algunos de los detalles contenidos en ella.

Otra versión, fruto de diferentes fuentes es la proporcionada por las cartas que en aquellos meses remitieron al rey de España José de Zúñiga, basada en las informaciones proporcionadas por algunos de los protagonistas de los hechos, los propios misioneros, y algunos de los oficiales o soldados españoles que participaron en los choques con los ingleses o los indios, sus aliados. Esos relatos, aunque coinciden en lo fundamental, la devastación de Apalache, nos ofrecen muchos más detalles que Moore, acerca de las crueldades que los atacantes ejercieron sobre los vencidos, tanto indios como españoles[29].

Siguiendo el relato elaborado para el gobernador Johnson, por el propio Moore, resulta que este, con sus fuerzas, cayó sobre Ayubale en las primeras horas del día 25 de enero de 1704 (calendario gregoriano). La plaza, ubicada, aproximadamente en la confluencia de los ríos Wacisa y Aucilla, en el extremo oriental de la región, en el camino de San Agustín a San Luis de Talimali, contaba, posiblemente, con el fuerte más poderoso e importante de Apalache.

En este ataque Moore estuvo acompañado casi únicamente por los colonos ingleses a los que se unieron algunos indios, pues el resto se dedicó a atacar y arrasar las plantaciones circundantes. En el primer intento de entrar en dicho fuerte, hacia las siete de la mañana, los ingleses consiguieron llegar hasta la casa comunal pero la resistencia de los atacados permitió al párroco, P. Ángel Miranda reunir a unas pocas decenas de indios, mujeres y niños, y refugiarse en la iglesia desde donde pudieron defenderse durante horas. Un segundo intento, esta vez con hachas, para romper las puertas de la iglesia, fue también rechazado con el resultado de 14 ingleses heridos. Finalmente, y al cabo de más de nueve horas de resistencia y agotadas las flechas, prácticamente sus únicas armas, los sitiados no pudieron impedir que los atacantes prendieran fuego a la iglesia pasado el mediodía, y a pesar de la muerte de dos ingleses consiguieran, finalmente, rendir la plaza.

No cabe duda que Moore no esperaba una resistencia tan fuerte por parte de los sitiados, como lo demuestra que, más adelante, en la carta a su gobernador, reconociera claramente: «nunca vi ni oí de una resistencia tan dura y tan valiente como la de la defensa del asalto al fuerte»[30]. Moore capturó allí 26 indios y 58 mujeres y niños para los que el P. Miranda pidió clemencia inmediatamente, y los sitiados perdieron 24 hombres. En los alrededores, según Moore, sus aliados indios capturaron al menos otros tantos.

Pero Moore fue incapaz de dominar a sus aliados indios que sometieron a los defensores, primero, a torturas atados a estacas clavadas en el suelo, y, luego, a muerte, normalmente por fuego. El

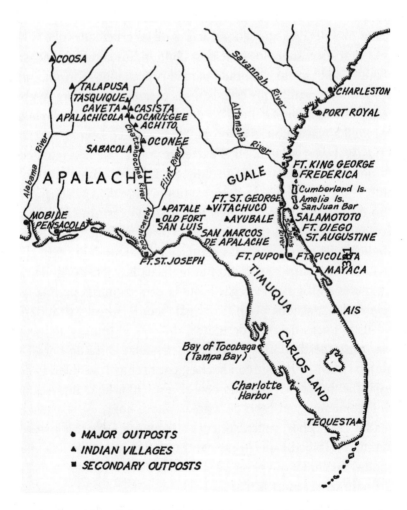

Siglo XVIII. Dibujo de la península de Florida con las principales etnias que la poblaban, sus principales poblados, y la ubicación de los principales fortines españoles e ingleses. (Del libro de Te Paske, «The governorship of Spanish Florida»)

padre Miranda reprobó estas conductas y censuró a Moore por las torturas y muertes infligidas por los *creek*, a lo que este, cínicamente, respondió que su contingente de colonos *blancos* era muy inferior al número de aliados indios a los que no podía contener.

Conocido este imprevisto y violento ataque en el fuerte de San Luis de Apalache, a unos 40 kilómetros de Ayubale, el capitán Juan Ruiz Mejía partió en su auxilio con unos 30 hombres a caballo y 400 nativos. Alcanzaron el lugar al día siguiente, 18 de enero, y entonces Moore tuvo que hacer frente a esta fuerza española a la que también consiguió derrotar, (parece que durante esta refriega desertaron de las filas españolas hasta 50 *apalaches* para unirse a los ingleses, lo que, una vez más, nos puede dar una somera idea de la inseguridad en la que vivían tanto los misioneros como los soldados españoles destinados a protegerles y el porqué de la prohibición de entregar armas de fuego a los nativos, incluso a los que aparentemente estaban ya cristianizados). En este enfrentamiento, cayeron prisioneros el capitán Mejía que había sido herido, descabalgado y finalmente capturado más 8 soldados y un número indeterminado de nativos, y murieron dos soldados españoles que intentaron rescatarlos. También resultó herido y capturado el P. Parga, misionero residente en San Pedro y San Pablo de Patale, que había querido acompañar al contingente español, para exhortarles y animarles antes de la batalla. Lamentablemente, días más tarde, su cuerpo, torturado y decapitado, fue encontrado semienterrado en un cañaveral cercano.

Sobre este enfrentamiento, Moore informaría en su carta al gobernador de Carolina, Nathaniel Jonhson que los *creek* habían abatido 5 o 6 *blancos*, y a unos 168 *apalache*, si bien el inglés pensaba que esa era una cifra menor que la real. Por su parte, Moore reconoció la pérdida del dos capitanes *blancos*, uno en esta batalla, y otro como resultado de las heridas recibidas en el asalto al fuerte.

Dos días después de esta batalla, sigue informando Moore, decide enviar emisarios a San Lorenzo de Ivitachuco, un poblado cercano, que también contaba con un fuerte «bien construido», cuyo cacique se rindió sin lucha a cambio de la entrega de un número indeterminado de caballos cargados de provisiones.

A partir de ese momento, Moore continuó con su incursión de castigo, destrucción y toma de prisioneros para convertirlos en esclavos con destino a las plantaciones de Carolina o, simplemente, con la idea de *asentarlos* en zonas cercanas a ella, a lo largo del río Savannah o entre los *creek* en el río Okmulgee, para que sirvieran de protección frente a las pretendidas incursiones españolas que pudieran venir desde San Agustín. Y seguirá su marcha devastadora de regreso a Carolina, *conquistando* dos pueblos más, cuyos habitantes, aterrados, se rindieron sin condiciones, destruyendo totalmente otros dos e incorporando su población a los prisioneros que ya había hecho, de modo que, según sus propias palabras, tenía ya en su poder la totalidad de la población de tres pueblos y la mayor parte de otros cuatro, no quedando libres en la zona de Apalache, a partir de ese momento, más que el mencionado pueblo de Ivitachuco, una parte de los habitantes de San Luis de Apalache y la gente de otro pueblo cuyos habitantes lo habían abandonado y al que Moore prendió fuego junto con la iglesia y el fuerte correspondiente. En su relato, llega a comentar, incluso, que la gente que permanecía en San Luis de Apalache se les acercaba cada noche, se supone que en busca de alimentos, y que esperaba que los de Ivitachuco se unieran a él finalmente.

Como consecuencia de todas estas acciones, debía ser tan grande el número de prisioneros (hombres, mujeres y niños), que, además, tenían que viajar entre las fuerzas de los *creek* para evitar fugas, que el propio Moore se queja de ello en su carta, lamentándose de que tamaña cantidad de personas retrasaba la marcha de regreso a Carolina, si bien se justifica enseguida afirmando que deseaba llevar «voluntariamente» tantos indios como pudiera, porque esas habían sido las órdenes de la Cámara de los Comunes, y porque, de paso, incrementaría el botín de sus hombres reduciendo el importe a pagarles, que de lo contrario se hubiera elevado a 100 libras carolinas por hombre, (BOYD et al. *op. cit.*, pág. 93).

En fin, a modo de conclusión, informa al gobernador de Carolina que la región de Apalache «ha quedado ahora reducida a una tan débil y deteriorada situación que no podrá aprovisionar a San Agustín y esta ciudad no podrá inquietar, atemorizar o dañar a nuestros indios que viven entre nosotros y Apalache y los franceses» (primera vez que comenta la presencia de estos últimos en la zona, seguramente para reforzar la importancia de la expedición y del éxito conseguido). En definitiva, y según su propia expresión, «hemos hecho a Carolina tan segura como la conquista de Apalache puede hacerla». Lamentándose a continuación porque «si no hubiera tenido tantos hombres heridos en el primer asalto hubiera intentado también la toma de San Luis y su fuerte, en el que ahora no hay más de 28 o 30 hombres (20 de ellos llegaron desde Pensacola la primera noche, después de tomado el fuerte de Ayubale)».

Como se ha comentado más arriba, paralelamente a esta carta dirigió otra, también de fecha 16 de abril de 1704, a los Lords Proprietors, en la que resume y concreta algo más las acciones desarrolladas durante esta incursión añadiendo algunos detalles: como prisioneros tomó 300 hombres más 1000 mujeres y niños; mató o tomó como esclavos a 325 hombres y a 4000 mujeres y niños. Añadiendo, a modo de justificación, que «no maté a ningún hombre, mujer o niño salvo los que fueron capturados durante la lucha o en el asalto al Fuerte Ayubale». Y, se vanagloria de que todo lo había hecho con la sola pérdida de 4 *blancos* y 15 indios, «y sin el coste de un solo penique para las arcas públicas de Carolina» aunque no puede ocultar que resultaron heridos en Ayubale un número importante de «hombres blancos e indios».

Hace, también una reflexión *política* ante los Lords: «Antes de la expedición temíamos más a los españoles de Apalache y sus indios, en unión de los franceses del Misisipi, haciéndonos más daño por tierra, que cualesquiera otras fuerzas enemigas por mar. [Así que] esta expedición los ha incapacitado para intentar ninguna acción por tierra, pues la fuerza total en Apalache no excederá ahora de 300 indios y 24 *blancos*»[31].

En cualquier caso, el resultado cierto de esta incursión fue no sólo la devastación de un región, hasta esos momentos pacífica y productiva, sino la muerte de cerca de 350 nativos y la deportación forzosa de más de 4000 hombres, mujeres y niños para venderlos o usarlos como esclavos en las plantaciones inglesas de Carolina, o como protección interpuesta entre los territorios ingleses y los españoles, haciendo, además, de Apalache un territorio prácticamente vacío, objeto sistemático de razias por parte de indios y cazadores de esclavos, por no hablar de la desaparición casi total de las misiones franciscanas en Florida.

En definitiva, la derrota de los *apalaches* en Florida, el último poderoso aliado indio de España en la región, significó la desaparición de la última defensa de los indios de Florida y sirvió, por el contrario, para estrechar los lazos entre varias *naciones* indias del sureste y Carolina, los *creek* y los *cherokee*. Gracias a ellos, como fuertes aliados, los ingleses alcanzaron una posición de dominio sobre Francia y España en el sureste americano, que marcaría, finalmente, la elaboración del tratado de 1763.

Moore murió en 1706, posiblemente a causa de la fiebre amarilla.

FLORIDA, ABANDONADA A SU SUERTE

No parece haber datos suficientes para conocer con exactitud cuándo Moore, sus aliados y la población indígena deportada por la fuerza abandonaron Apalache, ni cuándo llegaron, al menos, a las proximidades de Charleston desde donde había partido esta letal expedición. En su carta al gobernador de Carolina, ya mencionada, hace referencia a una fecha «el domingo 23 de este mes», pero sin aclarar de qué mes está hablando. No obstante, a través de los datos manejados por él mismo y por sus propias expresiones (parece que en esa fecha se encontraba cansado física y mentalmente por la lentitud de la marcha a causa del enorme número de gente que tenía que conducir, y por su anhelo de llegar cuanto antes a su casa) no esperaba completar su llegada a Carolina «hasta mediados de marzo».

Podría calcularse, por tanto, que ese día 23 correspondería al mes de febrero, un mes más tarde aproximadamente del asalto a Ayubale. Pero, por otro lado, la referencia a su llegada al hogar hacia mediados de marzo estaría en contradicción con la fecha del 16 de abril que parece encabezar sus cartas, tanto a los Lords Proprietors como al Gobernador, y de ahí, la duda sobre la verdadera fecha de la carta, que, en cualquier caso, parece redactada en marcha hacia Carolina, y nunca desde su hogar.

Pero de lo que sí tenemos datos suficientes es el daño, profundo daño, que esta razia hizo a Florida, al control de la Florida por los españoles, control que en esos momentos quedó reducido prácticamente a dos plazas: San Agustín y Pensacola. En medio, el vacío, la despoblación casi absoluta, un territorio peligroso para quienes no fueran *apalaches* rebeldes, *creek*, *apalachicolos* (enemigos tradicionales de los *apalaches*) o *yamasee*, aliados declarados de los ingleses, enemigos sedientos de venganza hacia los españoles, y rastreadores y cazadores de los pocos habitantes nativos que todavía pudieran quedar allí para apresarlos y convertirlos en sus esclavos o en esclavos de sus *protectores*, los ingleses de Carolina.

Esta brutal incursión en el territorio español, también influyó, hasta casi la depresión en todos los militares, soldados y oficiales, destinados allí por la Corona española para defender un territorio que vieron cómo, primero, el asunto de la Florida y su importancia estratégica y económica seguía sin penetrar suficientemente en las mentes de los altos funcionarios de la Corte, y, después, que aquellos burócratas del Virreinato o de La Habana, siguieron regateando hasta el mínimo apoyo en hombres, material y provisiones a quienes habían sido asignados a este ya considerado como «destino de castigo».

Porque la ruina de la Florida no cesó con el abandono del territorio por Moore sino que, precisamente, significó la apertura de un corto período de tiempo, de tres o cuatro años, en el que quedó abierta la vía para hacer más profunda aún esa ruina moral y económica. Florida había recibido un golpe casi mortal y sólo se mantuvo en pie por el esfuerzo personal y el sacrificio de los militares y misioneros que allí permanecieron, prácticamente sin apoyo de la Administración, a pesar de sus angustiosas peticiones de auxilio.

Así, en este ambiente de terror creado por la incursión de Moore en el que bandas de *creek* o *apalachicolas* recorrían, sin control, el país, el 23 de junio una partida de indios entró de noche en Patale, atrajo con engaños al P. Manuel Mendoza a la puerta del convento y le golpearon y dispararon hasta matarle, incendiando posteriormente el convento y tomando como prisioneros a muchos de los habitantes del pueblo. Ese mismo grupo asaltó San Juan de Aspalaga el día 26, tomando como prisionera a la mayoría de la población.

Y, probablemente, fue este mismo grupo, integrado por unos 250 individuos, el que se presentó, a continuación, el 29 de junio, en la localidad de San Cosme y San Damián de Escambé, «distante un tiro de cañón» de San Luis de Apalache, amenazando con tomar el fortín. En respuesta, Manuel Solana, lugarteniente de Zúñiga en esta última plaza, consiguió reunir 43 soldados españoles de los que 12 eran mosqueteros, así como 93 indios con armas de fuego y 60 arqueros, los cuales pusieron como condición para apoyarle que los españoles combatieran a pie. Con esta fuerza consiguió llegar de noche a las cercanías de San Pedro y San Pablo de Patale, momento en el que apareció una partida de indios enemigos, aparentemente en busca de caza. Entonces, algunos de los integrantes de la fuerza española, desobedeciendo las órdenes de Solana, se lanzaron sobre ellos consiguiendo matar a cuatro, si bien no pudieron evitar la huida del resto que lógicamente dio la voz de alarma.

En la escaramuza que se produjo a continuación entre ambos grupos, la fuerza española comenzó a ganar la batalla a los rebeldes, hasta que algunos de los indios del bando español comenzaron a gritar que sus enemigos los estaban rodeando, iniciando, aterrados, una retirada sin que Solana pudiera impedirlo, dejando solos a los españoles que, vista la situación de inferioridad, intentaron recuperar los caballos en los que habían llegado, encontrándose con que sus aliados indios ya los habían tomado, dejando sueltos a los que no pudieron llevar consigo. Así que, finalmente, los españoles fueron derrotados, dando comienzo a una «laboriosa retirada» hacia el fortín, según comenta Solana en su informe. El resultado directo de este choque fue la muerte o captura de 23 españoles de los 43 que habían acompañado a Solana (de ellos, sólo un mosquetero pues el resto, hasta 11, murieron a causa del peso de sus mosquetes, que tenían que portar a pie, al no haber caballos suficientes).

Todo esto sucedió el 4 de julio de 1704, y el día 6, Solana envió a varios soldados al lugar de los hechos con el objetivo de recuperar los cuerpos de los fallecidos y enterrarlos. En el lugar de la batalla encontraron 16 cuerpos atados a estacas y quemados vivos (a algunos les habían cortado la lengua, la nariz y las orejas, de acuerdo con sus rituales de guerra) y no pudieron ser identificados pues estaban deformados por el transcurso del tiempo y la exposición al sol. Más tarde, uno de los prisioneros indios que habían conseguido capturar, confesó que como los rebeldes no tenían indios enemigos para quemar decidieron quemar a los españoles para igualar las bajas de los suyos, algo que pidieron, precisamente, los *apalaches* rebeldes (de hecho, según este indio, quemaron a 8 españoles vivos a los que previamente les habían cortado la lengua y las orejas). En cuanto a los soldados, fueron tomados como prisioneros 16, a los que ataron y dejaron desnudos, llevándoselos consigo.

De los soldados de la guarnición del fuerte de Solana murieron 12.

En la carta de 8 de julio de 1704 que Manuel Solana escribió para informar al gobernador Zúñiga de lo sucedido[32], comentó que había aconsejado a los indios aliados que pretendían huir a los bosques, que, si querían dejar sus tierras y sus propiedades, lo mejor que podían hacer era buscar refugio en el fuerte de San Marcos donde podrían recibir tierras para cultivar, y que él mismo pediría al gobernador que los admitiera a lo que estos le contestaron «que estaban cansados de esperar ayuda de los españoles; que, sencillamente, no querían morir; que durante mucho tiempo les habíamos engañado prometiéndoles la llegada de refuerzos que nunca habían llegado; que ellos sabían [ahora] con total certeza que lo que los [indios] paganos decían iba a suceder, había sucedido, y que esa había sido la razón por la que ellos renunciaban a estar a nuestro lado; que si ellos se marchaban no sería para unirse a los españoles, pero si se quedaban con nosotros, cuando llegara el enemigo ellos irían contra nosotros, y nos quemarían en el interior de nuestro fortín a cambio de escapar ellos con vida». Y continuaba: «en cuanto al ofrecimiento de refugiarse en el *presidio*, tampoco quieren hacerlo porque correrían el mismo peligro [de muerte] si los ingleses asediaran el fuerte; y que lo único que [ahora] les preocupaba era huir a los bosques o a las islas, a donde Dios guiara a cada uno».

Dura contestación que venía a confirmar el aislamiento y el complicado estado de las relaciones de los españoles con, prácticamente, los únicos indios que, supuestamente, eran los más afines a su presencia en aquellos territorios.

Y no sólo los indios deseaban abandonar aquellas tierras, los misioneros también hicieron llegar a Solana que ellos no deseaban seguir allí, que también ellos deseaban ir a las islas, no importaba cuál, y que así se lo habían hecho saber por escrito a su obispo[33].

De modo que Solana, finalmente, lanza en su carta una pregunta capital a su superior: «cuando todos se hayan marchado ¿debería encerrarme yo en este fortín con la infantería que me queda o deben ellos acompañarme [al fuerte]?». Porque, continúa «es imposible defender este fortín con menos de 50 soldados, además de los que hay aquí, y ello es por su seguridad, no para seguir adelante o para arrojar al enemigo de esta provincia […] y en mi opinión todos los [civiles] que quedan aquí deberían ser llevados a ese *presidio* con su ganado o todo se perderá» (*ibid.*).

Ese fue, a partir de estos días, el gran dilema para los militares responsables de la defensa de un territorio asolado, prácticamente abandonado por sus primitivos habitantes y carentes de los más elementales medios de defensa.

Tan grave se había tornado la situación, que Zúñiga decidió convocar un consejo de guerra. La cuestión central de la reunión fue que en la región de Apalache no quedaba ya gente en comparación con la que había unos meses antes, incluso semanas, cuando existían hasta 14 pueblos con un total de unas 8000 personas de las que, a raíz del ataque a Ayubale y de la razia subsiguiente de Moore, quedaban menos de 2000.

De acuerdo con el acta de este consejo de 13 de julio de 1704, parece que la solución más correcta «para el servicio de Dios y del rey», resultó ser la destrucción de los fortines aún en pie y de los muros con empalizadas, no sólo en Ivitachuco, cuyo cacique fue el único en permanecer fiel a los españoles, sino en otras plazas, con el fin de impedir que, en un nuevo ataque, el enemigo pudiera utilizar estos fortines, ya desiertos, como refugio. Decisión basada en la carencia de infantería en el fuerte de San Marcos, que se mantenía como el principal objetivo a defender porque «si el *presidio* se pierde, todas las provincias, de Florida se pierden» (Boyd, Mark et al. *op. cit.*, doc. 28, pág. 57).

Así que se elaboró un plan de retirada, para vaciar los fortines de todo lo que pudiera ser de utilidad (estatuas, ornamentos de culto, ganado, caballos, cañones, pedreros, armas, y municiones) para llevarlos bien al propio fuerte de San Marcos o bien al pueblo de San Francisco de Potano, en la zona de Timucua, a unos 165 kilómetros de San Agustín, al que se había incorporado ya la población de Santo Tomás de Santa Fe a la que se podría unir más tarde la de San Pedro y San Mateo, sirviendo así de puesto avanzada de vigilancia. Se decidió igualmente, dar cuenta de esta decisión a Pensacola en cuanto fuera posible la comunicación con aquel puesto, dada la continua presencia enemiga, incluso por mar.

En el acta se recoge el sentimiento de frustración de los indios *apalache* por la pérdida de confianza en los españoles y en sus promesas de protección no cumplidas, así como el hecho de que en las sucesivas invasiones sufridas durante los tres últimos años (1702, 1703, 1704) se habían producido más de 3000 muertes y gran número de prisioneros, que habían sido llevados a Carolina, a lo que había que añadir un hecho, quizás más peligroso aún, como era que muchos rebeldes *apalache* se habían unido voluntariamente al enemigo, incrementando el poder de sus fuerzas a la par que disminuían las de los españoles.

Así que tomadas las decisiones anteriores se acordó informar de ellas al rey, al virrey de Nueva España, y a las demás partes concernidas, poniendo especial cuidado en hacerles ver «la miserable condición en que han quedado las zonas de Apalache y Timucua así como los peligros que rodean a este *presidio*».

Cartas exponiendo la situación más arriba analizada, así como la urgencia de recibir ayuda para la conservación del fuerte de San Marcos, y los *distritos* de Apalache y Timucua, fueron enviadas, asimismo, por los oficiales reales al virrey de Nueva España el 16 de julio y el 18 de agosto de ese año 1704.

La respuesta del rey tiene fecha de 22 de agosto de 1704 y da cuenta de que tras el correspondiente consejo de guerra para las Indias: «he ordenado a mi virrey de Nueva España y al gobernador de La Habana proveer a esa plaza y *presidio* con todo lo que puedan, para remediar las necesidades que usted dice están padeciendo», al tiempo que encarecía a Zúñiga «alentar en mi nombre a los misioneros que dice están desanimados por la falta de ayudas» (*Ibid.*, doc. 32, pág. 64).

Casi *a vuelta de correo*, Zúñiga vuelve a enviar otra carta, fechada el 3 de septiembre, en la que informa de la continuidad de las razias por parte de los indios, dirigidos y ayudados por los ingleses de Charleston, lo que le ha obligado a demoler el fortín de San Luis de Talimali, en el extremo oeste de la región de Apalache, tal como habían acordado en el consejo de guerra de 12 de junio. Todo ello con el objetivo de evitar, primero, que allí fueran sitiados tanto los pobladores de la zona refugiados en él, como la infantería allí destinada, los cuales podrían caer prisioneros. Operación que se llevó a cabo con la máxima celeridad en previsión de la llegada del enemigo, que, efectivamente, apareció el 2 de agosto cuando un gran grupo de indios entró en el fortín, si bien la infantería española se encontraba ya a sólo unos 90 km en San Pedro de Timucua.

Como veremos, tanto esta dramática situación como las citadas órdenes del rey fueron prácticamente ignoradas por sus destinatarios, el virrey de Nueva España y el gobernador de La Habana, cuando no sirvieron sino para endurecer su actitud hacia Zúñiga y, en definitiva, hacia el destino de San Agustín y por extensión de la Florida.

Ejemplo de esa actitud, incluso despreciativa de estas otras instancias a las que el rey había ordenado socorrer a Florida, lo tenemos en el relato dirigido por Zúñiga al virrey de Nueva España el 10 de septiembre. Zúñiga le informa de la desesperada situación en la que se encontraba y el peligro para toda Florida y «cómo se vio obligado a destruir el fortín de Pensacola y retirar a los pocos españoles allí destinados [...] porque no hemos recibido ningún socorro y no hay fuerzas suficientes para mantenerlo, y finalmente, porque se encuentra a unos 440 kilómetros de este *presidio*».

Y continuará informando de que la flota de Barlovento, que estaba en La Habana, podría haber venido en auxilio de este puerto pero que había recibido una carta de Antonio de Landeche, comandante de la flota en la que le decía que «en el caso de que yo [Zúñiga] me encontrara asediado, le informara pero que no esperara una respuesta [del propio Landeche] más allá del 15 de agosto»; (recordemos que la fecha tope para que cualquier navío saliera de puerto en La Habana estaba precisamente fijada en el 15 de agosto, comienzo de la temporada de huracanes) por lo que Zúñiga, recordando, seguramente, su pasada experiencia de 1702 no puede menos que escribir al virrey: «como usted mismo puede imaginar, Excelencia, qué forma puede tomar esta ayuda si yo mismo me encuentro asediado», para terminar con una advertencia, con claro síntoma de hartazgo por la falta de apoyos «así que considerando la situación presente, su Excelencia debería decidir qué es lo más ventajoso para Su Majestad. Yo soy sólo responsable por mis esfuerzos que a la vista de lo sucedido expongo a su atención». (*Ibid*., doc. 34, pág. 67).

Y unos días más tarde, el 15 de septiembre, vuelve a escribir al rey denunciando que ninguna de sus órdenes de ayuda a Florida habían sido cumplidas ni desde Nuevo México ni desde La Habana, porque «aunque pedí a La Habana me enviaran 200 soldados para situar 100 en Apalache, para relevar a los indios, el gobernador sólo me envió 47, con la orden al capitán que los comandaba de que volviera inmediatamente, cosa que hizo enviando la mitad en una chalupa que yo había preparado para ir a La Habana a buscar provisiones y que el enemigo terminó capturando. Ello me dio la oportunidad de retrasar su regreso, si bien dicho gobernador repitió la orden de modo que tuve que ordenar a los oficiales reales que pasaran revista a los soldados que yo tenía aquí disponibles y me dieran su opinión sobre la devolución». (*Ibid.*, doc. 35, pág. 68).

Para terminar con una seria advertencia, reflejo de su desesperación: «este *presidio* y la provincia, Señor, se encuentran en un estado miserable [...] el 3 de este mes mi lugarteniente en la zona de Timucua me informó que los *apalache* enemigos devastaron los pueblos de San Pedro de Potohiriba y San Mateo de Tolapatafi, quemaron vivos a sus caciques y a sus vasallos y si ellos llegaran a invadir la zona del sur (de San Agustín) (Rinconada, Jororo, Mayaca, etc.) no tengo duda alguna de que las conquistarán también, porque yo carezco incluso de las fuerzas necesarias para [mantener] esta plaza», (*ibid.*).

A pesar de todo, Florida no recibiría auxilio efectivo alguno en los años subsiguientes, limitándose sus gobernadores a conservar el castillo de San Marcos y la ciudad de San Agustín, la plaza protegida por él.

Prueba de lo anterior es la carta de 14 de enero de 1708 dirigida por el nuevo gobernador de Florida, Francisco de Córcoles y Martínez, al rey (*ibid.*, doc. 43, pág. 90) para darle cuenta de la situación que, lejos de mejorar había ido empeorando, al no encontrar el enemigo resistencia alguna digna de tal nombre a sus incursiones en el territorio de soberanía española. Así, vuelve a recordar al rey que su principal preocupación desde su toma de posesión había sido hasta ese momento, evitar que el enemigo terminara de destruir la provincia y los pocos nativos que todavía quedaban en ella (ni una sola mención a la posibilidad de reconquistar el territorio y atacar Charleston, la ciudad desde la que partían de hecho o se planeaban los ataques ingleses, como había sugerido en varias ocasiones, su antecesor en el cargo, José de Zúñiga).

Informa que en el consejo de guerra preceptivo se había decidido retirar la guarnición de Santo Tomás de Santa Fe (en torno a noviembre de 1706) y la de San Francisco de Potano, así como la infantería destinada a custodiar el paso del río Salamototo (hoy, río Saint John's), al noroeste de San Agustín, ya mencionado durante el relato del asedio de San Agustín en 1702. De esa manera, informa, se pudo resistir al enemigo, aunque, al tiempo, se le transmitía, con esas retiradas, una clara señal de inferioridad y debilidad.

Vuelve a insistir, en fin, en la continua hostilidad de los indios desde sus asentamientos en Carolina, «ayudados por los ingleses que les proveen de armas, municiones, machetes y pistolas e incluso les acompañan, les instan, incitan y animan a estos asaltos hasta conseguir asolar totalmente el interior del territorio, la costa del sur y la de Carlos [los *calusas*, en el suroeste de la península de Florida, a la altura, hoy, de Tampa], sin dejar un cristiano en Apalache, Timucua, en Guale y partes de las zonas de Mayaca y Jororo de los que han tomado como esclavos más de 10.000 o 12.000 personas [...] En dichas zonas no quedan más de 300 personas, incluyendo hombres, mujeres, niños y jóvenes, a los que incluso matan cuando salen de sus poblados en busca de alimentos o los capturan para venderlos como esclavos».

1670. TRATADO DE MADRID

El abandono de la Florida *a su suerte*, ante las agresiones inglesas no sería, en definitiva, más que el resultado de la grave situación que atravesaba el Reino de España, tanto en el ámbito nacional como en el internacional bajo el reinado de Felipe IV, el Rey Planeta (1621-1665), durante el cual se fue profundizando la decadencia de la casa de Habsburgo en España, con resultados desastrosos, no sólo en la economía del país sino también, y muy concretamente, para los territorios americanos, sin excluir a ninguno, desde los de Norteamérica hasta los de Tierra Firme, en la costa oriental de Suramérica. Situación económica y política que desembocó, entre otros en el Tratado de Madrid de 1670, firmado, además, bajo la regencia de Mariana de Austria, y que, en lugar de soluciones, daría lugar a un semillero continuo de conflictos con Inglaterra durante más de un siglo, hasta 1763.

Sin ánimo de entrar en el análisis de los hechos que fueron sucediéndose a lo largo de la segunda mitad del siglo XVII, baste recordar los negativos resultados cosechados con la Paz de Westfalia, que dio fin a la guerra de los Treinta Años (1618-1648), y que supuso un importante reajuste del mapa político europeo (estableciendo el predominio de los Estados-nación), la instauración de la igualdad y libertad de las religiones y, muy importante, la consolidación de las monarquías absolutas.

Durante este período se produjeron en el Reino de España serios movimientos turbulentos, como los levantamientos independentistas en Cataluña (1640), Andalucía (1641), Sicilia (1626-1656) y Nápoles (1647-1648), una guerra con la Francia de Mazarino y ataques a la ciudades y posesiones españolas en América, por parte de piratas ingleses y holandeses apoyados por sus respectivos gobiernos que rechazaban de plano la *doctrina* diplomática española de *posesión* y cierre del espacio marítimo, e incluso terrestre, al libre comercio en América en base a las concesiones realizadas por el papa Alejandro VI a los Reyes Católicos en la Bula Inter Caetera, de 1493, tras el descubrimiento de América.

Asunto que envenenaría desde ese momento las relaciones económicas y comerciales entre España, Francia, Holanda y, sobre todo, Inglaterra en todo lo relativo a América, pues como dice Charles F. Lummis en su libro sobre *Los exploradores españoles del siglo* XVI: «en realidad como ha hecho notar el Sr. Winsor, los sajones no tuvieron gran interés por América sino cuando comenzaron a comprender que ofrecía oportunidades al comercio».

A todo esto, se unieron la pésima situación económica, consecuencia de la larga guerra ya mencionada y de la disminución de los ingresos provenientes de América, causada, precisamente, por el incremento de los ataques a la flota de Indias, la declaración de la suspensión de pagos del Estado en los años 1607, 1627 y 1647, y las epidemias de 1647 a 1652 que provocaron la disminución de la población española, con su lógico impacto en la economía del país.

A esta compleja situación económica vino a añadirse el problema causado en 1653 por la subida al poder de Oliver Cromwell, que sustituyó, como *lord protector*, a Carlos I de Inglaterra, ejecutado en 1649, dando paso al período de su historia conocido como «El Protectorado» y a la conocida como Commonwealth de Inglaterra.

Sería precisamente Cromwell quien concretaría el rechazo de Inglaterra a la política de exclusividad del comercio con América practicada por España, publicando en 26 de octubre de 1655 un *manifiesto* en el que, entre otras cuestiones, denunciaba los tratados firmados con España en 1604 y 1630 en los que se acordaba el restablecimiento del comercio anglo-español «en todos los lugares en donde anteriormente se hiciera», formulación tan ambigua que los ingleses interpretaban como que incluía las Indias, algo que, naturalmente, rechazaba España defendiéndose mediante la captura y embargo de los barcos y las mercancías transportadas.

Pero con independencia de la postura española en este asunto vital para su economía, Inglaterra nunca dejaría de atacar los intereses españoles tanto en España como en América, siempre con un objetivo de fondo: socavar la fortaleza económica y militar de España: así, una vez declarada la guerra, en abril de 1655 intentaron apoderarse de La Española, siendo rechazados, pero en mayo de ese mismo año consiguieron hacerse con Jamaica, que España ya no podría recuperar y que se convertiría en el puerto clave, de partida y cobijo de todos los piratas y corsarios que, durante estos años y todos a lo largo del siglo XVIII atacarían sistemáticamente los intereses españoles en el área del Caribe, con la protección de las autoridades inglesas personificadas en los sucesivos gobernadores de la isla; también en 1655, Henry Goodson saquearía Santa Marta, y en 1656 Río Hacha, ambas en la costa venezolana; en septiembre de 1656 una flota inglesa atacó en Cádiz a la flota de Indias consiguiendo un botín de 2 millones de pesos; y en 20 de abril de 1657 atacaron a la flota española amarrada a puerto en Santa Cruz de Tenerife, destruyendo 6 galeones y otras 10 naves españolas.

Como toda respuesta, Felipe IV ordenó, en septiembre de 1655 confiscar todos los navíos, bienes y mercancías inglesas en territorio español, cortando las relaciones comerciales con Inglaterra, lo que también afectó y agravó la situación de la debilitada economía inglesa[34].

En fin, cuando en septiembre de 1658 falleció Oliver Cromwell, y su hijo Richard dimitió en mayo de 1659, Carlos II, que había permanecido huido, recuperó el trono de Inglaterra con el apoyo del ejército, y en junio decretó la suspensión de las hostilidades con España, firmando un tratado en Madrid en 1667; tratado que venía a recuperar los acuerdos comerciales establecidos en Londres en 1604 que habían quedado suspendidos durante la guerra de 1655. Y, además, tres años más tarde, el 18 de julio de 1670, se firmaba en Madrid un nuevo tratado, conocido también por los ingleses como el Tratado de Godolphin, firmante del mismo en nombre de Carlos II de Inglaterra, (quien lo ratificó el 8 de octubre de ese año), y Gaspar de Bracamonte y Guzmán, conde de Peñaranda, en nombre de Mariana de Austria, regente de la Corona de España durante la minoría de edad de Carlos II, (quien lo ratificó el 12 de agosto).

El Tratado venía a ratificar las condiciones pactadas, ya, en el mencionado Tratado de Madrid de 1667 que respondía, sin duda, a la necesidad de dar por terminadas las hostilidades entre ambos países, pero contenía un artículo 7º de enorme calado para el futuro de las posesiones españolas en Norteamérica y otros territorios del área del Caribe, pues abría oficialmente la puerta a la presencia inglesa en territorios que nunca habían sido de su propiedad, sino que estaban sencillamente «usurpados», (en lenguaje de la época) por súbditos ingleses, a pesar de que eran considerados y defendidos como de exclusiva posesión y control por la Corona española.

En efecto, el artículo 7º del Tratado disponía de forma clara, aunque con una redacción especialmente ambigua desde el punto de vista del derecho Internacional, que «se ha convenido que tanto el serenísimo rey de Inglaterra como sus herederos y sucesores gozarán, tendrán y poseerán perpetuamente con pleno derecho de soberanía, propiedad y posesión, todas las tierras provincias e islas, colonias y dominios situados en la India occidental, tales o en cualquier parte de América que dicho rey en la Gran Bretaña[35] y sus súbditos tienen y poseen al presente; de suerte que por este nombre o título, o con pretexto de cualquiera otra pretensión, no se pueda ni deba jamás hacer apremio ni moverse en adelante controversia alguna».

Lo que hace comentar a Abad y Lasierra[36] que la simple redacción de este artículo llevaría a concluir, por una parte, que, con la firma del Tratado, los ingleses reconocían implícitamente la legítima soberanía que los españoles ostentaban sobre las Indias occidentales, cuyo dominio les correspondía por derecho de descubierta y conquista, mientras que, a ellos, ahora, y sólo ahora, les correspondería sólo en fuerza del Tratado que se firmaba. Así como, de forma también implícita, pero por la propia lógica de lo firmado, reconocían no haber sido dueños hasta esos momentos de los territorios que de forma tan *generosa* les cedía la Corona española. Es decir, que hasta ese momento era España la nación poseedora de los territorios comprendidos entre los 33º latitud norte inclusive (es decir desde San Felipe, en Santa Elena), hasta los 30° 26' en que estaba ubicado en río St. John's[37], circunstancia que comprendía, tanto la parte sur de Carolina como el territorio de la futura Georgia[38]. Territorios que ya, de hecho, estaban empezando a ocupar.

La realidad, no obstante, era que la imprecisión de la redacción de este artículo daba pie a una interpretación muy ambivalente o cuando menos dificultosa, sobre los derechos creados o confirmados para las dos Coronas, hasta tal punto que hizo necesaria la elaboración por España de una Real Cédula de 7 de junio de 1689 en donde se concretaban, entre otras cosas, las islas y territorios que los ingleses tenían en América (Jamaica, conquistada por Gran Bretaña en 1655, Barbados, Nueva Inglaterra, Canadá y parte de la isla de San Cristóbal), si bien haría caso omiso de esta matización española por estimar que el instrumento legal usado no era el adecuado, que la enumeración era incompleta y que, por tanto, no la consideraban vinculante. (Algo similar sucedería entre Gran Bretaña y Francia a propósito del territorio de Acadia, al nordeste de Canadá, *propiedad* de Francia, y, posteriormente, con la Luisiana sobre la que los ingleses pretendían que todo lo que no fuera Luisiana era Canadá, disputa que tardaría muchos años en solucionarse).

Igualmente, esta falta de claridad en la delimitación de las fronteras en un inmenso territorio prácticamente desconocido e inexplorado por los europeos, volvería a generar serias controversias a partir del tratado de 1763 que dio fin a la guerra de los Siete Años entre Gran Bretaña, Francia y España, y, posteriormente, con los recién constituidos Estados Unidos, a cuenta de las diferentes interpretaciones que estos y los ingleses daban a las frases que se referían a las delimitaciones geográficas de otros acuerdos posteriores, concretamente a partir de 1776, en relación con las posesiones inglesas recibidas por el nuevo Estado, tras el triunfo de su *revolución*.

Análisis de este tratado de 1670, que, finalmente hace manifestar a Abad y Lasierra, como conclusión, en apoyo y reconocimiento de los derechos de la Corona española, que los españoles, desde 1565 hasta 1686, estuvieron en pacífica posesión del territorio que se extendía hasta los 36°, habiendo poblado hasta los 33° (misión de Chatuache y Santa Elena), posesión que fue desapareciendo por vía de la práctica inglesa de «hechos consumados» a partir de 1702. Y así dice (*op. cit.*, pág. 127) que la Florida debe extenderse, por lo menos, hasta los 36° de latitud norte y desde el mar hasta los Apalaches, longitud oeste, a cuyo norte queda la Luisiana, corriendo una y otra hasta la cabecera del río Ohio y lago del Sacramento. Y remata sus comentarios: «Hoy

[1785] vemos que los colonos americanos, guiados del mismo espíritu, han sucedido a los ingleses... [en todas sus máximas aspiraciones, se entiende]».

Ni qué decir tiene que los colonos ingleses ubicados ya en territorio americano, bien por el desconocimiento de la existencia del tratado mencionado, bien por la notable ambigüedad de su redacción o bien, finalmente, por su propio impulso expansionista con el apoyo de la Corona inglesa, no sólo no respetaron la letra o el espíritu de este tratado sino que a lo largo del último decenio del siglo XVII continuaron con su expansión hacia el oeste de los territorios de Carolina, atravesando los Apalaches y hostigando a los asentamientos españoles al oeste de San Agustín y en la zona del golfo de Méjico, pertenecientes, igualmente, a Florida, poniendo acento especial en las misiones y asentamientos allí establecidos y en los pueblos indígenas que coexistían pacíficamente con ellos, hasta el punto de que, tal como ya se ha expuesto más arriba, en 1706 habían desaparecido la mayoría de las misiones españolas en la Florida como consecuencia de las sangrientas incursiones lideradas por James Moore.

1700-1783. El rompecabezas europeo

«Desde alrededor de 1625, a Europa la habían asolado cada década guerras en las que se enfrentaban las tres grandes potencias, España, Francia e Inglaterra (Gran Bretaña tras la unión con Escocia en 1707)». Así describe Ferreiro el panorama europeo de aquellos momentos basado en el sistema de relaciones internacionales imperantes conocido como «el equilibrio de poderes», según el cual las potencias del momento se contenían unas a otras con el fin de evitar que ninguna consiguiera colocarse por encima de las demás hasta el punto de llegar a dominar el mundo, como a lo largo del XVI y gran parte del XVII había sucedido con España[1]. Se trataba, en definitiva, de que ninguna nación llegara a ser demasiado poderosa, de manera que si alguna de ellas (por ejemplo, Gran Bretaña) comenzara a imponerse a las otras, aquellas que estuvieran en una posición más débil (por ejemplo, Francia y España) se unirían para contenerla. Lo cual necesariamente iba a llevar a un continuo intercambio de alianzas entre los países europeos a lo largo del XVIII, algo que empujó a países como Francia y España al borde de la bancarrota y a la propia Gran Bretaña a una situación semejante a partir de mediados de ese siglo.

Thomas E. Chávez comenta que «se invirtieron tantos fondos y esfuerzos en los ejércitos que muchas veces los adversarios evitaban el choque con el único propósito de proteger su inversión», lo que llevó a un oficial a escribir que en el siglo XVIII la guerra no era el arte de defender el territorio sino el de «rendirlo con honor tras ciertas formalidades convencionales»[2].

En este sentido baste recordar los enfrentamientos más importantes producidos en Europa hasta la declaración de independencia de los Estados Unidos en 1776: guerra de Sucesión española

(1701-1714); guerra de Francia contra España en Norteamérica, con inmediata repercusión en La Florida (1719-1720); guerra de Sucesión polaca (1733-1736); guerra de Sucesión austríaca (en la América española, guerra de la Oreja de Jenkins o guerra del Asiento, entre Gran Bretaña y España, (1740-1748); en fin, guerra entre Francia y Gran Bretaña (guerra de los Siete Años, en América, también conocida como guerra franco-india), en 1756-1763, con un lamentable final para la España de Carlos III, que supuso el principio del fin para la Florida española.

Fue un período, en fin, en el que podría decirse que se enfrentaban todos contra todos, y en el que los tratados «de paz y amistad», estaban a la orden del día y tenían el valor de frenar un enfrentamiento armado entre los firmantes, pero no garantizaban la perdurabilidad en el tiempo de esa «paz y amistad».

Quizás la guerra más cruenta, y la más destructora, fue seguramente la denominada guerra de Sucesión española, entre 1701 y 1714, generada por un cambio dinástico en el trono de España, que pasó a manos de la casa de Borbón desde las de los Habsburgo. Esa guerra costó a España la pérdida de importantes territorios en Europa, su descenso a una segunda categoría en el concierto de las naciones de ese momento y el surgimiento de un importante enemigo en América, Gran Bretaña, cuyo espíritu expansionista y sin escrúpulos, determinó en gran medida, finalmente, la pérdida de la Florida, no por la fuerza de las armas, sino en virtud de un tratado, el de 1763.

CAMBIO DE DINASTÍA EN EL TRONO DE ESPAÑA

Parece razonable pensar, de acuerdo con lo que hemos relatado hasta aquí, que la situación político-administrativa, económica y militar de Florida tenía algo que ver, necesariamente, con la paulatina degradación de la situación política, económica y militar de la monarquía española durante los años que van desde la muerte de Felipe II en 1580 hasta la de Carlos II en noviembre de 1700, es decir más de un siglo que podría resumirse en el conocido comentario de Hamilton: «España necesitó sólo un siglo (desde la unión de Castilla y Aragón en 1479 hasta la anexión de Portugal en 1580) para hacerse con la hegemonía en Europa, y un solo siglo también (desde la muerte de Felipe II en 1598 hasta la de Carlos II en noviembre de 1700) para descender al rango de segunda potencia»[3] en el concierto de las naciones que protagonizaban la lucha por esa hegemonía en la Europa que comenzaba a dibujarse en los comienzos del siglo XVIII.

Y, efectivamente, por desgracia, el siglo XVIII no comenzó mejor para la monarquía española que el que terminó en 1699, al producirse, ya en el mismo 1700, un brusco cambio de derrotero determinado por la decisión tomada por Carlos II, de la casa de Habsburgo, sin descendientes directos, y tras una serie de tentativas fallidas, de ordenar en su último testamento del 2 de octubre de 1700, un mes antes de su muerte, entregar la Corona de España y su Imperio de ultramar a Felipe de Anjou, nieto del rey de Francia, Luis XVI, de la casa de Borbón, a pesar de los enfrentamientos militares y políticos que ambos habían mantenido a lo largo del corto reinado del español.

Un cambio que, lógicamente, fue muy mal recibido por Austria, la otra casa dominante en Europa, y sus aliados, así como por Inglaterra en plena pugna con Francia por la hegemonía política militar y, sobre todo, económica, con un casi único objetivo como era la expansión a lo largo y ancho de los enormes e inexplorados territorios de Norteamérica, en donde, desde 1565, España disponía, en la costa oriental, de un territorio y de un enclave estratégicos, la Florida, y su castillo de San Marcos, en la ciudad de San Agustín, especialmente apetecido desde el último cuarto del siglo anterior por la Corona inglesa como llave para el dominio no sólo de la costa oriental atlántica sino como paso a todo lo que representaba el golfo de Méjico y los territorios y asentamientos que se asomaban a él como Pensacola, Biloxi o Mobile, casi a orillas del Misisipi.

Sin embargo, parece cierto que la designación de Felipe de Anjou como sucesor de Carlos II de España, no obedeciera para este último a ningún objetivo más importante que el de mantener la integridad de la «monarquía católica», (expresión que aparecería durante los años subsiguientes en los tratados internacionales firmados por España durante este periodo) y del Imperio español, si bien esta decisión terminaría por desatar la conocida desde entonces como la guerra de Sucesión española.

Prueba de lo anterior está en el propio último testamento de Carlos II que contenía dos mandatos expresos para sus sucesores: que mantuvieran «los mismos tribunales y formas de gobierno» existentes en España en esos momentos, para lo cual la toma de posesión de la Corona por parte de Felipe de Anjou debería ir precedida «del juramento, que debe hacer, de observar las leyes, fueros y costumbres de dichos mis reinos y señoríos»; y que el nuevo rey debería renunciar a la sucesión de Francia (lo que aliviaría los temores, fundamentalmente de Inglaterra, Países Bajos no españoles, y Austria) con el fin de que «se mantenga siempre desunida esta monarquía de la Corona de Francia» (en respuesta, seguramente, al conocimiento que el propio testador tenía de las ambiciones de Luis XIV. De hecho, esta segunda condición iba directamente contra el denominado Segundo Tratado de Partición, negociado a espaldas de España, y suscrito pocos meses antes, por el que se asignaban territorios de España tanto a Francia (Luis XIV) como al archiduque Carlos de Austria,

Esta trascendente decisión de Carlos II generó casi simultáneamente la división no solamente entre los máximos dirigentes en la Corte española sino también entre las monarquías europeas dominantes en esos momentos, Francia e Inglaterra, a la que apoyaban los Estados Generales de los Países Bajos, enemigos tradicionales de España, y Austria. Todos los implicados se agruparon en dos bandos denominados desde esos momentos como los borbónicos y los austracistas, pues los primeros apoyaban a Felipe de Anjou, para acceder al trono español con el nombre de Felipe V, y los segundos al archiduque Carlos del Sacro Imperio Romano Germánico (casa de Habsburgo para España).

En realidad, como se verá más adelante, lo que ambos bandos pretendían era la desmembración del Imperio español asignando diferentes territorios, sobre todo en Europa, a sus aliados, como lo demuestra el ya mencionado Segundo Tratado de Partición firmado en La Haya en marzo en 1700 entre franceses, ingleses y holandeses, algo que rechazaba España cuando conoció su existencia, por motivos obvios y Austria, porque su candidato, el archiduque Carlos, exigía acceder al trono español con la integridad de los territorios del Imperio español bajo su mando.

No obstante, Luis XIV, aunque con ciertas reticencias pues preveía que la solución elegida por Carlos II, (que favorecía claramente los intereses de la casa de Borbón frente a los Habsburgo) podría desatar una guerra no deseada, dio finalmente su apoyo al testamento del monarca español e hizo pública, en nombre de su nieto, el 12 de noviembre de 1700, la aceptación de la herencia.

Pero esta decisión de Carlos II, que abría enormes perspectivas políticas y económicas para Francia, tanto en Europa (como se vería casi inmediatamente), como en Norteamérica, produjo una reacción de Luis XIV tan eufórica que el mismo día de la presentación en París de su nieto, el candidato designado, en una audiencia en la que estaban presentes, entre otros, la propia familia real y los embajadores extranjeros allí acreditados, comentó al embajador español, en entrevista personal, la famosa frase de que: «Ya no hay Pirineos porque dos naciones que de tanto tiempo a esta parte han disfrutado de supremacía no harán en adelante más que un solo pueblo», manifestación cuanto menos inoportuna y extemporánea pues no solamente contravenía la letra, y sobre todo el espíritu del Segundo Tratado de Partición, todavía en vigor en esos momentos, sino que abonaba la sospecha de todos los países afectados de que con este nombramiento se estaba rompiendo el equilibrio de fuerzas tan buscado entre todas las monarquías europeas concernidas.

Sospechas y preocupaciones que aumentaron y se consolidaron cuando al mes siguiente de esta manifestación, Luis XIV realizó una declaración formal de conservar el derecho de sucesión de Felipe de Anjou al reino de Francia, algo que iba frontalmente contra la segunda condición testamentaria de Carlos II ya mencionada. Y, prácticamente al mismo tiempo, ordenó, en nombre del futuro Felipe V, que las tropas francesas ocuparan (la noche del 5 al 6 de febrero), una serie de plazas fuertes de los Países Bajos españoles, «a la vista del poco entusiasmo de los Estados Generales de los Países Bajos españoles a jurar al duque de Anjou como rey de España». Plazas fuertes que estaban en manos de las Provincias Unidas holandesas, lo que suponía una violación del Tratado de Rijswijk, de 1697.

De modo que, dando continuidad a todo el proceso subsiguiente a su designación, el duque de Anjou fue proclamado, como Felipe V por las Cortes de Castilla el 8 de mayo de 1701 en el Real Monasterio de San Jerónimo, juró los Fueros del Reino de Aragón el 17 de septiembre y las Constituciones catalanas el 4 de octubre, si bien no clausuró sus Cortes hasta principios de 1702 debido a toda una serie de negociaciones con ellas que se prolongaron todo ese período. (Por lo demás, las Cortes del Reino de Valencia nunca llegaron a convocarse[4]).

En cualquier caso, pronto se vio que el verdadero interés de Luis XIV, por conseguir la Corona de España para su nieto radicaba en explotar al máximo los recursos económicos del Imperio español en América, algo que reconoció explícitamente a su embajador en Madrid, una vez iniciada la guerra de Sucesión: «el principal objeto de la guerra presente es el comercio de Indias y de las riquezas que producen». De hecho, el Consejo de Despacho francés se apresuró a tomar una serie de medidas para favorecer la libertad de comercio de ese país con la América española, en contra del espíritu y de las estrictas disposiciones de la Administración española en vigor durante los dos siglos anteriores, en los que quedó establecido el monopolio del comercio con América para la Casa de Contratación de Sevilla, incluso en perjuicio de otros puertos comerciales de la Península.

En este orden de cosas, la medida, quizás, de mayor trascendencia frente a las otras potencias europeas fue la concesión del Asiento de Negros a la Compagnie de Guinée el 27 de agosto de 1701 en la que, tanto Luis XIV como el propio Felipe V poseían el 50% del capital. (Algunos historiadores colocan esta decisión en el origen de la guerra de Sucesión, sobre todo en el caso de los ingleses y los holandeses).

De hecho, tanto Inglaterra como el emperador Leopoldo I (Austria), o las Provincias Unidas de los Países Bajos a los que se añadieron Prusia y la mayoría de los estados alemanes, y Portugal, en 1703, reeditaron la Primera Gran Alianza (o La Liga de La Haya), y el 7 de septiembre en 1701 firmaron la Segunda Gran Alianza, con el objetivo de luchar contra Francia y España, asignando territorios en Italia y los Países Bajos españoles a Austria para asegurar la llamada «barrera holandesa» (término utilizado para designar a las fortalezas mantenidas en los Países Bajos españoles como parte de una defensa avanzada), asegurar la sucesión protestante en Inglaterra y, sobre todo, el acceso comercial de esta última y de Holanda a los territorios americanos del Imperio español.

LA GUERRA DE SUCESIÓN ESPAÑOLA
Y LOS TRATADOS DE UTRECHT

Así que, en mayo de 1702, con la previa aprobación de su Parlamento, la reina Ana de Inglaterra declaró la guerra a ambos países, motivo por el que la guerra de Sucesión española recibió, en Norteamérica, el nombre de guerra de la Reina Ana, pues en aquel continente se enfrentaron con notable violencia Inglaterra y Francia, con las consecuencias que se verán más adelante.

En Europa, la guerra se inició en las fronteras de Francia con los integrantes de la Gran Alianza, para extenderse, posteriormente, al territorio español, lo que aparte de significar una «guerra europea» (posiblemente la más mortífera desde la guerra de los Treinta Años, hasta las guerras napoleónicas), en España se convirtió en una auténtica guerra civil y no terminó en nuestro territorio hasta la recuperación de Mallorca el 2 de julio de 1715 y la ocupación de Ibiza y Formentera. Pero, políticamente, no terminó hasta la firma del Tratado de Viena en abril de 1725 entre los plenipotenciarios de quienes, curiosamente, en un primer momento, dieron origen a esta guerra, el duque de Anjou y el archiduque Carlos, (en esos momentos, ya, respectivamente, Felipe V y Carlos II del Sacro Imperio Romano Germánico desde 1711).

Para España, excluyendo los territorios europeos en los territorios peninsulares e insulares, esta guerra supuso la pérdida, *de facto*, de la plaza de Gibraltar tomada por Inglaterra el 4 de agosto de 1704; igualmente *de facto* se perdieron Mallorca el 27 de septiembre de 1706, rendida ante una flota anglo-holandesa, y Menorca en 1708, si bien, en el caso de Mallorca, la isla se recuperaría por las fuerzas de Felipe V el 2 de julio de 1715, lo mismo que Ibiza y Formentera, el 5 de julio.

En Norteamérica, la declaración de guerra a España por parte de la reina Ana en 1702, serviría a James Moore como argumento, entre otros, para obtener la autorización de la Asamblea de Carolina para armar una fuerza que atacara en Florida, San Agustín y su castillo de San Marcos, si bien, como ya se ha visto, los enfrentamientos entre españoles e ingleses habían comenzado bastantes años antes, como consecuencia de la indefinición de las fronteras que separaban sus respectivas posesiones en aquellos territorios y de la política expansionista y agresiva, apoyada desde Londres, de los colonos ingleses asentados en lo que entonces era la *provincia* de Carolina.

Pero, como el transcurso de los enfrentamientos militares en esta guerra vino a demostrar, Francia, quizás por los cálculos excesivamente optimistas y ambiciosos de Luis XIV, empezó pronto a perder la guerra y el coste de la misma para las arcas de la administración francesa comenzó a pesar demasiado ante el abanico de frentes que debía atender, tanto terrestres (aunque sus fuerzas todavía cosechaban triunfos), como navales (donde la conjunción de las fuerzas inglesas y holandesas llevaban la delantera), hasta el punto de que en 1709 se produjo en Francia una seria crisis económica y financiera que llevó al monarca a plantear en La Haya el fin de la guerra, encontrándose con que las condiciones que se le imponían (entre ellas reconocer al archiduque Carlos como rey de España bajo el título de Carlos III, con la consiguiente expulsión del trono de su nieto Felipe V) eran de tal calibre que resultaban imposibles de aceptar no sólo para él mismo sino también para el directamente afectado, quien se manifestó de forma clara en este sentido ante su abuelo, quien, sin embargo, ordenó la retirada de sus tropas de España, excepto 25 batallones.

A este respecto, Albareda Salvador afirma que la conclusión a la que llegó Luis XIV, era especialmente severa para su propio nieto: «era imposible que la guerra finalizara mientras él (Felipe V) siguiera en el trono de España». Este último, conocedor de los planteamientos de su abuelo y de los acontecimientos militares contrarios a los ejércitos franceses se decidió a reclamar la independencia total de Francia, del *tutelaje* que sobre ella ejercía Luis XIV. Es decir, ya en 1709 se produjo la ruptura entre ambos personajes, exigiendo Felipe V la destitución del embajador francés en España y rompiendo sus relaciones con el papado, que había reconocido al archiduque Carlos como rey de este país.

Con independencia de lo anterior, que no era cosa menor, en la iniciación de negociaciones formales para poner fin a esta guerra concurrieron otra serie de circunstancias: el cambio de la situación bélica en España en donde la guerra se inclinó a favor de Felipe V, lo que llevó a Luis XIV a dejar de apoyar militarmente a su nieto; la victoria de los *tories*, el partido conservador, en las elecciones inglesas de 1710; y la muerte en 1711 del emperador José I de Habsburgo, siendo su sucesor su hermano el archiduque Carlos, lo que sugería la posibilidad de que se repitiera la alianza entre Austria y España. Todas estas circunstancias, más la precaria situación financiera de Francia, hicieron ver a los ingleses la conveniencia de apoyar a Felipe V para, entre otros argumentos, evitar repetir la posibilidad de una nueva alianza entre Austria y España a lo que se añadían las posibilidades de abrir sus mercantes a los territorios americanos.

Finalmente, el pacto entre Francia e Inglaterra se produjo en secreto, dejando fuera, una vez más, a España: Inglaterra se comprometió a reconocer a Felipe V como rey de España a cambio de conservar las plazas de Gibraltar y Menorca, ya en su poder, a lo que añadió importantes ventajas comerciales en los territorios americanos españoles. Bajo estas condiciones, en enero de 1712 se abrieron formalmente las negociaciones, sin que España pudiera asistir en esos primeros momentos. Como afirma Calvo Poyato[5], «se llegó a la situación ignominiosa de que Luis XIV ordenó retener en París durante varios meses a los representantes españoles enviados por Felipe V, bajo el pretexto de la necesidad de un pasaporte especial, impidiéndoles así llegar a tiempo para intervenir en las negociaciones», de modo que los acuerdos se lograron en su ausencia, y les fueron impuestos como algo imposible de someter a revisión. «Se vieron obligados a asumir los acuerdos a que ya habían llegado los franceses con los británicos y los holandeses, sin haber podido hacerse oír, aunque mucho de lo acordado afectaba directamente a los intereses de España» (Calvo Poyato, *ibid.*).

Se hacía realidad de esta manera el descenso de categoría internacional del Reino de España que se concretaría en acontecimientos futuros tanto en Europa como en América. Era el resultado de los débiles gobiernos de los últimos reyes de la casa de Habsburgo, la guerra de Sucesión española, en manos efectivas de la Francia de Luis XIV, y, por tanto, dependiente en una parte importante de sus decisiones, y el ascenso de una potencia como Inglaterra, históricamente enfrentada a España y ansiosa por expulsarla de sus territorios en Norteamérica, cuando no también del subcontinente sur.

En consonancia con esa realidad y con la posición del Reino de España en Europa en esos momentos, el tratado firmado en Utrecht con Inglaterra el 13 de julio de 1713[6] es un catálogo de asuntos que evidencian hasta qué punto Inglaterra tenía estudiadas sus posibilidades y sus objetivos de cara a la entrada de los representantes españoles en las negociaciones, y cómo actuó como vencedora de hecho en las mismas, haciendo valer su superioridad militar y económica frente a Francia y, por supuesto, frente a España, pendiente, como estaba, de dar por finalizada esa guerra civil que se desarrollaba en su propio territorio europeo y necesitada de ver reconocido internacionalmente a su nuevo rey, Felipe V.

Bajo estas consideraciones, es interesante analizar la disposición de las diferentes cuestiones sustanciadas en dicho tratado: en primer lugar (art. 2º), que «nunca puedan los Reinos de España y Francia unirse bajo un mismo dominio ni ser uno mismo rey de ambas monarquías», uno de los asuntos políticos que estaban en la raíz de esta guerra, con independencia del otro asunto, más prosaico, como era el acceso al comercio con las Indias occidentales españolas.

Asegurado este importante objetivo, Inglaterra aborda (art. 5º) la cuestión hereditaria y la línea de sucesión a la Corona inglesa de la línea protestante de Hannover, prometiendo Felipe V «que no se reconocerán ni se tendrán ningún tiempo él ni sus herederos y sucesores por rey ni por reina de la Gran Bretaña si no es a la dicha Sra. Reina (la reina Ana) y a sus sucesores».

El tercer objetivo aparece diáfanamente expresado en el artículo 8.º: «Será libre el uso de la navegación y del comercio entre los súbditos de ambos reinos como lo era en otros tiempos durante la paz y antes de la declaración de esta guerra, reinando el rey católico de España, Carlos II», lo que significaba, fundamentalmente, *abrir* el mar que bañaba las costas de los territorios españoles en América a los barcos ingleses, que, a continuación, cierran esa navegación a cualquier otra nación que no fuera la inglesa, en clara referencia a Francia cuando dice «se ha convenido y establecido especialmente que por ningún título ni con ningún pretexto se pueda directa ni indirectamente conceder jamás licencia ni facultad alguna a los franceses ni a otra nación para navegar, comerciar ni introducir negros, bienes, mercaderías u otras cosas en los dominios de América pertenecientes a la Corona de España si no es por los derechos y privilegios concedidos en el convenio llamado vulgarmente Asiento de Negros», para remachar que sobre este asunto de la libre navegación y comercio con las Indias occidentales «ni el rey católico ni alguno de sus herederos y sucesores puedan vender, ceder, empeñar, traspasar a los franceses ni a otra nación tierras, dominios o territorio alguno de la América española». Es decir, Inglaterra, de nuevo, estaría reconociendo de forma implícita la plena soberanía española sobre los territorios, las costas y los mares que los bañasen, y por eso pedía a España que le concediese el monopolio del tráfico de esclavos con América. Lo cual no le impedía seguir invadiendo y explotando de forma desleal territorios de la Corona española.

Estrechamente relacionado con este artículo 8°, y abordando una cuestión de especial relevancia para la Gran Bretaña, el artículo 12 contempla la concesión a Inglaterra, (y a la compañía de súbditos suyos creada para este fin), de la «la facultad de introducir negros en diversas partes de los dominios de su Majestad católica en América (incluyendo río de la Plata expresamente), que vulgarmente se denominaba como «Asiento de Negros», por espacio de 30 años continuos desde el 1° de mayo de 1713, con las mismas condiciones que [unos meses antes] gozaban los franceses», a quienes, por lo demás se les excluye de cualquier privilegio parecido.

En otro orden de cosas, merecen mención aparte las plazas que España va a tener que entregar con la firma de este tratado, pues eran plazas conquistadas por las fuerzas de Inglaterra en conjunción con las holandesas: Gibraltar y Menorca.

Gibraltar fue conquistado el 4 de agosto de 1713[7] por una flota angloholandesa, al mando del príncipe de Hesse-Darmstadt y George Rooke, en su retirada de un intento fallido de tomar Barcelona, que, aunque no era favorable a la casa de Borbón, tampoco aceptaba la idea de someterse al archiduque Carlos de Austria. La flota angloholandesa compuesta por 61 navíos de guerra, con 4000 cañones, 9000 infantes, y más de 25.000 marineros se situó el 2 de agosto ante el puerto de Gibraltar, plaza que, además de no estar avisada de lo que se le venía encima, estaba defendida únicamente por una fuerza de unos 500 hombres, en su mayoría milicianos (civiles) y con unos cien cañones en no muy buenas condiciones de uso para la defensa. Rechazada en un primer momento la rendición propuesta por los ingleses, y tras dos días de cañoneo por parte de los atacantes, y con la infantería enemiga ya en terrenos del Peñón, el general español Diego Salinas, no tuvo otra solución que la rendición para entre otras condiciones, preservar la vida de los demás habitantes del Peñón.

Inglaterra conseguía, así, una base de gran importancia para controlar el paso del Estrecho, base que resistiría, durante los años siguientes, varios intentos de reconquista por parte del Reino de España, y que se convertiría en un motivo de conflicto crónico con el Reino Unido que, a lo largo de más de 300 años de presencia ininterrumpida en ese territorio ha interpretado, siempre, y de forma sistemática, a favor de sus intereses, las condiciones establecidas en el artículo 11 del Tratado.

Así que el artículo 10 regula la cesión de Gibraltar en términos muy precisos: «El rey católico [...] cede por este tratado a la Corona de la Gran Bretaña la plena y entera propiedad de la ciudad y castillo de Gibraltar [...] para que la tenga y goce con entero derecho y para siempre. Pero para evitar cualesquiera abusos y fraudes en la introducción de mercaderías, quiere el rey católico [...] que la dicha propiedad se ceda a la Gran Bretaña sin jurisdicción alguna territorial y sin comunicación alguna abierta con el país circunvecino por parte de tierra. Y como la comunicación por mar con la costa de España no puede estar abierta y segura todos los tiempos [...] se ha acordado que [...] se pueda comprar a dinero de contado en tierra de España circunvecina la provisión y demás cosas necesarias para el uso de las tropas del *presidio*, de los vecinos, y de las naves surtas en el puerto [...] [y] ha de entenderse siempre que no se puede negar la entrada en el puerto de Gibraltar de los moros y sus naves que sólo vienen a comerciar».

Finalizando este artículo 10 con la siguiente fórmula de *derecho de tanteo*: «Si en algún tiempo a la Corona de España y a la de la Gran Bretaña le pareciere conveniente dar, vender o enajenar de cualquier modo la propiedad de la dicha ciudad de Gibraltar, se ha convenido [...] que se dará a la Corona de España la primera acción antes que a otros para redimirla».

En cuanto a Menorca, cuyos habitantes, en su mayoría eran aragoneses partidarios del archiduque Carlos de Austria, la plaza fue tomada entre el 14 y el 21 de septiembre de 1708 por una flota, también angloholandesa, apoyada por el aspirante austríaco al trono español. El objetivo principal, en esta ocasión, era el puerto de Mahón considerado en aquellos momentos el mejor puerto natural del Mediterráneo occidental. Menorca no sería recuperada para España hasta el 5 de febrero de 1782 por fuerzas hispanofrancesas.

El esquema del artículo 11 del Tratado, referente a Menorca, es prácticamente igual al del artículo 10, salvando las peculiaridades propias de la plaza: se le concede a Inglaterra «para siempre todo el derecho y pleno dominio sobre dicha isla»; «sólo se permitirá la entrada en dicha isla a los moros y sus naves que vengan a comerciar»; y de igual modo que para el caso de Gibraltar, se establece un *derecho de tanteo* a favor de España para el caso de que los ingleses decidieran enajenar la isla y los españoles estuvieran interesados en recuperarla.

LAS CONSECUENCIAS DE UTRECHT EN LA AMÉRICA ESPAÑOLA. 1713-1739

Como ya se ha comentado más arriba, las negociaciones previas que dieron lugar a los tratados englobados en esta denominación pusieron de manifiesto el extraordinario interés de Inglaterra, como nueva potencia emergente, en sacar el máximo partido posible de sus incipientes colonias en Norteamérica, en donde también estaba ya establecida Francia, y sobre todo el tráfico mercantil con los territorios españoles tanto en el norte como en el sur de América.

Pierre Muret[8] afirma al comienzo de su obra que «la explotación comercial de la América española era el objetivo más importante de la política inglesa en la primera mitad del XVIII», para explicar un poco más adelante que los objetivos de la política inglesa habían sido los mismos desde 1688: reducir la potencia política y económica de Francia, conquistar las costas e islas de la América septentrional, y, lo más importante, la explotación comercial del Imperio español. Para lo que la obtención del Asiento y el navío de permiso en 1713, eran sólo un primer paso, «porque el Asiento encubriría una organización sin precedentes de comercio ilícito».

Política, que, ya antes incluso de la firma de los Tratados de Utrecht por España, chocaba frontalmente con el rígido monopolio establecido por este país en cuanto a las relaciones comerciales con las Indias, controlado desde Sevilla por la Casa de Contratación que vetaba de forma inflexible, desde el mismo siglo XVI, no sólo la entrada en este comercio de barcos pertenecientes a potencias europeas como Francia, Inglaterra u Holanda, sino, incluso a los propios barcos españoles procedentes de otros puertos de la península ibérica que no fueran los de Sevilla o Cádiz. La liberalización casi total no llegaría hasta el año 1778 con el Reglamento y Aranceles Reales para el comercio Libre de España a Indias, promulgado por Carlos III el 12 de octubre de 1778[9].

1713. El tratado del asiento de negros. Inglaterra fomenta y desarrolla el contrabando en suelo español

El caso de la denominada guerra del Asiento es un ejemplo más de cómo este tipo de acontecimientos tan indeseables no surgen de forma abrupta, espontánea, sino que van siguiendo un proceso de empeoramiento que, finalmente, aboca a una solución armada porque el agresor aduce, y cree haber convencido a la sociedad a la que va a someter a la trágica prueba de la guerra, de que esta es la única salida al conflicto generado con su enemigo, haya tenido, este, o no haya tenido, la culpa de haber llegado a esta situación.

En el caso de la guerra de 1739, el origen inmediato habría que situarlo en el Tratado del Asiento, de 26 de marzo de 1713, anterior, por tanto, al Tratado de Utrecht de 13 de julio de 1713, que plasmó los pactos generales a los que llegaron España e Inglaterra en el contexto de los Acuerdos de Utrecht.

Así, el Tratado del Asiento, que concedió de manera excepcional a Inglaterra el monopolio del comercio de esclavos con las provincias españolas en América, así como un *permiso*, también excepcional para comerciar con dichas provincias, resultó ser, en pocos años, el instrumento con el que Inglaterra agredió durante 26 años, de manera especialmente dañina a la economía española, vulnerando para ello todos los principios de lealtad y buena fe en los que aparentemente se habían fundamentado los dos tratados mencionados, firmados en Utrecht[10]. Y ello, con independencia de la defensa tanto legal como activa (diplomática y militar) que la Corona española opuso a los sistemáticos abusos cometidos por los ingleses, fueran estos comerciales o políticos.

En fin, los llamados «asientos de negros»[11] aparecen muy pronto en España, ya a principios del siglo XVI, como contratos establecidos por un número determinado de años y con carácter de exclusividad, de monopolio, entre la Corona española y particulares o empresas extranjeras (los asentistas[12]) para proporcionar esclavos negros a las posesiones españolas en América. Este tráfico, que proporcionaba importantes beneficios para ambas partes, permitía, sin embargo, al mismo tiempo, un importante tráfico fraudulento de mercancías (es decir, en términos jurídicos «contrabando») por lo que en las propias condiciones del contrato se fijaba expresamente la prohibición de introducir en los territorios españoles bienes o mercancías «libres de impuestos», así como duras sanciones económicas para los que vulnerasen estas prohibiciones.

Ya en 1517, Carlos V otorgó este monopolio a sus compatriotas flamencos, llegando muy pronto a un punto en el que el exceso de población, de origen africano fundamentalmente, desembarcada en Santo Domingo llegó a sobrepasar a la población española, produciéndose entonces serios enfrentamientos entre las dos partes, con resultado de muerte en 1522 para el gobernador de dicha plaza, por lo que se dispuso la paulatina reducción de esta actividad, de modo que en 1580 prácticamente había desaparecido.

No obstante, dadas las serias dificultades económicas que tuvo que afrontar durante su reinado, Felipe II volvió a recurrir a esta práctica para intentar equilibrar, entre otras, las cuentas que la Hacienda Real tenía con los banqueros genoveses con motivo de la organización de la armada en 1588, iniciándose, así, un nuevo ciclo con asentistas, fundamentalmente portugueses, siendo el último contrato con ellos de diciembre de 1696, previsto para una duración de 6 años y 8 meses, contrato que fue resuelto en 1701, con el cambio de dinastía reinante, por un acuerdo de 27 de agosto entre la España de Felipe V y la Francia de Luis XIV, por el que se le concedía a la Compagnie de Guinée el monopolio de esta actividad por un período de 30 años, concesión, también, de muy corto recorrido, pues consecuencia sin duda de las negociaciones preliminares a los Tratados de Utrecht, Felipe V influido seguramente por Luis XIV, con otros intereses muy diferentes, firmó con la reina Ana, de Inglaterra, el 26 de marzo de 1713 un Tratado de Asiento de Negros que debería comenzar a aplicarse, como así fue, el 1º de mayo de ese mismo año, también con una duración prevista de 30 años, y con el objetivo de introducir «144.000 negros, piezas (sic) de ambos sexos, y todas las edades [...] a razón de 4800 negros por año». El Tratado quedó, asimismo, incorporado con el artículo 12 al tratado *principal* de julio de 1713 con la misma fuerza de obligar, si bien mantuvo su propia fecha (26 de marzo), anterior a la de los propios Tratados de Utrecht, (lo que parece confirmar una *cesión* por parte de Luis XIV para garantizarse el éxito de las negociaciones con Inglaterra).

En fin, este último tratado de marzo desarrolla muy detalladamente (es lo más parecido a un reglamento, en terminología actual) las cuestiones relacionadas con este asunto, incluido un artículo adicional en el que se autoriza, también, y se regula, un denominado «navío de permiso», de 500 tm de carga al que se concedía que, anualmente, pudiera llevar todo tipo de mercancías para venderlas en los territorios españoles de América en los «días de feria», y respecto del cual se aplicaban las mismas condiciones que para el asiento de negros, en cuanto a la participación en las ganancias por parte de la Corona española: un 25% del beneficio conseguido más «un 5% de la ganancia líquida de las otras tres partes que correspondieran a Inglaterra».

El instrumento para desarrollar este tráfico de esclavos fue la denominada The South Sea Company, también conocida como Compañía del Asiento[13].

Con la del navío de permiso, estas serían las dos únicas excepciones concedidas por la Corona española a su estricta política de monopolio comercial en todo lo relacionado con el tráfico de mercancías con las diferentes provincias americanas, y en ambos casos sería el caballo de Troya utilizado por los ingleses para romper, de hecho, dicho monopolio, generando pérdidas muy importantes a la Hacienda Real a lo largo de, más de 26 años de vigencia de este tratado, pues el navío de permiso sirvió como tapadera para el desarrollo de toda una *industria* del contrabando bajo todo tipo de tretas e interpretaciones forzadas del texto e, indirectamente para el comienzo de la denominada guerra del Asiento, en 1739, que duraría hasta 1748, sin prácticamente ningún beneficio para los dos contendientes.

Para reforzar aún más el carácter excepcional de esta autorización, el Tratado contiene en su artículo adicional, dos claras prohibiciones, que fundamentarán, pasados unos pocos años, la reacción de España frente a los abusos ingleses y a los incumplimientos de lo pactado. En efecto, cuando concede la autorización de un navío de permiso, el texto hace referencia explícita a la prohibición del comercio ilícito, y para ello establece la condición de que esta Compañía se comprometerá a no «intentar comercio alguno ilícito directa o indirectamente, ni introducirle debajo de ningún pretexto». Para establecer expresamente, un poco más adelante, una segunda prohibición relacionada con la actividad de dicho navío, al disponer «que no se podrán vender los géneros (sic) y mercaderías que llevare cada navío de estos sino en el tiempo de la *feria* [...] [de tal modo] que si alguno de ellos llegara antes que las flotas y galeones [españoles], los factores [es decir, los agentes representantes de la Compañía del Asiento] quedan obligados a almacenarlas bajo dos llaves, una en poder de los oficiales reales españoles, y la otra en poder de los factores de la Compañía».

Ninguna de estas prohibiciones fue respetada por los ingleses, prácticamente, desde el principio de la vigencia del Tratado, como se verá más adelante, entre otras razones, porque el contrabando era una de sus actividades más habituales, ya desde el siglo XVII e incluso antes.

Firmado el convenio, The South Sea Company no tardó en abrir oficinas comerciales en las poblaciones españolas más importantes y mejor situadas estratégicamente para el desarrollo del comercio (Buenos Aires, Caracas, Cartagena de Indias, La Habana, Panamá, Portobelo, Veracruz...), «taladrando» así, en expresión de Hilton, (*op. cit.*) el cerco monopolístico español del comercio en las Indias occidentales, pues dichas oficinas comerciales dieron carta de naturaleza al contrabando sistemático de todo tipo de mercancías amparado en el navío de permiso. El argumento más común utilizado por los comerciantes ingleses cuando eran interceptados por los guardacostas españoles y despojados de sus mercancías era que esas mercancías procedían de dicho navío, que sirvió durante muchos años de cobertura para estas actividades, hasta el punto de que pronto resultaron más lucrativas, incluso, que el propio tráfico de esclavos o la piratería (Hilton, *op. cit.*, pág. 6). De hecho, durante el período de vigencia del Tratado, la Compañía del Asiento se lucraría más por el contrabando que por el tráfico de esclavos, pues, por ejemplo, en 1732 no pasaban de 7 los buques esclavistas en todo el período trascurrido desde 1713, frente a los 30 contemplados en el acuerdo de 1713.

De modo que dicha autora concluye que, a la vista de la forma en la que evolucionó esta actividad contrabandista, «no se trató de una evolución positiva, natural, sino de un plan de acción cuidadosamente estudiado y llevado a cabo, con la finalidad de montar toda una organización mercantil clandestina, un Imperio dentro de un Imperio».

Desde el punto de vista inglés, sus grandes centros de distribución de este contrabando de mercancías estaban en Jamaica y más tarde, en Barbados, Buenos Aires y las propias colonias inglesas en el norte del continente. Y en el caso de América del Sur, estaba la colonia portuguesa de Sacramento, en territorio del actual Uruguay, a la que los barcos ingleses podían acceder sin problemas para, desde allí, introducirse no solamente en la, literalmente, vecina provincia de Buenos Aires, sino también en Paraguay e incluso en Tucumán.

Hilton (*op. cit.*, pág. 16) cita una *Memoria sobre el comercio ilícito de los ingleses en Nueva España*, entregada reservadamente al gobierno español por el mariscal francés, De Tessé, el 20 de enero de 1725, en la que calculaba en 3 millones de pesos al año el valor del contrabando distribuido, solamente, desde Jamaica[14], y Dionisio de Alsedo y Herrera, citado igualmente por Hilton, (*ibid.*, pág. 17) estimó que, a razón de 11 millones de pesos al año, las Indias españolas debieron producir para el período 1717-1739 un total de 286 millones de pesos de los que solamente llegaron a España 62 en los galeones de la flota de Indias, con lo que, descontadas importantes sumas para los gastos del virreinato, nos permite hacernos una mínima idea del enorme perjuicio económico que esta actividad, en su mayoría en manos inglesas, infligía a la hacienda española.

Pero, como parece lógico concluir, estas actividades no habrían tenido tanto éxito económico para sus autores si no hubieran tenido enfrente clientes dispuestos a comprar todo y de todo lo que les ofrecieran. Porque la realidad era que, precisamente por el estricto monopolio comercial, el Reino de España tenía que hacer frente a una clara insuficiencia crónica de aprovisionamiento de los diferentes territorios y asentamientos sobre los que ejercía su soberanía por «derecho de conquista», es decir, desde la provincia de La Florida, en las costas orientales de Norteamérica las del golfo de Méjico, hasta los territorios de la denominada Tierra Firme, pasando por los del Caribe, en los que las poblaciones eran necesariamente dependientes de los suministros proporcionados por la flota de Indias.

Y ello, prácticamente, ya, desde todo el siglo XVI. Recordemos, el papel desempeñado, (sólo en el apartado del contrabando), por el pirata inglés Hawkins y sus *convincentes* métodos para obligar al trueque a los pobladores de asentamientos, como los de Santa Marta, Río Hacha o Cartagena de Indias, en las costas de Tierra Firme, hoy Venezuela. Asentamientos normalmente muy escasos de población y recursos defensivos para hacer frente a barcos cuyas solas tripulaciones superaban en número y en armas ofensivas a los habitantes de aquellas localidades, que, normalmente, terminaban cediendo ante estas fuerzas agresoras, *aliviados*, no obstante, por recibir provisiones y suministros, e, incluso, esclavos, aunque fuera violentando las leyes españolas que perseguían esta actividad del contrabando. (Y recordemos el origen de la batalla de San Juan de Ulúa, septiembre de 1568, cerca de Veracruz, y la derrota de dicho pirata, que compartía los beneficios de sus correrías con la reina Isabel de Inglaterra, y al que acompañaba un joven Francis Drake, que consiguió escapar abandonando en el escenario de la batalla a su comandante).

De modo que la crónica situación de desabastecimiento creada por este rígido control, llevaba casi indefectiblemente a la solución menos deseada, el contrabando, pues, por un lado, no llegaba aprovisionamiento suficiente a las provincias de ultramar por la vía oficial de las flotas de Indias, y por otro, sus productos y precios no podían competir con los de los barcos extranjeros más abundantes y, sobre todo, más baratos, porque, entre otras causas, su propia concurrencia en una determinada zona generaba entre ellos mismos una suerte de competencia o *mercado libre*. Diferencias de precios, en todo caso, que ya Pedro Menéndez de Avilés había señalado en la década de los 60 del siglo XVI, como también lo harían, años más tarde, prácticamente todos los gobernadores de la provincia de la Florida, sometidos, además, al sistema del *situado* dependiente del Virreinato de Nueva España y, por tanto, siempre escasos de medios económicos.

En fin, tan pronto como en 1718, es decir 5 años después de la firma del Tratado del Asiento un factor, (agente comercial inglés) llegó a escribir que el contrabando inglés había de tal manera saturado el mercado en los territorios españoles que consiguió paralizar la venta de las mercancías oficiales españolas.

Pero, con ser todo ello una respuesta *natural* de los colonos para hacer frente a sus necesidades más perentorias, peor fue la corrupción que esta práctica llegó a producir, inevitablemente, entre los diferentes estamentos de la sociedad española instalada en aquellos territorios, desde alguno de los más altos representantes de la Administración hasta comerciantes e incluso religiosos. (Hilton, *op. cit.*, pág. 18, menciona el testimonio de un cirujano inglés, de nombre James Houston, destinado en la *agencia* inglesa de Cartagena de Indias que afirmó que los negocios se hacían a menudo con los jesuitas, a los que llegó a calificar como «los comerciantes más grandes de las Indias españolas»).

Corrupción que, a su vez, dividía a la sociedad hispanoamericana del momento entre quienes *hacían la vista gorda* en el control de estas actividades y quienes trataban dignamente de impedirlas. Juan, Jorge y Antonio de Ulloa, citados por Hilton (*op. cit.*, pág. 21) culpan de esta situación a la ley vigente en esos momentos, alejada de la realidad e ignorante de las posibilidades y necesidades de la población, y por ello el funcionario que defendía el cumplimiento de esa ley era tildado de «tirano» mientras que el que hacía la vista gorda frente al contrabando era conocido como hombre de «buena índole», que no hacía mal a nadie. Así, de una necesidad nació una costumbre y de ambas se hizo un *virtud*: «comer y dejar comer», generando una disyuntiva en la mentalidad colectiva entre lo justo y lo legal.

Así que la realidad sería, durante estos años del siglo XVIII, que la práctica del contrabando por parte de los ingleses, disfrazada de una u otra manera, no cesaría nunca, hasta, al menos, el año 1800.

En este sentido, Thomas E. Chávez, ya citado, comenta en su obra *España y la independencia de los Estados Unidos* que, incluso después del tratado de 1763, el contrabando era omnipresente en los territorios americanos y muy dañino para el comercio de España con sus provincias de ultramar, de modo que, por ejemplo, sólo en Guatemala como consecuencia de las actividades ilícitas de los ingleses, se perdía anualmente la mitad del valor de las exportaciones, y que hacia 1770, incluso los colonos españoles del Misisipi (territorio bajo soberanía española desde finales de 1762), compraban y vendían en los «almacenes flotantes» británicos que habían logrado superar Nueva Orleans, al tiempo que tanto Natchez como Baton Rouge en ese mismo río, se convirtieron en importantes centros de contrabando[15].

Pero en estos primeros años del convenio, a partir de 1713, esta actividad ilícita, en cualquier caso conocida desde el principio en la metrópoli, llegó a ser tan escandalosa, tan importante, y tan dañina para la economía del Reino de España, que, con motivo del tratado de paz entre España, Francia e Inglaterra, firmado en Sevilla el 9 de noviembre de 1729[16], la diplomacia española consiguió firmar, el 8 de febrero de 1732, una declaración conjunta, con el rey Jorge II de Inglaterra, en la que «Su Majestad británica promete prohibir y embarazar que bajo cualquier pretexto los bajeles de guerra de Su Majestad británica amparen, escolten y protejan las embarcaciones que cometan trato ilícito en las costas de los dominios de Su Majestad católica»[17]. Declaración, criticada a nivel interno inglés, por Hugh Hume Campbell en 1739, porque con ella el gobierno inglés reconocía públicamente, en aquellos momentos tan tensos, previos a la declaración de la guerra del Asiento una falta inconfesable que debilitaba la posición inglesa en sus negociaciones con España[18].

Esta reiterada infracción de un tratado firmado en 1713, así como la sistemática muestra de mala fe en la aplicación de lo pactado, no sólo por parte de los comerciantes sino, sobre todo por parte de las autoridades británicas, que hacían oídos sordos a las protestas españolas, impulsó a sus homónimas españolas a tomar acciones, digamos *administrativas*, que pusieran coto a los abusos, primero, con medidas para verificar el arqueo del buque inspeccionado con el fin de impedir un exceso de provisiones que no se correspondían con el número de esclavos transportados, llegando a establecer *ratios* con la proporción esclavo-kilo de provisiones o con el tonelaje autorizado, según el tipo de barco; después, a clausurar, entre diciembre del 1731 y abril de 1734, varias *agencias* británicas en el continente americano, caso de Panamá, quizás la más importante porque desde ahí se expandían las mercancías a Perú y Chile; o, finalmente, a nombrar un oficial español en cada puerto en donde hubiera una de esas *agencias*, con el fin de controlar las actividades de la Compañía del Asiento (a pesar de que en el tratado de 1713 sólo se preveían dos Interventores para toda América).

Asimismo, tan pronto, ya, como en 1717 y, después, en 1724 y 1733, se organizaron expediciones militares en Honduras y Campeche, con el objetivo de dejar constancia de que aquellos eran territorios de soberanía española ocupados ilegalmente por leñadores u otros colonos, todos ellos ingleses. En definitiva, se trataba del mismo modo de proceder (hechos consumados) que había sido la tónica habitual inglesa durante el siglo XVII, en el que sus colonos, apoyados por Londres, habían ido introduciéndose y extendiéndose subrepticiamente, poco a poco, en los territorios de la costa oriental americana, al norte de la Florida, hasta finalizar en 1732 con la fundación de Georgia, en territorio reclamado sistemáticamente como suyo por España, y todo ello sobre la base de argumentos jurídicos o políticos, a cada cual más peregrino, para sostener la validez de cada ocupación, como tendremos la oportunidad de mostrar más adelante.

Como ejemplo flagrante de esta política y esta conducta desleales hacia un país con el que se firmaban regularmente acuerdos, convenios o tratados de paz, Chávez (*op. cit.*, págs. 224 y 225) nos cuenta cómo los ingleses, también ilegalmente, sobre todo desde la guerra de los Siete Años, habían ido instalando secretamente asentamientos, desde la península del Yucatán y Campeche, hasta el sur, a lo largo de la costa de Belice, en el golfo de Honduras, creando numerosas plantaciones diseminadas entre los bosques que talaban para construir sus buques en las Antillas, hasta que, finalmente, fueron desalojados militarmente por las fuerzas españolas.

La reacción española. Camino de la guerra de 1739

Pero las autoridades españolas, que terminaron por convencerse de que las medidas administrativas ya mencionadas eran absolutamente insuficientes y que con sus solas fuerzas navales no podían controlar este tráfico ilegal en un espacio marítimo y terrestre tan enorme, reaccionaron finalmente, adoptando medidas más drásticas y novedosas que tuvieron un impacto importante en el tráfico mercantil ilegal y, en definitiva, en la economía británica.

Se generó así, un factor más de enemistad y conflicto entre ambas potencias, que se unió a la sistemática práctica del contrabando y de la deslealtad hacia la Corona española, pues estas nuevas medidas defensivas sí afectaron directamente a los intereses económicos británicos y a su política doméstica. Esas medidas, fueron, por un lado, la utilización del corso y, por otro, la puesta en marcha de una fuerza de *guardacostas* militares o particulares, habilitados especialmente para este cometido, y todo ello con un doble objetivo, el preventivo-punitivo y, al mismo tiempo, el económico en función de la recuperación económica que supusiesen las sanciones o la venta, en su caso, de las mercancías confiscadas. Estas medidas, a diferencia de las anteriores, sí generaron inmediatamente la reacción inglesa en forma de numerosas reclamaciones de los afectados, que daban origen a procesos judiciales y administrativos en los que destacaba la lentitud de estos, muy prolijos, de modo que incluso en caso de victoria de los procesados, la recuperación de la carga o de su valor era en muchos casos prácticamente imposible, con lo que el daño para los afectados era irreparable.

El endurecimiento de la postura española, amparada en los propios tratados firmados, trajo como respuesta la generación de un movimiento belicista en Inglaterra, y la petición de amparo al Almirantazgo, que llegó a cursar órdenes de represaliar a los guardacostas y corsarios españoles entre los años 1723 y 1736[19], e hizo revivir un contencioso mucho más complicado y de mayor calado político: el asunto de «el dominio del mar» y de «el derecho de navegación», al que se añadirían conceptos tan novedosos para los legisladores de las diferentes potencias marítimas del momento como los «rumbos sospechosos» o las «legítimas derrotas» (algo que desde la óptica del derecho administrativo actual podría ser equiparable conceptualmente a los denominados «conceptos jurídicos indeterminados»).

Ante esta nueva postura española, Inglaterra, sorprendida por los planteamientos españoles, oponía, no sin razón, que sus barcos tenían derecho a navegar «punto a punto», por ejemplo, desde sus colonias en la costa oriental de Norteamérica hasta Jamaica, también posesión suya, algo que España respetaba, pero a lo que oponía que, como en ese trayecto, en cualquier caso, los barcos ingleses, bordeaban casi sistemáticamente las costas de territorios españoles, les era, digamos, muy fácil apartarse del rumbo *lógico* y aprovechar para practicar el contrabando, lo que dio pie a la utilización de los conceptos ya mencionados.

Ya en estos años del siglo XVIII, el dominio del mar tenía como base para España el nuevo principio de que «la soberanía debía apoyarse en la efectiva ocupación del territorio», principio no reconocido por la Corona española hasta que en 1648, por el Tratado de Münster, los holandeses obtuvieron de España el reconocimiento de sus posesiones y, naturalmente, el derecho a navegar libremente entre ellas, algo que también obtuvieron los ingleses por el tratado de 1670, firmado con España, que *convalidaba* la presencia ilegal inglesa hasta ese momento en territorios reclamados por España por derecho de descubrimiento y conquista, pero que, finalmente tuvo que ceder, precisamente en base al principio ya mencionado, de la efectiva ocupación del territorio *uti possidetis ita possidetis*, («como posees, así posees»). Ese sería, por ejemplo, el caso de gran parte del territorio americano por encima de los 32° grados de latitud norte que terminaría ocupando la colonia de Carolina ante la ausencia efectiva de militares o colonos españoles en ellos. Y como en estos tratados se concedían tanto las tierras ocupadas como, en su caso, la navegación entre ellas, España, para el caso de América, se vio obligada aceptar ese derecho de navegación «punto a punto», pero defendiendo que dicha navegación no pudiera extenderse tanto como para amparar el desembarco en otros territorios que no pertenecieran a la nación de bandera del navío en cuestión, salvo caso de fuerza mayor, lo que supuso, a su vez, la aparición del término ya mencionado «rumbo sospechoso».

Es decir, siguiendo el símil de la «servidumbre de paso terrestre», que no habilitaría para caminar por cualquier parte del terreno que se tuviera que atravesar, este nuevo término significaba que se debería seguir siempre el rumbo más directo, pues, según este razonamiento, no tendría sentido alargar inútilmente el viaje, por lo que el gobierno español entendía y defendía que cualquier navío extranjero que se desviase de su «legítima derrota» sin motivo bastante, estaría incurriendo en «rumbo sospechoso» y por tanto, sería sospechoso de intento de comercio ilícito, con el consiguiente riesgo de ser abordado por un barco español («la visita») para verificar la carga y el origen de la misma. Se generaba así, oficialmente, una doctrina y una «inversión de la carga de la prueba»: el buque extranjero fuera de su rumbo lógico sería considerado culpable en tanto no demostrase su inocencia, es decir, presentase documentos y pruebas suficientes que le exonerasen.

Por lo demás, en cuanto al derecho de España a mantener y defender legalmente su monopolio comercial con las Indias occidentales venía ya explicitado claramente en el artículo 8° del ya mencionado tratado de 1670 firmado entre ambas monarquías, la española y la británica, en el que se prohibía no sólo comerciar sino «ir a comerciar y navegar por [las aguas que bañaban] los dominios españoles con la intención de comerciar». Algo que, con independencia de que fuera o no lo más adecuado para el desarrollo de un auténtico mercado libre, los británicos no podían ignorar.

Este claro reforzamiento de la política española en el ejercicio del control efectivo del comercio con sus provincias americanas (imposición de rumbos, derecho de *visita* en altamar a los buques extranjeros o apresamiento de navíos acusados de «tener intención de...») puesta en práctica a partir de 1726, sorprendió negativamente a los ingleses por su novedad y por los nocivos efectos para sus intereses, y desde el primer momento la rechazaron de plano, sobre todo por lo que respecta al ejercicio del derecho de *visita*, a lo que España, añadía, en una vuelta de tuerca más, una nueva definición de contrabando como «todo producto o mercancía que se pretendiera introducir o extraer de las Indias españolas» y que se tradujo en una nueva forma de realizar los controles, pues se decidió, por ejemplo, esperar al barco en cuestión a la salida del puerto para verificar que su carga fuera de procedencia americana indiscutible (recordemos que sólo el navío de permiso estaba autorizado por el tratado de 26 de marzo de 1713 a introducir mercancías para venderlas con motivo de la *feria* anual en determinaos poblaciones españolas como, por ejemplo, Portobelo, con la contrapartida de poder sacar de ese territorio el precio de esas ventas que podía ser, también en especie). Esto de la «indiscutible procedencia» de las mercancías sería otro motivo más de agrio enfrentamiento con los ingleses, que consideraban abusivo, no sin razón en algunos supuestos, el criterio de la procedencia, pues, alegaban, podía tratarse de mercancías que habían sido vendidas o intercambiadas varias veces a modo de pago, o que habían sido reexportadas desde una colonia inglesa.

Pero hecho cierto fue que el mantenimiento de las *visitas* en altamar, o los apresamientos de buques mercantes, en definitiva el incremento de vigilancia por España y las pérdidas económicas en el ejercicio de un comercio hasta entonces muy fácil, generaron un fuerte y progresivo movimiento de protesta de los comerciantes ingleses afectados, que fue creciendo con el paso de los años, hasta que en el otoño de 1737, estalló en el Parlamento inglés una feroz campaña antiespañola instigada y apoyada, al parecer, por el secretario de Estado Newcastle, (enemigo político del primer ministro Horacio Walpole, del Partido Whig) a cuenta de los rumores del apresamiento por parte de un barco de guerra español con supuesto maltrato a sus tripulaciones, y con ausencia de pruebas de contrabando, de tres mercantes en rumbo desde Jamaica a Inglaterra por el canal de Bahamas. Suceso que bien podría estar en la base de la dura reacción de los comerciantes y armadores británicos, que exigieron al rey, una vez más, protección oficial para sus barcos y su comercio, así como que se pusiera fin a las *visitas* y la detención de los mercantes ingleses en altamar.

Es en este contexto de los conflictos generados por las actuaciones de los guardacostas españoles, en donde cabría encajar el suceso que sirvió para dar otro nombre, también a la guerra de 1739: la «guerra de la Oreja de Jenkins». El asunto tendría su origen en 1731, cuando un guardacostas español abordó y apresó un barco pirata con contrabando, comandado por un tal Robert Jenkins, el cual tras el enfrentamiento que se produjo, fue atado al mástil de su propio barco por el capitán español, quien de un tajo le seccionó una de sus orejas al tiempo que le decía: «ve y dile a tu rey que lo mismo haré si a lo mismo se atreve», dejándole, a continuación, en libertad no sin antes desarmar su barco y vaciarlo de mercancías. Años más tarde, el 17 de marzo de 1738, el tal Jenkins consiguió llevar su caso al Parlamento, mostrando en un frasco la dichosa oreja como prueba de la agresión, (si bien alguno de los comparecientes manifestó, luego, haber visto bajo el gorro del pirata ambos apéndices en sus lugares naturales). El caso originó una enorme conmoción por considerar que se había ofendido al rey, y los diputados aprobaron que Walpole, exigiera a España una indemnización de 95.000 libras, exigencia que este se vio obligado a presentar a España, que lógicamente la rechazó, lo que habría obligado a Walpole a declarar la guerra a nuestro país el 23 de octubre de 1739.

Hasta tal punto le pareció clara la motivación política de este calentamiento de la opinión pública al entonces embajador español, Tomás Geraldino[20] que advierte a Madrid de que «la extraordinaria fermentación de los comerciantes ingleses está siendo fomentada por la oposición política», pues Walpole y su partido llevaban ya 20 años en el poder y la oposición intentaba recuperarlo a cualquier precio.

No obstante, esa «fermentación» venía produciéndose, ya, desde 1732 cuando Newcastle ordenó al embajador británico en Madrid, Benjamin Keene, protestar enérgicamente contra la política de *presas* del gobierno español, exigiendo restituciones en base al tratado anglo-español de 1667.

Sin embargo, la *enérgica* protesta de Newcastle no se presentará hasta el 10 de diciembre de 1737, en forma de carta entregada por el embajador inglés en Madrid a De la Cuadra[21]. En ella se acusa a los españoles de haber renovado sus «violencias, depredaciones, durezas y crueldades» hacia los súbditos británicos, insinuando al mismo tiempo que los oficiales hispanoamericanos no obedecían a su rey y declarando (eso era lo más importante) que los ingleses tenían un derecho incontestable a la libre navegación en los mares americanos, en base al mencionado tratado de 1667 (si bien, al mismo tiempo, el consejo privado del rey inglés recomendaba el incremento de la escuadra angloamericana para la protección del comercio inglés en aquellas aguas) al tiempo que solicitaba indemnizaciones por los perjuicios causados a los súbditos ingleses y castigo para los culpables de estas conductas.

Por supuesto, ni una sola línea siquiera para reconocer la continua violación de lo firmado en el Tratado del Asiento de 1713. Eso sí, termina este oficio amenazando con tomarse la justicia por su mano si no se atendían sus peticiones.

La contestación de España, que sería entregada en forma de carta al embajador inglés en Madrid por De la Cuadra, el 21 de febrero de 1738, recordaba al ministro inglés que dicho tratado se refería sólo, y explícitamente, al comercio acostumbrado y permitido hasta esa fecha en Europa, excluyendo, por tanto, su extensión a las Indias españolas, un coto cerrado formalmente, y de fondo, a cualquier potencia extranjera desde el siglo xv, y que, además, el artículo 8º de ese tratado prohibía expresamente «navegar y comerciar en todos los puertos, lugares y plazas poseídos por España en América». Prohibición que, por si hubiera alguna duda, se vuelve a repetir en el artículo 8º del tratado de 1670, de modo que le confirma, una vez más, que el derecho español vigente prohibía la navegación extranjera en cualquier punto de los mares americanos que los oficiales españoles considerasen fuera de los rumbos «punto a punto» permitidos[21].

En resumen, la política española, en cuanto al derecho de navegación en los mares que circundaban las costas de los territorios españoles en América se basaba en dos puntos: 1º, todos los derechos que España mantenía en sus territorios americanos, fueran por derecho de conquista o por derecho de descubierta, pertenecían a la Corona española, excepto los expresamente concedidos, como era el caso del Asiento de Negros; 2º, los criterios que aplicaba España en relación con el punto anterior y los medios que utilizaba para impedir o castigar la vulneración de esos derechos no necesitaban la aprobación de las demás potencias europeas.

Pero al tiempo de mantener sus posiciones en el terreno jurídico, el gobierno inglés desarrolla una actividad paralela que, efectivamente, parece indicar la preparación de un conflicto armado con España cuando no el mantenimiento de una postura belicista y amenazadora ante la firme postura de Felipe V. Así, a finales de febrero de 1738 se envían 5 buques de guerra para reforzar la escuadra de Jamaica y a finales de marzo el ministerio inglés de la guerra, decide armar 10 navíos de guerra más, presumiblemente destinados al Mediterráneo, completando este movimiento con la leva de 10.000 marineros.

Y el 14 de marzo de este mismo año, Newcastle comunica al embajador español que el rey se ha visto obligado a ofrecer «patentes de represalia» a los comerciantes afectados por los apresamientos españoles de sus barcos por parte de España, algo que Hilton (*op. cit.*) califica como de una gravedad extrema, a la vista de la situación tan tensa existente en esos momentos entre las dos potencias[22].

Pero, en esta ocasión, este tipo de patentes no tuvo especial éxito al exigir el gobierno inglés una fianza para concederlas, con independencia de que fueran especialmente extemporáneas, al haberse ofrecido, ya, el gobierno español a entablar negociaciones para revisar determinados apresamientos con los documentos y cifras necesarios.

Aparece, entonces, para los ingleses un tercer asunto, el de las «indemnizaciones debidas», en su caso, por España como consecuencia de las pérdidas patrimoniales causadas a los comerciantes capturados por los corsarios o los guardacostas españoles, precisamente por practicar el contrabando. Asunto importante, consecuencia de los dos anteriores, (el contrabando y los derechos de libre navegación) que será subsumido en las negociaciones que van a establecerse para intentar solucionar los problemas surgidos por la torticera utilización del Tratado del Asiento por parte de Inglaterra, y al que se sumarán, por España, las continuadas peticiones de cuentas a la Compañía del Asiento por parte de Felipe V, y la exigencia del pago pendiente de los beneficios obtenidos por esta empresa, conforme a los plazos establecidos en los tratados, algo a lo que esta se negaba reiteradamente, debido fundamentalmente al gran desorden en la llevanza de su contabilidad, de la que España desconfiaba, entre otras razones, porque no se adaptaba a los sistemas habituales (pretendía la Compañía que España aceptara el «sistema de caja» para justificar sus cuentas, sistema diferente al acordado en el convenio de 1713), y porque alegaba que antes deberían pagársele los daños padecidos a consecuencia de los conflictos anglo-españoles de 1718 y 1727 (guerra en el Mediterráneo entre ambas potencias y derrota inglesa en el intento de bloqueo y toma de Portobelo, en Panamá).

En fin, fuera por la constatación por parte de Inglaterra de la firmeza de la posición de España en todos estos asuntos, o fuera por constatación de hallarse encerrados en un círculo vicioso en el que ninguno de los contendientes encontraba una salida practicable, el hecho fue que en la primavera del año 1738 aparece sobre la mesa de ambos adversarios el que podría denominarse Plan Stert, (si bien se desconoce su origen) uno de los comisionados ingleses en las conferencias de Sevilla de 1729 (allí se firmó el 9 de noviembre de 1729 el tratado del mismo nombre que ponía fin a la guerra anglo-española de 1727) y que el embajador español, Geraldino, hace llegar a De la Cuadra, por carta de 23 de abril de 1738.

En esencia, se trataría de fijar un montante de dinero que cada parte debería satisfacer a la otra, que recogería, por un lado, el importe de las indemnizaciones que España debería abonar a Inglaterra, en pago de los daños y perjuicios causados a los comerciantes ingleses por la política de *presas* inglesas capturadas por los corsarios o los guardacostas españoles en aguas españolas o reclamadas como tales por España; y por otro, el importe que la Compañía del Asiento adeudaba a Felipe V en concepto de su participación en beneficios, regulada en el Convenio del Asiento.

La idea, en principio no es rechazada por Madrid, que, sin embargo, pone como condición llegar a un acuerdo con Inglaterra en materias de muy especial importancia para la Corona, como el derecho de navegación, el propio Asiento de Negros o nada menos que el asunto de Georgia, la nueva colonia inglesa *concedida* a sus súbditos por el rey Jorge II e instalada en territorio reclamado por España como de su soberanía. De modo que el embajador español en Londres se verá obligado a informar a sus colegas ingleses que España no entrará en la negociación sobre este posible «convenio sobre presas» en tanto no se solucione el asunto de los límites fronterizos entre Florida y Georgia, tanto tiempo reclamado por España, y tanto tiempo despreciado o simplemente ignorado por Inglaterra.

Así que, de nuevo, vuelven a aparecer viejos fantasmas relacionados con Florida, y volverán a enfrentar a ambas potencias por litigios nunca resueltos hasta estos momentos. Pero también asuntos que mantenían una brecha abierta en el propio Ministerio de Asuntos Exteriores español, a cuenta de las diferentes posiciones que mantenían dos actores tan importantes como De la Cuadra y Geraldino, su subordinado. Para el primero, se trataría de aprovechar la ocasión para confirmar los dos pilares, ya expuestos más arriba, de la política exterior de España en esos momentos: que todos los derechos no expresamente concedidos a potencias extranjeras, entre los que se incluían asuntos tan importantes como el dominio del mar y el control de la navegación en las aguas circundantes de sus territorios de ultramar, pertenecían a la Corona española; y que los instrumentos y criterios establecidos para impedir o castigar el contrabando en aguas hispanoamericanas, pertenecían al exclusivo ámbito de la política española y no necesitaban la aprobación de terceras potencias. Para el segundo, Geraldino, quizás más práctico por estar padeciendo de forma directa el ambiente absolutamente envenenado que se vivía en la sociedad inglesa contra España, lo más importante y urgente era solucionar el conflicto sobre el derecho de navegación (creado, por cierto, por la conducta desleal de la propia Inglaterra) a cuenta de las *visitas*, tanto en aguas americanas como en alta mar, de los guardacostas y corsarios españoles, generando daños económicos por las *presas* capturadas.

Y en este sentido, y a pesar de ese ambiente enrarecido, España dará una muestra más de la firmeza de su posición cuando el 20 de julio de 1738 se publica una real cédula con términos muy claros y precisos: «todas las veces que las embarcaciones extranjeras se hallasen fondeadas o navegando en rumbos sospechosos deben ser aprehendidas [...] siempre que concurra la circunstancia de encontrarse en ellas frutos que sólo los produzcan los mismos dominios míos, que no hayan sido cargados en los suyos».

Manifestación oficial que se produce cuando el primer ministro inglés, Walpole, ya había decidido apoyar oficialmente ese Plan Stert en contra de la opinión de su antagonista Newcastle, a quien, por motivos personales y políticos le interesaba apoyar la postura dura de los comerciantes ingleses, contraria a la política española de las *visitas* y los apresamientos de barcos mercantes.

Así que, finalmente, este año 1738, se abre una especie de proceso previo a las negociaciones sobre los tres asuntos mencionados, en el que cada parte deberá poner sobre la mesa sus peticiones y, en no pocas ocasiones sus objeciones formales, que ocultaban no sólo auténticos problemas de orden económico o geoestratégico sino una cierta resistencia a utilizar este método en lugar de recurrir al enfrentamiento armado.

Walpole, quería avanzar paso a paso, hasta concluir, primero, un ajuste sobre el importe económico generado por los apresamientos (el interés principal de los comerciantes ingleses) para discutir, después, los demás puntos conflictivos ya enunciados (las deudas recíprocas entre Felipe V y la Compañía del Asiento y los límites entre Florida y Georgia). Es decir, un enfoque totalmente contrario al de De la Cuadra, que deseaba aprovechar esta ocasión para resolver de forma simultánea, los asuntos pendientes que ya se han comentado.

Frente a esa posición española, de abordar todos los asuntos pendientes, los ingleses, ciñéndose al asunto de las indemnizaciones, de un importante calado político para Walpole, pretendían que la principal prueba de «comercio ilícito», justificativo de un apresamiento, fuera que la detención de cualquier navío se realizara en lugares de indiscutible soberanía española (lo cual era especialmente beneficioso para los intereses de Inglaterra, entre otras razones porque se abriría o mantendría otro contencioso, el relacionado con la «indiscutible» soberanía de España sobre esas aguas) mientras que España insistía en que la prueba principal fuera la naturaleza de las mercancías y la procedencia del navío detenido.

No obstante, ya a finales de junio de 1738, Walpole decidió apoyar oficialmente el Plan Sert, como así también lo hizo De la Quadra, que aceptó la idea de una solución económica global, y dio su aprobación a la cifra de 95.000 libras como tope máximo de la deuda neta de España.

Así que, tras nuevas discusiones durante el mes de agosto, se llega a un principio de acuerdo que la intervención de Newcastle estuvo a punto de desbaratar, al no aceptar la cifra ofrecida por España.

Con todo, la negociación de las cifras finales que debían establecer la deuda neta a pagar por España, probablemente haya sido la menos complicada, a la vista de las dificultades que luego hubo que superar, relacionadas, por ejemplo, con el cómo y el cuándo. Porque la cifra final aceptada por España resultaba manifiestamente corta para las aspiraciones inglesas, si bien estaba contrabalanceada por la rapidez en la liquidación final y la forma de pago, algo que políticamente tenía casi tanto valor para Walpole como el propio montante de la deuda, porque suponía acallar el ruido de las protestas en la calle de los comerciantes y la oposición, apoyados por Newcastle, y zanjar así una cuestión tan engorrosa como compleja.

Visto *a posteriori* el desarrollo de los acontecimientos durante ese año 1738 y el siguiente, no puede extrañar que estas enrevesadas negociaciones llegaran, finalmente, a fracasar y desembocaran en una guerra que, tenía como fondo los abusos de Inglaterra en la ejecución del Asiento de Negros de 1713, que sacó a la luz muchas otras cuestiones pendientes entre las dos potencias europeas.

Porque, si para Inglaterra se trataba de negociaciones delicadas, también para la Corona española se trataba de asuntos de vital importancia política y económica, hasta el punto de que el gobierno de De la Cuadra decidió hacer depender la liquidación y pago de la deuda por el asunto de las *presas*, de la resolución de una serie de asuntos que habían sido ignorados sistemáticamente por Inglaterra: los límites de la Florida con Carolina y las notoriamente mejorables relaciones, sobre todo económicas, del rey español con la Compañía del Asiento, para lo que propuso una conferencia que debería finalizar dentro del plazo de ocho meses a contar desde la fecha de la firma del acuerdo relativo el ajuste económico sobre las *presas*. Asuntos, sobre todo los de los límites fronterizos de Florida con Carolina, invariablemente aplazados por Inglaterra con todo tipo de excusas. De ahí, el establecimiento de un plazo claro para llegar a acuerdos, y que respondía a la desconfianza que la diplomacia inglesa inspiraba a la española.

Además, y porque De la Cuadra seguramente sospechaba algo, se advierte a Geraldino de que, en el texto del posible acuerdo final, bajo ningún concepto se debía aceptar la menor alusión a la libre navegación de los buques ingleses en las aguas americanas, al tiempo que se le insiste en que debe dejar claro que no modificará un ápice esas condiciones expuestas en su propuesta de negociación.

Y, en efecto, como si De la Cuadra hubiera leído en la mente de los ingleses, en el borrador que el 4 de septiembre de 1738 hacen llegar al embajador español en Londres (aparte de la aceptación formal de la cifra de 95.000 £ como deuda de España con Gran Bretaña por el asunto de las *presas*), insisten en incluir en el texto del acuerdo, de forma clara, su derecho a la libre navegación en las aguas circundantes de las posesiones españolas en América, (recordemos, desde el norte de Florida, pasando por las aguas del Caribe, hasta los territorios conocidos como Tierra Firme, fronterizos con Brasil donde, precisamente ya se estaban instalando secretamente, colonos ingleses), así como una mención al derecho de gentes como fundamento a la libre navegación en los mares, cuestiones ambas que generan el rechazo inmediato por parte de Geraldino, que sin embargo, no consigue encontrar una redacción satisfactoria para la Corona española, lo que le obliga a enviar el mencionado borrador a Madrid.

Pero, además, en su contrapropuesta, los ingleses incluyen el establecimiento de un plazo máximo de tres meses para que Felipe V aclare la forma de pago a la Compañía del Asiento por el asunto de las *presas*, pasados los cuales debería hacer el pago en efectivo, (esta propuesta inglesa se produce en el acto de nombramiento de plenipotenciarios) algo que la Corte española, y, por supuesto, el propio rey, consideran bochornoso.

El 9 de septiembre, por tanto, 5 días después de la entrega del borrador inglés, se firman ambos documentos, si bien en Madrid no tardan en señalar los incumplimientos relacionados con las órdenes expresas remitidas a Geraldino: ha permitido que figure, y nada menos que en el artículo primero del borrador, la mención a la libertad de navegación y comercio, cuestiones de primerísima importancia para España; en cuanto a Georgia, ha permitido que en el artículo segundo del borrador se diga que esta colonia se encontraba dentro de los límites de Carolina (era cierto, como veremos más adelante, que Georgia se fundó sobre territorio correspondiente, en principio, a Carolina del Sur), algo que siendo obvio para Inglaterra, era rechazado de plano por España, por suponer una anexión más de territorio considerado de soberanía española, por lo que de mantenerse esa redacción se dificultarían lógicamente las negociaciones que, en cualquier caso tendrían que abrirse en algún momento, cosa que nunca había interesado a Gran Bretaña.

En cualquier caso, el 13 de octubre de 1738 se le remite a Geraldino, con las instrucciones pertinentes, la propuesta de acuerdo sobre las indemnizaciones a la Compañía, pero sin especificar la cantidad líquida a pagar, porque a esa fecha no se habían presentado los documentos justificativos del valor de los bienes a indemnizar. Es decir, la Compañía todavía tendría que justificar individualmente sus peticiones de reparación económica (es por estas fechas cuando la Compañía presenta sus cuentas de los dos quinquenios de comercio efectivo, 1714 a 1730, descontando los 7 años de comercio interrumpido, aparte de solicitar una prórroga por esos 7 años no disfrutados).

Como comenta Hilton (*op. cit.*, pág. 66), se trataría, ante todo, de conseguir salvar el ajuste sobre las *presas*, pero con esta posición española, al final terminarán uniéndose los dos problemas que el primer ministro británico pretendía mantener separados: la liquidación y pago de la deuda generada por el asunto de las *presas* tomadas por los guardacostas y corsarios españoles, cuestión de política exterior entre ambos países; y los problemas de Felipe V con la Compañía, cuyos directores rechazaban, hasta ese momento, pagar absolutamente nada en relación a su deuda con el rey español, asunto, hasta esos momentos, de índole privada.

Juntamente con estas instrucciones, De la Cuadra adjuntará un análisis jurídico del tantas veces mencionado tratado de 1670, en el que explica de forma clara cómo ese tratado se elaboró para convalidar las «usurpaciones» de territorios españoles que los ingleses habían ido cometiendo en las zonas adyacentes a Florida, pero sin que hubieran sido cedidos legalmente por España, establecida en ellos muchos años antes. Y, por lo que se refiere al artículo 15 del mismo, que venían utilizando los ingleses como fundamento legal de sus derechos de navegación en aquellas aguas, les confirma que en él no se reconoce un derecho universal de libre navegación por todos los mares afectados, sino que se trata únicamente de reconocer un derecho de libre navegación entre sus colonias, es decir, un derecho de navegación «punto a punto». Por lo que Geraldino deberá exigir eliminar en el artículo 1º del borrador del convenio, cualquier referencia a una libertad absoluta de navegación.

Así que Walpole elaborará un nuevo borrador del tratado sobre las *presas*, que envía a Keene, en Madrid, incorporando las correcciones exigidas por Felipe V, pero sin mencionar el asunto de las 95.000 £ debidas por los perjuicios causados a la Compañía del Asiento, para evitar los problemas con esta. (Importe, por cierto, que serviría, a su vez, para cancelar la deuda española por el asunto de las *presas*, de modo que, finalmente, sería la Compañía la pagana de esa cantidad). A cambio, se compromete a eliminar la mención al derecho de navegación y su interpretación sobre los límites de Florida.

Como parece lógico, esta nueva versión inglesa es analizada cuidadosamente por Geraldino que descubre inmediatamente que no se han solventado todas las cuestiones planteadas por España, fundamentalmente la de que la Compañía pague sus deudas con Felipe V, quien, como hemos visto, pretende que se solucionen a la vez los dos asuntos principales, la indemnización por las *presas* tomadas por España... con cargo a la deuda que la Compañía tenía con él, bajo amenaza de suspender el Asiento, algo que ya venían proponiendo varios ministros españoles desde hacía tiempo. De modo que la Junta de Ministros[23] de 20 de diciembre de 1738 aboga por mantener la idea de suspender el Asiento de 1713 si la Compañía no se allana a pagar en plazo breve sus deudas con el monarca español, (algo que De la Cuadra transmite a Keene el día 22 y vuelve a repetir el 29), pero aceptando, como prueba de amistad, no mencionar este asunto de la suspensión como parte y efecto del ajuste de *presas*[24]. Dejaría para una declaración separada del convenio, la manifestación de los derechos de Felipe V y su protesta por la postura de la Compañía.

En fin, en el ambiente enrarecido en el que se desenvolvían las dos potencias (presionada especialmente la parte inglesa por su situación política interna, en la que Newcastle y la oposición a Walpole abogaban, de hecho, por una declaración de guerra), el 10 de enero de 1739, De la Cuadra, de común acuerdo con Keene según él mismo declara en el texto, firma en el Pardo una declaración de protesta de Felipe V del siguiente tenor: «En nombre de Felipe V [...] para vencer tan debatidas disputas [...] declara solemnemente que Su Majestad católica se reserva íntegro el derecho de poder suspender el Asiento de Negros [...] en el caso de que la Compañía del Sur no se sujete a pagar dentro de un brevísimo término las 68.000 £ que ha confesado deber del derecho de esclavos» (cifra incluida en las 95.000 £ aceptadas como deuda por la Compañía), añadiendo de forma contundente que «bajo la convalidación y vigor de esta protesta se procederá a firmar la citada convención y no de otro modo»[25].

Todas estas circunstancias hacen que Keene, finalmente, acepte el borrador del tan manido convenio y acuse recibo del mismo el 9 de enero de 1739.

El día 11 recibe, asimismo, la declaración sobre el derecho de Felipe V a suspender el Asiento por los abusos cometidos por los concesionarios.

En fin, el 14 de enero de 1739 se firma en El Pardo la convención concluida en esa fecha entre las Coronas de España y de Inglaterra, para satisfacer reclamaciones pendientes de los dos países[26] que, desgraciadamente, como veremos, tendrá muy poco recorrido y, por tanto, muy poco efecto como no sea el de servir de pretexto a ambos contendientes para una declaración formal de guerra unos pocos meses más tarde.

De la Cuadra, procederá a remitir a Geraldino este documento, ya ratificado por el rey español el 15 de ese mes, al que añadirá, entre otros, la Declaración de 10 de enero, con la orden de entregarla a Jorge II para su firma el 24 de dicho mes y a la Compañía, antes de la ceremonia del canje de las ratificaciones, 25 de enero para Inglaterra, (calendario juliano) y 25 de febrero (calendario gregoriano) para España.

Estos serían, resumidos, los acuerdos alcanzados en esta convención:

-   España queda como deudora de Inglaterra por importe de 95.000 £ (a pagar en el término de 4 meses, contados desde el día del canje de las ratificaciones), cifra que se desglosa en 68.000 £ en concepto de la deuda que la Compañía del Sur tiene, a su vez, con Felipe V por los derechos del tráfico de esclavos (este asunto sería, probablemente, el principal causante a corto plazo del fracaso de la convención, al negarse sistemáticamente la Compañía del Sur al pago de esta cantidad a Felipe V), y 27.000 £ en concepto de beneficios debidos, a su vez, por Inglaterra por las actividades de los navíos de permiso durante el período de vigencia del Tratado sobre el Asiento de Negros de 13 de marzo de 1713.

- La demarcación de los límites entre la Florida y Carolina, debería abordarse en las negociaciones a celebrar en Madrid, dentro del término de 6 semanas, a contar desde el intercambio de ratificaciones, y terminarse en 8 meses.

- El derecho de navegación y comercio entre España e Inglaterra, se discutirá en las mencionadas conversaciones dentro, asimismo, del mencionado término de 8 meses.

Pero la declaración del 10 de enero, que formalizaba la determinación de Felipe V de cobrarse la deuda de la Compañía, va a generar un fuerte rechazo en la Administración inglesa: el 4 de febrero Geraldino la hace llegar a Newcastle quien, a su vez, le devuelve una copia del texto de la ratificación firmada por Jorge II que, para sorpresa del embajador español, contenía una frase no pactada, añadida al texto firmado en El Pardo, y que encierra una trampa más por parte inglesa: la frase en cuestión (*quantum in nobis est*) empleada, por lo demás, en otros tratados internacionales del propio siglo XVIII, era un aforismo que podría traducirse como «en lo que dependa de nosotros», pero siempre, y sólo, referida a terceros no a la otra parte del correspondiente acuerdo. En este caso en concreto, aplicada a las deudas de la Compañía del Asiento con el rey español, podría significar que el rey inglés, no teniendo autoridad para disponer de dicha empresa, propiedad de sus súbditos, (no olvidemos que la Compañía, aunque fundada por la Administración inglesa era una sociedad propiedad de accionistas privados, con sus propios estatutos) no podría entregar o ceder los legítimos derechos de la Compañía, por lo que, de hecho, significaba que la Corona inglesa, que iba a firmar esa convención con España, se desentendía de la obligaciones de la Compañía y convertía en papel mojado lo acordado en la Convención sobre este asunto.

Geraldino rechaza esta trampa introducida, una vez más, con mala fe y con deslealtad por Inglaterra y que suponía, además, la corrección del texto ya firmado por Felipe V. Nueva discusión, pues, hasta que los ingleses, viendo peligrar la propia Convención, aceptan suprimir la dichosa frase y el día 5 Jorge II ratifica el texto de El Pardo.

En el Parlamento inglés, el rechazo a la Convención es mayoritario y desata todo tipo de injurias hacia España, pero, finalmente, Walpole consigue por una muy escasa mayoría la aprobación de esta (en la Cámara de los Lores, por ejemplo, se aprobó por un voto).

Aprobación que no garantizaba, en absoluto, el aquietamiento de los comerciantes, a los que, en primer lugar, y políticamente, iba dirigida la Convención, porque consideraban ridícula, por insuficiente, la cifra de 95.000 £ acordada para zanjar el asunto de las *presas* y porque no les garantizaba la libertad de navegación, cuestión esta última que era, precisamente, uno de los problemas a dilucidar durante las negociaciones abiertas por este acuerdo. Pero es que tampoco satisfacía a Newcastle, precisamente el ministro encargado de Asuntos Exteriores en esos momentos, quien, en contra de lo dispuesto por Walpole, ordenó al almirante Haddock permanecer en el Mediterráneo y ubicarse cerca de las aguas de Gibraltar, en una actitud de clara provocación.

Así que el ambiente bélico siguió creciendo sin que el primer ministro consiguiese detenerlo.

Hilton (*op. cit.*, pág. 74-75) critica abiertamente la postura española por estar basada en la honda convicción de tener que ganar en este encontronazo con Inglaterra, simplemente, «por tener razón [...] sin pensar que, en su día los derechos españoles en América se basaron en la misma fuerza que ahora alimentaba la agresividad inglesa». El efecto de este pensamiento arraigado en los gobernantes españoles del momento ocasionó entre otras, la ausencia de un mínimo deseo de evitar un enfrentamiento armado, porque, además, confiaban en tener fuerzas suficientes para rechazar los ataques ingleses en América, pensamiento que pocos años más tarde se mostrará, como mínimo, erróneo.

No obstante todo lo anterior, y de cara a las negociaciones previstas por la propia Convención recién firmada, los ingleses continuarán exigiendo la libre navegación en los mares americanos y el cese de los ataques de guardacostas y corsarios a sus barcos mercantes, que, por supuesto tampoco cesaron en su comercio ilícito, al tiempo que basaban en el derecho de gentes la navegación en aguas americanas.

Aun así, la conferencia prevista se inaugura a mediados del mes de abril, pero con malos presagios de alcanzar el objetivo previsto

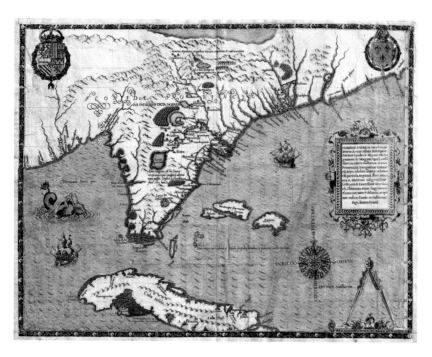

Mapa de la provincia de Florida de Theodore De Bry (1596) sobre otro de Jacques De Moyne, de 1591. A destacar la isla de Bimini, frente a la costa de Florida, entre los cabos de Florida y Cañaveral, al suroeste de las Lucayas (Bahamas). Esta isla daría nombre a la «tierra de Bimini», en donde Ponce de León, en 1513, pensaba descubrir «la fuente de la eterna juventud», encontrando, a cambio, una «tierra florida» de la que tomó posesión en nombre del rey de España, Carlos I.

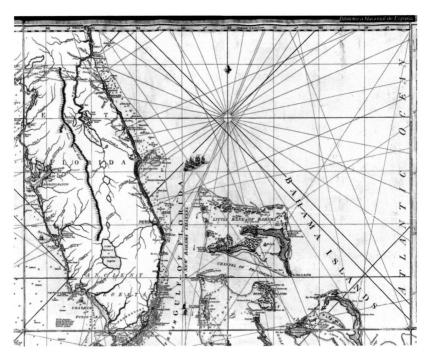

Mapa descriptivo de la península de Florida, el canal de Bahamas y sus islas, y la corriente del golfo, que fluye en dirección sur-norte, descubierta por Alaminos en 1513. Al oeste de la península, la bahía del Espíritu Santo (hoy, también, bahía de Tampa), escenario del desembarco, en 1539, de Hernando de Soto al frente de 600 hombres, para dar comienzo a su histórica expedición. (BNE. *The West Indians Atlas*, 1775).

Celebración de una victoria (De Bry).

Dibujo de la embocadura del río Mayo (hoy St. John),
lugar de la arribada a Florida de la primera expedición
del hugonote Jean Ribault (1º de mayo de 1562).

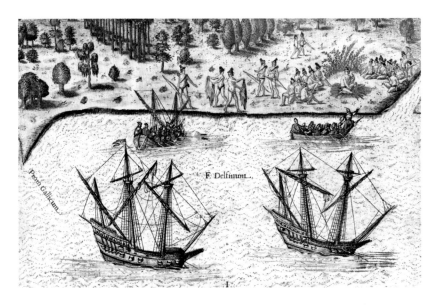

Cabo «francés» y, a unas 30 millas al norte, el «río de los delfines»
llamado Seloy por los indígenas, a unas 36 millas al norte del
río St. John, a donde llegaron los hugonotes el 2 de mayo.

Saturiba, enemigo de Utina, agasaja a Laudonnière
(junio de 1564) ante la estela del rey de Francia, Carlos IX,
erigida en su honor por Jean Ribault en 1562.

Una ceremonia ritual de chamanes timucuanos (De Bry).

Escena de la culminación de una derrota
(De Bry, sobre un grabado de Le Moyne).

Otro tipo de poblado timucuano, conservando, siempre,
la «casa comunal» en el centro del mismo.

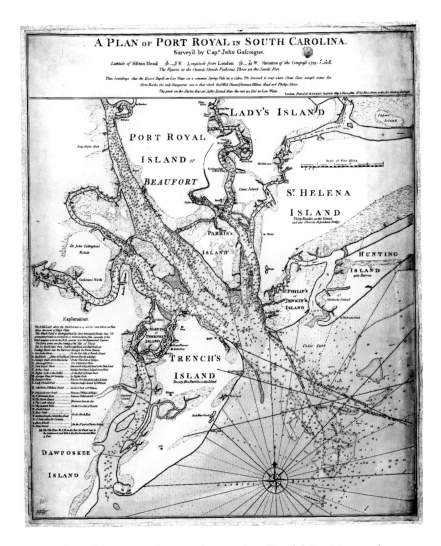

Plano de Port Royal y Beaufort, en Carolina del Sur. Muestra la entrada al puerto, así como la isla de Parris y Sta. Helena. En esta zona se establecería la primera capital administrativa de Florida (1572). La región sería escenario de continuos enfrentamientos entre españoles e ingleses, sobre todo a partir del último cuarto del siglo XVII a causa de la sistemática ocupación por parte de Inglaterra de este territorio, reclamado siempre como propio por España. (BNE).

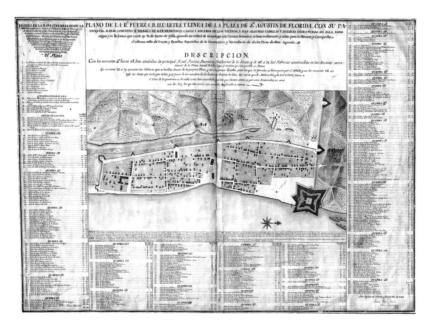

Plano de la ciudad de San Agustín, obra de Eligio de la Puente en 22 de enero de 1564, unas pocas fechas antes de la entrega de la ciudad a Inglaterra. Está considerado como el plano existente más exacto y meticuloso de esta plaza.

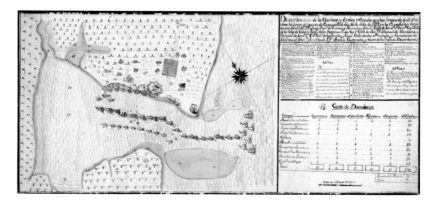

Dibujo de la entrada en el puerto de San Agustín, el 16 de julio de 1742, de una flota comandada por Juan Francisco de Güemes y Horcasitas, gobernador de Cuba. A la derecha del dibujo la silueta del castillo de San Marcos y, un poco más allá, la del fuerte Mose.

Dibujo del río Dulce, uno de los ríos descubiertos durante la primera expedición de Jean Ribault. Todos esos ríos fueron *bautizados* con los nombres de los principales ríos franceses.

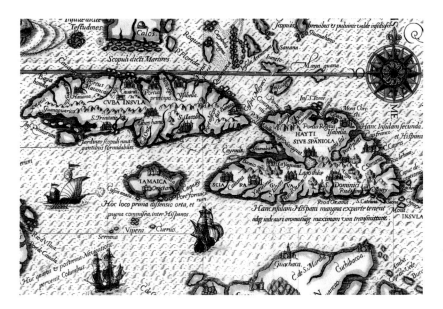

Dibujo de De Bry mostrando las principales islas caribeñas, así como la punta de Tierra Firme, primer punto costero de llegada habitual de los galeones españoles en la carrera de Indias.

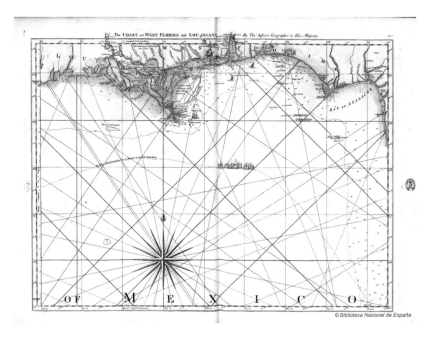

Mapa de la costa oeste de la Florida antes de su división en 1763, con la desembocadura del Misisipi y, en el extremo oriental, la bahía de Apalache, al norte de la cual se encuentra Tallahassee, capital del actual estado de Florida.

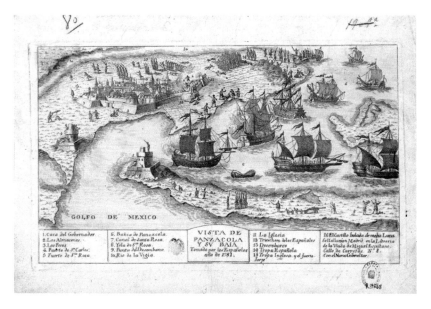

Dibujo de Pensacola y su bahía, realizado posiblemente después de la toma de la ciudad a los ingleses por Bernardo de Gálvez 10 de mayo de 1781 (BNE).

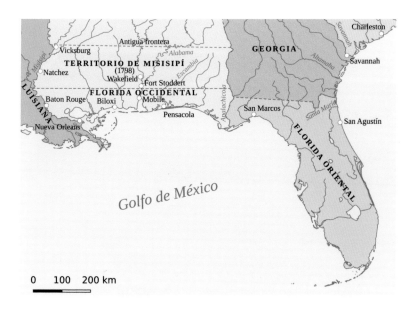

Mapa de 1783 que muestra los territorios en los que quedó
dividida la Florida española a raíz del Tratado de 1763 y de la
Real Proclamación de Inglaterra de 7 de octubre de ese año.

Dibujo del territorio llamado Luisiana, cedido por
Francia a España en 1762. Ocupaba una superficie de más de
2 millones de km² equivalentes, aproximadamente, al 23% del
territorio continental de los actuales Estados Unidos.

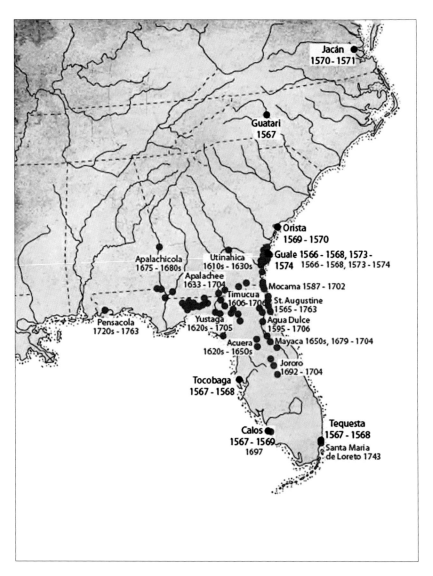

Dibujo de la península de la Florida con la ubicación, durante
el último cuarto del siglo XVII, de algunas de las *doctrinas*
franciscanas más importantes, así como las de Pensacola, durante
el XVIII, en el límite occidental del territorio floridano.

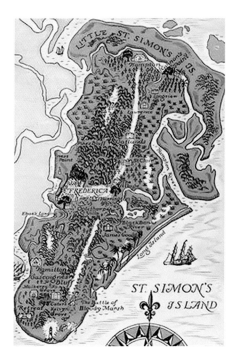

Dibujo de la isla de St. Simons en la que tuvo lugar la batalla conocida por los ingleses como Bloody Marsh, debido a la derrota sufrida por las tropas españolas a manos inglesas en 1742, frustrando su objetivo de conquistar Frederika la capital de la isla y residencia de Oglethorpe.

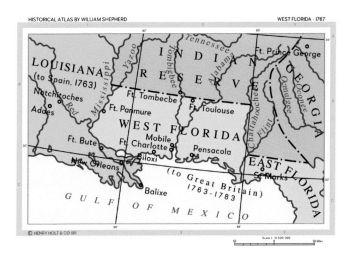

Dibujo más detallado del territorio ocupado por la Florida occidental tras la mencionada Real Proclamación inglesa de 1763.

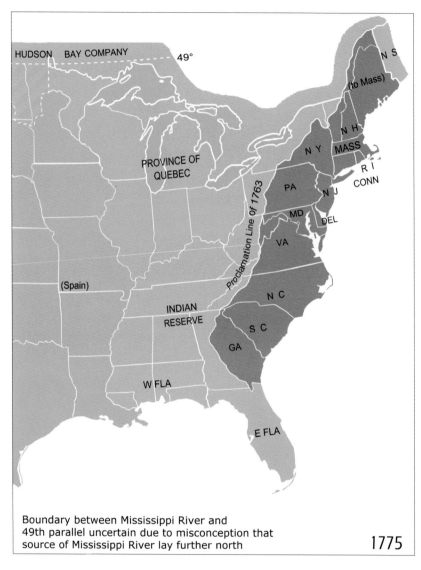

HUDSON BAY COMPANY 49°

PROVINCE OF QUEBEC

Proclamation Line Of 1763

(Spain)

INDIAN RESERVE

W FLA

E FLA

N Y
MASS
N H
R I
CONN
PA
N J
MD
DEL
VA
N C
S C
GA
N S
(to Mass)

Boundary between Mississippi River and
49th parallel uncertain due to misconception that
source of Mississippi River lay further north

1775

Dibujo que muestra, al este, los territorios ocupados por las Trece Colonias
y, al oeste, todos los territorios en poder del Reino de España a partir de
la línea trazada por la orilla occidental del Misisipi; en medio, la división
territorial ocasionada por el Tratado de 1763 y la subsiguiente reorganización
administrativa provocada por la gran proclamación de octubre de 1763.

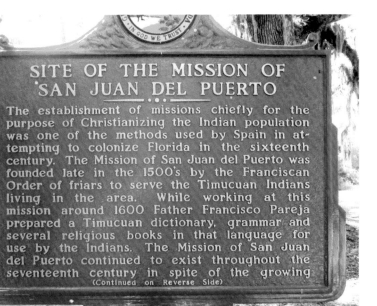

SITE OF THE MISSION OF
'SAN JUAN DEL PUERTO

The establishment of missions chiefly for the purpose of Christianizing the Indian population was one of the methods used by Spain in attempting to colonize Florida in the sixteenth century. The Mission of San Juan del Puerto was founded late in the 1500's by the Franciscan Order of friars to serve the Timucuan Indians living in the area. While working at this mission around 1600 Father Francisco Pareja prepared a Timucuan dictionary, grammar and several religious books in that language for use by the Indians. The Mission of San Juan del Puerto continued to exist throughout the seventeenth century in spite of the growing

(Continued on Reverse Side)

SITE OF THE MISSION OF
SAN JUAN DEL PUERTO

(Continued From Reverse Side)

conflict between Florida's Spanish inhabitants and English and French invaders. In 1696, Jonathan Dickinson, a Philadelphia Quaker who had been shipwrecked off the coast of Florida, passed this way and recorded a visit to "the town of St. Wan's, a large town and many people." In 1702, Governor James Moore of the British Colony of South Carolina attempted to take St. Augustine from the Spanish. His effort failed, but in the process of the raid into Spanish territory, Moore destroyed the Spanish missions from St. Augustine northward, including the Mission of San Juan del Puerto.

SPONSORED BY JACKSONVILLE HISTORICAL SOCIETY
IN COOPERATION WITH DEPARTMENT OF STATE

F-211   1975

Anverso y reverso del panel explicativo de la historia de la misión de San Juan del Puerto, destruida en 1704 por James Moore en una de sus incursiones en territorio de la Florida española.

Vista, desde el suroeste del fuerte, de su muralla y del «bastión San Agustín», con su garita de vigilancia. Al fondo el campanario de la fortaleza.

Vista aérea del Castillo de San Marcos. Hace el número 10 de los que se construyeron a partir de la fecha de la fundación de San Agustín en 1565 (los primeros 9, en madera y tierra). Este último comenzó a construirse, utilizando la coquina como material de construcción, el 2 de octubre de 1672 y fue terminado oficialmente en agosto de 1695.

por las dos potencias, porque no sólo la escuadra de Haddock no había abandonado las aguas de Gibraltar como había deseado Walpole, sino que Inglaterra había enviado otros tres buques de guerra al Caribe, lo que decide a De la Cuadra a ordenar a sus dos plenipotenciarios que, hasta que Haddock no retirase su escuadra del Mediterráneo y se hiciese lo mismo con los buques enviados a Jamaica, «es consecuente que se ofrezcan poderosos estorbos a Su Majestad para ajustarse enteramente a lo convenido», lo que quería decir que no se ejecutase el pago de las 95.000 £, al tiempo que, en España, se retomaba la tarea de armar los buques de guerra que se había ordenado desarmar en febrero.

Así que, de hecho, no se había solucionado nada de lo acordado con la Convención, salvo el inicio formal de las negociaciones. Más bien al contrario, había aflorado un ambiente bélico con tal fuerza que hace que De la Cuadra informe a sus plenipotenciarios que «la intención del rey es que se celebren las conferencias con las armas en la mano en tanto no las depongan los ingleses».

De forma que, a partir ya del mes de mayo los acontecimientos negativos comienzan a desarrollarse cada vez con mayor velocidad en dirección a la guerra: el 15 de mayo se comunica verbalmente a los plenipotenciarios ingleses que Felipe V ha decidido no pagar las 95.000 £, en tanto Haddock permanezca ante las costas españolas y el gobierno inglés persista en enviar refuerzos a Jamaica.

Para colmo de complicaciones, cuando parecía que, a finales de mayo, podían dar comienzo las negociaciones, surge un problema mucho más complejo quizás que los que ya estaban planteados, pero, en el fondo, muy típico de cualquier tipo de negociación general, sea diplomática o simplemente comercial: el *orden del día* en el que deberán afrontarse las diferentes cuestiones que cada parte lleva en sus carteras.

Se entra así en un terreno formal pero que afecta claramente a los diferentes asuntos planteados, no por la Convención de El Pardo, sino mucho antes, y que están en el origen de esta situación prebélica, lo que, al mismo tiempo pone de manifiesto la profunda desconfianza existente entre ambas partes.

En fin, los representantes españoles proponen con bastante lógica, que cada parte elabore una *memoria* en la que se expongan los diferentes asuntos a tratar y sus puntos de vista sobre ellos, y los ingleses proponen, por el contrario, negociar en primer lugar el asunto más importante para ellos, la cuestión de la libre navegación en las aguas americanas.

La negativa española es frontal y categórica, argumentando que, puestos a dar preferencias, entienden que lo más importante y práctico sería fijar los límites fronterizos terrestres, y, por tanto, marítimos entre Florida y Carolina porque, solucionado este punto, se facilitaría notablemente entrar en el problema de la navegación, por lo que insisten en la elaboración previa de una *memoria*.

Por de pronto, la postura inglesa proporciona a los representantes españoles una primera idea de las prioridades de sus oponentes: solucionar, ante todo, el problema de la libre navegación (sobre el que los propios ingleses eran conscientes de mantener una posición más débil, a la vista de la redacción y los análisis de los tantas veces mencionados tratados de 1667 y 1670), que era el que más afectaba al comercio británico y el que generaba más enfrentamientos con los corsarios y guardacostas españoles, pero donde esperaban conseguir más concesiones de España. A cambio, dejaban *flotar* el asunto de los límites porque ahí sí tenían una posición más fuerte que España, pues la potencia militar de Florida y su capacidad para controlar cientos de kilómetros de territorios selváticos, sistemáticamente vulnerados por sus colonos y sus aliados indios, era mucho menor. De hecho, venían haciéndolo desde prácticamente más de 100 años antes de las fechas en las que en esos momentos se encontraban.

Pero es que había otro peligro para el éxito de estas negociaciones tan forzadas: si los ingleses no obtenían el resultado que buscaban en el asunto del derecho de libre navegación, era muy probable (no sería la primera vez) que se retiraran de las negociaciones, dejando, por tanto sin resolver el resto de asuntos que también interesaban a la Corona española; pero si obtenían el resultado apetecido porque España se plegaba total o parcialmente a sus peticiones sobre el derecho a la libre navegación, también existía la posibilidad de que, conseguido su principal objetivo, abandonaran la conferencia, aduciendo cualquier pretexto que, incluso ellos mismos hubieran *fabricado*.

De ahí, que la parte española mantuviera su propuesta de sustanciar, primero, la cuestión de los límites fronterizos a la que De la Cuadra añadió una aclaración importante en relación con el «derecho de navegación»: el asunto a debatir era el «derecho de navegación en América», no el derecho a la libre navegación «en general», adjetivo que los ingleses unían siempre al sustantivo navegación.

Por lo demás, otro argumento español para solucionar en primer lugar la cuestión de límites, era que en tanto no se estableciesen perfectamente estos, no se podrían fijar los rumbos permitidos, en este caso, a los barcos ingleses, pues, en principio, España seguía manteniendo la regla de la navegación «punto a punto» para los diferentes países ya establecidos en América. Y este problema era uno de los que subyacían en los planteamientos ingleses, que también rechazaban esta restricción establecida y mantenida por España.

Los ingleses, replicaban de contrario, (interpretando el artículo 15 del tratado de 1667, descontextualizado), que haría falta que el tratado de 1670, que tanto defendía España como base de sus argumentaciones, hubiera establecido uno por uno los territorios exactos que sustentasen el derecho inglés a navegar entre ellos, algo que claramente no aparecía en la letra del tratado, y que, en su momento, como ya se ha apuntado más arriba, había obligado al rey español a dictar posteriormente una real cédula, de 7 de junio de 1689 citando en sus números 16 y 27 como territorios poseídos por Inglaterra: «la Barbada, la Nueva Inglaterra, una parte de la isla de San Cristóbal, el Canadá y la Jamaica»[27], defecto de este tratado por la ambigüedad en muchas de sus formulaciones, que los ingleses aprovechaban para argüir que la máxima preocupación de las partes firmantes no era tanto delimitar los territorios poseídos por España o Inglaterra como establecer el derecho inglés de navegar en aguas americanas, tesis totalmente rechazada por España como ya se ha visto.

En fin, la conferencia de los plenipotenciarios todavía se reunirá un par de veces más, en concreto, el 12 y el 27 de junio, pero dicha conferencia, y, sobre todo, la paz entre ambas naciones estaba ya prácticamente condenada a fracasar.

Así, el 1 de julio los españoles rechazan, también con argumentos jurídicos, las interpretaciones inglesas del ya mencionado artículo 15, y finalmente, la reunión que estaba fijada para el día 8 de ese mes, fue suspendida a petición de Keene pretextando una indisposición.

La Conferencia no se reuniría nunca más.

Y es que, a medida que se acercaba la fecha del 6 de junio en que terminaba el plazo establecido en la Convención de El Pardo para que Felipe V hiciera el pago de las 95.000 £, el temor inglés, y el convencimiento de que ese pago no se iba a producir acrecentaba la tensión en el gobierno de Walpole, que ya conocía la declaración del rey español de 15 de mayo, poniendo condiciones a ese pago ante los movimientos de las fuerzas navales inglesas en el Mediterráneo, alimentados por Newcastle. El 6 de junio, Keene, en Madrid, exige formalmente el pago de dicha cantidad, y el 17 de ese mes, ante el silencio español, el consejo privado de Jorge II da un paso más hacia la declaración de guerra al ordenar una importante leva de marineros (que se tomaron, incluso de los mercantes ingleses cargados y listos para zarpar), y que se armaran los navíos de guerra, concretando, así, los preparativos bélicos: 12 navíos se unirían a la escuadra de Haddock y otros 15, navegarían, probablemente, hacia América, lo que para Hilton debe considerarse «una de las causas más inmediatas de la guerra de 1739» (*op. cit.*, pág. 82).

A finales de julio, en un gesto de virtual declaración de guerra, se publica en Inglaterra la autorización de «patentes de represalia» contra navíos y mercancías españolas, y ello, tanto para navíos de guerra como para los particulares que desearan solicitar las correspondientes patentes (no obstante, las tres primeras patentes no se librarán hasta el 5 de agosto).

A su vez, los mercantes ingleses en puertos españoles reciben el aviso de abandonarlos en dos días para prevenir posibles represalias o embargos.

El 14 de agosto, se despachan a Keene órdenes de pedir los pasaportes para retirarse de España.

El 20 de agosto, España decide autorizar, también, represalias generales contra navíos y bienes ingleses, y se dan instrucciones a Geraldino para retirarse de la embajada de Londres.

Finalmente, la inevitable declaración de guerra por parte Inglaterra se efectuó el 30 de octubre de 1739, alegando como causa la disputa sobre navegación y *presas* en América, fundamentando todo ello en la vulneración por España del derecho de gentes, lo que significaba un cambio en sus argumentos oficiales que tendría como objetivo atraer a su bando a otras potencias marítimas.

España, a su vez, publicará su declaración de guerra el 26 de noviembre, retraso que, al igual que Inglaterra, podría deberse a motivos de política internacional del gobierno de Felipe V, como serían el interés por mostrar al mundo que esta decisión se debía a la agresividad inglesa y, consecuentemente, a la necesidad de actuar en defensa propia. Asimismo, el 28 de ese mes hizo público un manifiesto en el que se recapitulaban los actos de piratería e inhumanidad cometidos por los contrabandistas ingleses en América.

INGLATERRA CONSOLIDA SU PRESENCIA AL NORTE DE FLORIDA. CAROLINA. GEORGIA

El período de tiempo que media entre los primeros años de 1700 hasta 1763, con el impacto sobre la posición internacional del Reino de España como consecuencia de los Tratados de Utrecht de 1713, es una sucesión continuada de gestos especialmente agresivos por parte de los colonos ingleses en los territorios existentes al sur de la línea imaginaria que separaba Florida de Carolina del Sur, y en la costa norte del golfo de Méjico donde se ubicaba Pensacola, el segundo asentamiento español más importante de esta provincia, y donde, además, los franceses iban consolidando su presencia política en torno a la desembocadura del Misisipi y aguas arriba de esta poderosa corriente fluvial, territorio que, significativamente, en poco tiempo se conocería como Luisiana, en alusión más que directa al rey Luis XV de Francia, sin que durante estos años, por parte de la corte de España surgiera ninguna acción con un mínimo de consistencia que defendiera un nombre y un territorio que, en teoría, había sido siempre considerado como territorio de soberanía española. Pero mientras que los franceses no optaron por expandirse hacia el este de sus asentamientos, a lo largo de la costa del golfo de Méjico sino que decidieron consolidar y explotar su presencia en torno a la desembocadura del Misisipi, que les comunicaba corriente arriba con sus territorios de los Grandes Lagos, los ingleses se decidieron por reafirmar y fortalecer los territoritos en los que en un principio se habían asentado, pero orientando gradualmente sus exploraciones hacia el oeste de este vastísimo territorio, sin descartar el avance hacia el sur siguiendo la costa atlántica, en donde chocaron inevitablemente con la provincia española de Florida y San Agustín con su castillo de San Marcos.

Carolina

Al principio de la era colonial inglesa las compañías mercantiles, como por ejemplo la India Company, fueron el instrumento más común usado para el asentamiento de colonos en los nuevos territorios y, yendo un poco más lejos, bajo el denominado sistema de *proprietary*, los promotores de esas compañías veían garantizada una concesión formal por el rey para establecer colonias, en las que los propietarios elegían a los gobernadores y otros oficiales de la administración colonial, siempre sometidos al control último del gobierno inglés de turno, por muy lejano geográficamente que estuviera, pero gozando de una gran libertad para organizar sus vidas y sus actividades comerciales.

En cuanto a Carolina, los historiadores británicos consideran este territorio, ocupado hoy día por Tennessee y una parte de Virginia, como la primera colonia británica, como tal, asentada en Norteamérica. En su parte norte, tan lejos en el tiempo como en 1584, la reina Isabel I de Inglaterra había concedido ya una carta de exploración y ocupación a Walter Raleigh, que dispuso, en honor de su reina, denominar Virginia al territorio que se extendía, aproximadamente, desde los 32° 30' en que se ubicaba Santa Elena, con su fuerte San Felipe, (hoy condado Beaufort, Carolina del Sur), hasta los 36° 30', en la que hoy conocemos como la bahía de Chesapeake. Y, aunque periódicamente sería reclamado como propio por la Corona de España, nunca fue poblado por esta y supuso el argumento más importante para los ingleses para su ocupación, en sintonía en esto con los franceses, que alegaban que un territorio no ocupado ni poblado durante tantos años (en este caso desde el último cuarto del siglo XVI) no era razón suficiente para reclamar su propiedad efectiva como hacía España.

En 1629, Carlos I de Inglaterra concedió a Robert Heath (el fiscal general del momento) la mitad sur del territorio inglés comprendido entre los 36° y los 31°, desde el océano Atlántico hasta el océano Pacífico. Este territorio fue denominado provincia de Carolina, en honor del rey británico, si bien los intentos de establecer asentamientos permanentes fracasaron, y Heath fue desposeído de sus posesiones por *realista* y partidario del rey, durante el período de Oliver Cromwell (1653-1658).

En 1663, Carlos II, como premio al apoyo que le habían prestado durante el período mencionado, concedió a los que luego fueron conocidos como The 8 Lords Proprietors, el derecho a fundar la colonia de Carolina, entre otros, con la finalidad de asegurar este asentamiento frente a los siempre esperados ataques españoles. El primer gobierno de Carolina empezó en 1664 con el nombramiento de su primer gobernador, y los mencionados lores consiguieron atraer a más de 6000 colonos entre ingleses, hugonotes franceses y otros individuos provenientes de Barbados y de las Indias occidentales, como ya se ha apuntado más arriba.

En 1710, y debido a los enfrentamientos habidos dentro del propio territorio de Carolina entre los condados del norte y del sur, se decidió dividir dicho territorio en dos, dando origen en 1712 a Carolina del Norte que se declaró independiente de la parte sur en 1729, convirtiéndose, finalmente, en colonia real en 1746.

Por su parte, en 1719, visto el fracaso de los lores en garantizar su seguridad frente a los ataques de indios, de piratas y de españoles, la asamblea de Carolina del Sur pidió al rey que los *proprietors* fueran reemplazados por la Administración inglesa, lo que determinó que Jorge I modificara el estatus de la colonia, convirtiéndola, también, en colonia real. El nuevo estatus se traducía automáticamente en la potestad para los colonos, de nombrar directamente a sus gobernadores. Posteriormente, en 1729, la Corona indemnizó a 7 de los 8 lores, por el importe que estos habían invertido y gastado en la colonia, y retomó el control efectivo de esta.

Finalmente, en 1732, la parte sur de Carolina del Sur fue concedida a Oglethorpe con el nombre de Georgia, ocupando para ello un territorio que para los españoles siempre había sido la provincia de Guale, problema que no se solucionaría hasta 1763, con la entrega de la Florida a Inglaterra por el Tratado de París.

En cualquier caso, la dura realidad era que, durante más de siglo y medio, España no había querido, no había sabido y, sobre todo, no había mostrado capacidad económica ni militar para hacer frente al reto de frenar, de forma expresa y efectiva, el claro movimiento expansionista inglés desde los territorios de Carolina del Sur y, luego, a partir de 1732, con la fundación de Georgia, también desde esta nueva colonia real, que ya lindaba directamente con Florida.

El resultado era que Florida se encontraba, cada vez más, rodeada por las fuerzas coloniales o militares inglesas, representativas de una de las potencias que, precisamente en Europa, iba minando el poder económico y, sobre todo, político del Reino de España.

A su vez, para los ingleses de Carolina, que conocían ya las actividades de los franceses en el entorno de la desembocadura del Misisipi, la situación suponía una seria amenaza para sus planes, hasta el punto de que el ya depuesto gobernador de Carolina, coronel Johnson, declaraba en julio de 1720 que esos preparativos franceses para colonizar el Misisipi «no pueden más que alarmar mucho a todo el continente de América y especialmente a Carolina...»[28], asegurando que si estallaba la guerra con Francia esta provincia sería una fácil presa para los franceses como lo serían también Virginia y las demás posesiones para las que Carolina hacía de frontera. En ese sentido, la construcción del fuerte Toulouse (1716), cerca de la actual Montgomery (Alabama), al nordeste de Pensacola, la fundación de Nueva Orleans (1718) en pleno Misisipi, la captura de Pensacola por estos en 1719, y las actividades francesas en la desembocadura del Chattahoochee, significaban para los ingleses una amenaza real para el comercio con los indios e incluso para su propia existencia como comunidad, al tiempo que desdeñaban, la capacidad comercial y militar de España en un territorio como la Florida que le pertenecía de hecho y por derecho de conquista desde 1565. (Como se verá más adelante los ingleses ignoraron e ignorarían también de derecho los acuerdos asumidos por sus propios gobernantes en el Tratado de Madrid de 1670).

Según los ingleses, en las negociaciones de Utrecht relacionadas con los territorios de Norteamérica, la principal preocupación de los franceses era hacerse fuertes en las dos cabeceras de sus colonias, al norte y al sur del río Misisipi, levantando fuertes para controlar las porciones de territorio que les interesaban. La doctrina francesa a este respecto, como ya se ha apuntado más arriba, era que «una posesión continuada en un país deshabitado era un título (de propiedad) mejor que un mapa sin posesión efectiva», doctrina que, como era lógico, apoyaban los británicos cuya Cámara de Comercio decidió enviar al Consejo Privado del rey, el 30 de agosto de 1720, un informe urgente sobre las dos colonias fronterizas, apoyando la utilidad del sistema de fuertes. En base a esa premisa, continuaba el informe, sería aconsejable extender la presencia inglesa en los territorios que les pudiera interesar, construyendo fuertes en lugares convenientes para marcar esas posesiones en las colonias de Norteamérica. (Crane, *ibid.*, pág. 224 ss.)

Y toda esa filosofía de protegerse frente a posibles agresiones de las otras potencias europeas presentes en Norteamérica iba a concretarse pronto frente a España, afectando directamente a la Florida.

En efecto, el 23 de septiembre de 1720 los miembros de la Cámara de Comercio de Carolina del Sur expresaron la necesidad de tomar medidas de forma inmediata para salvaguardar la frontera sur e, incluso, se llegó a aprobar el proyecto de una nueva ciudad en la ribera del río Altamaha, así como toda una serie de instrucciones para el responsable de este proyecto de colonización que incluían la orden de «no permitir que ninguna otra nación tome posesión de parte alguna de dicho río o del litoral atlántico desde Port Royal hasta San Agustín», demostrando con esta última frase, la ignorancia real o fingida y el menosprecio, respecto de los derechos que ostentaba España sobre aquellos territorios habitados por los españoles, prácticamente desde la segunda mitad del siglo XVI.

La propuesta de construcción de un fuerte a orillas del Altamaha, conocido luego como fuerte Rey Jorge, fue rápidamente aprobada por el Consejo Privado del rey que, acto seguido, envió las correspondientes directrices a Nicholson, gobernador de Carolina en aquellos momentos, de modo que los trabajos para su construcción efectiva comenzaron a mediados de 1721 en un lugar del curso alto del Altamaha, en la provincia española de Guale, donde los franciscanos habían desarrollado, bajo la protección militar de España, una intensa y fructífera actividad misionera en el siglo anterior. Su ubicación, aparte de insalubre por ser terreno pantanoso, que determinó, en parte, su abandono a efectos prácticos durante un período posterior, representaba la flagrante invasión de un territorio propiedad de la Corona española, pues España nunca cedió ni renunció a esa provincia. Dadas las características del lugar escogido para su edificación no se encontró madera adecuada en prácticamente 5 km a la redonda, por lo que se decidió construirlo con madera de ciprés, árboles que se podían encontrar «sin necesidad de entrar en el pantano, desnudo hasta la cintura o incluso a veces, hasta el cuello». Finalmente, el fuerte Altamaha o Rey Jorge quedó configurado como una casa de tablones o fortín de unos 8 metros de lado, con 3 pisos, con muros abiertos al exterior para los cañones y mosquetes, y una plataforma, en el tercer piso, abierta al exterior por los cuatro lados. Además, se habilitó un espacio con forma de triángulo irregular de unos 60 x 90 metros, en el que se levantaron una serie de cabañas cubiertas con hojas de palmera, así como barracones. Este sería el fuerte que sirvió de forma interina para marcar la frontera con Florida, y al que, sin embargo, los propios oficiales y soldados británicos ridiculizaban y menospreciaban por la dureza de la vida diaria en aquellos parajes[29].

En todo caso, el final, en 1720, de la guerra de la Cuádruple Alianza (que, desde 1717, había enfrentado a España, entre otras, con Francia e Inglaterra, por cuestiones territoriales en Europa y que, con el correr de los años, sería una más de las razones esgrimidas por la Compañía del Asiento para no pagar los beneficios debidos al monarca español Felipe V a causa de la suspensión de las actividades de dicha compañía), no puso fin a las correrías de los indios aliados de los ingleses a lo largo de la frontera entre Carolina y Florida, lo que motivó que el embajador español en Londres, marqués de Pozobueno, se quejara formalmente de que los floridanos ni siquiera podían salir de sus casas para labrar la tierra o pastorear su ganado sin verse libres del peligro latente de los indios. John Carteret, ministro de Asuntos Exteriores en esos momentos, ordenó el 6 de septiembre de 1721 a Nicholson, el gobernador de Carolina, que cesara esa violencia sobre los españoles y que se respetaran los tratados y convenios vigentes entre ambas potencias, sin conseguir resultados positivos significativos como se verá más adelante.

Contando con este clima de aparente buena voluntad, en marzo de 1722, Antonio de Benavides, enviado por el gobernador de Florida, se personó en Charleston con Francisco Menéndez Marqués (tesorero en San Agustín) para intentar alcanzar algún acuerdo sobre los conflictos pendientes entre las dos potencias, fundamentalmente la guerra de guerrillas y la devolución de los esclavos negros huidos y acogidos en Florida, y la de los españoles prisioneros en poder de los ingleses. En esta visita, Nicholson informó al español que no tenía poderes para negociar, pero, en cambio, reclamó la devolución de los esclavos huidos a Florida y protegidos por España, y, sobre todo, se *sorprendió* cuando Menéndez le preguntó acerca de un nuevo asentamiento inglés (el fuerte a orillas del Altamaha), en territorio español, a lo que este gobernador le respondió que el fuerte había sido construido bajo órdenes del rey (sería a lo largo de los años venideros el único argumento *legal*, por llamarlo de alguna manera, de los ingleses) «para asegurar mejor aquellos dominios de Su Majestad, y sería mantenido mientras el rey lo considerara necesario».

Respuesta insolente, a la que Menéndez, entonces, respondió pidiéndole que le mostrara el documento o la orden real en la que se basaba esa decisión, recibiendo la desfachatada negativa de Nicholson a enseñarle documento alguno, alegando que era suficiente la manifestación de que actuaban en cumplimiento de órdenes reales.

Todo este asunto de la invasión del territorio español fue abordado (de acuerdo con Crane, *op. cit.*, pág. 240 ss.) por la Cámara de Comercio inglesa que, salvo algunos mapas o vagas alusiones, tampoco podían probar legalmente que el fuerte estuviera en territorio carolino, alegando con el típico cinismo inglés que «nos hemos visto obligados a seguir este método (?) porque una vez que Su Majestad se halle en posesión (de este territorio y del fuerte) será incumbencia de España presentar pruebas de su título (de propiedad) antes que Su Majestad se vea en la necesidad de justificar su propio derecho», es decir, la conocida como «prueba diabólica» según la cual el que acusa no necesita probar los fundamentos de su acusación o su derecho y, en cambio, será el acusado quien necesitará probar su inocencia o su correcta posición legal.

No obstante, un comité de la Asamblea de Carolina elaboró, en mayo de 1723, una serie de *observaciones* que constituirían el argumentario inglés de defensa de sus actuaciones en todo este asunto: según esas observaciones, el informe no sólo *demostraba* la posesión inglesa del río Altamaha sino la de todo un extenso territorio hasta el sur que, según sus autores, nunca habría poseído u ocupado España, ignorando, impúdicamente, la presencia efectiva y continuada de las misiones españolas en Guale desde el siglo XVI, hasta, al menos 1684 en que fueron sistemáticamente arrasadas por las acciones de los propios colonos ingleses apoyados en sus aliados indios, como ya se ha visto más arriba. No obstante, a falta de pruebas legales o históricas que probasen la efectiva posesión de aquel territorio fronterizo, según la doctrina que ya hemos comentado, los ingleses se agarraron a meras afirmaciones como las de que el fuerte había sido construido por orden real «para asegurar sus dominios en esta zona frente a las invasiones francesas» que, por cierto, ni se habían producido ni se producirían, precisamente en esa zona.

Se trataba, en definitiva, de una práctica que, con el tiempo, les daría muy buenos resultados: la de los «hechos consumados», según la cual, una vez establecidos en un determinado territorio, por supuesto sin autorización o conocimiento de las autoridades del país o de la zona en la que se habían instalado, y una vez pasado un período de tiempo más o menos largo, consideraban como suyo el territorio en cuestión, forzando a la negociación al presunto propietario, hasta el punto de llegar al enfrentamiento armado en defensa de lo que ya consideraban como *sus* derechos.

En fin, como un ejemplo más del deteriorado ambiente existente entre los gobiernos de ambos territorios, en febrero de 1724, un oficial del castillo de San Marcos, en San Agustín, con motivo de un viaje oficial a Charleston para parlamentar con los ingleses, consiguió ver y examinar el fuerte Rey Jorge, pero fue rápidamente interceptado en su *inspección* y enviado a Charleston juntamente con los 17 acompañantes que componían la delegación española, donde les exigieron, con la dureza que uno se puede imaginar en esa situación, que regresaran inmediata y directamente a San Agustín en el término de 16 días, sin tocar puerto alguno salvo emergencia sobrevenida.

Pero la realidad fue que cuando Antonio de Benavides, entonces ya gobernador de la Florida, conoció la invasión del territorio español y la construcción del fuerte Rey Jorge era ya demasiado tarde para impedirla y sólo quedaba el recurso a la diplomacia o, en su caso, al enfrentamiento militar, interinidad que se consolidaría y que duraría ya hasta 1763 (Tratado de París) como consecuencia, entre otras, de la política de dilaciones y retrasos por parte de la Corona inglesa (algo que no era exclusividad de España, apunta certeramente Crane) a la hora de entablar negociaciones sobre un asunto que iba en contra de sus intereses.

A partir de la certeza de lo sucedido, la respuesta española comenzó con dos cartas de Antonio Benavides de fechas 19 y 21 de abril de 1722 dirigidas al rey, en las que le informaba de la existencia de dicho fuerte en la boca del río Altamaha, en los 33° 12', a 33 leguas (unos 182 kilómetros) de San Agustín. Fuerte, equipado con cinco piezas de artillería y 50 soldados, y sobre el que, continuaba Benavides, habiéndose puesto en contacto con el gobernador de

Carolina para protestar por esa usurpación de territorio, obtuvo por toda respuesta que «tenía [...] orden de su rey británico de afianzar sus dominios con fortificaciones y poblaciones en la mejor forma que pudiese», de modo que el gobernador de San Agustín dedujo el peligro de que, acabado el fuerte, los ingleses poblaran todas las islas adyacentes bajo jurisdicción española.

Información que hizo que Felipe V (cédula del 10 de junio en 1724) enviase por vía reservada al marqués de Pozobueno, instrucciones para que exigiera al gobierno inglés que se diese orden al gobernador de Carolina para que se reuniera con el de San Agustín con el fin de arreglar el asunto, advirtiendo a Londres que si, finalmente, ese fuerte estuviese terminado, se ordenase su demolición «porque de lo contrario estaré precisado a usar de mi derecho». Asimismo, se le ordenaba que, en base al Tratado de 1670 se instase al Gobierno inglés a que «no se molestase a los vasallos míos en esa provincia de la Florida por los dichos ingleses de Carolina ni de sus indios, como lo hacían».

En otra cédula de 18 de agosto en 1724, dictada desde el palacio del Buen Retiro de Madrid el rey informa al gobernador de la Florida que el dicho embajador había presentado la carta al rey inglés y que el Ministro inglés de Asuntos Exteriores (Newcastle) le había contestado el 22 de junio diciendo que su rey, en aras de la paz que quiere con el rey de España, estaría de acuerdo en que se reuniesen los respectivos gobernadores de Florida y Carolina «y si el fuerte se hallase en territorio de Florida se hará demoler de inmediato, salvo que se pueda convenir en su equivalente a satisfacción del rey católico». Manifestación que, sin duda, respondía a las buenas relaciones del momento entre ambas potencias, con el Tratado del Asiento en plena vigencia y, no se olvide, con el contrabando en plena expansión impune por los territorios costeros españoles.

No obstante, esa salvedad (la *equivalencia* que se sugiere) que los ingleses sabían de antemano que sería rechazada por España, llevó, entre otras causas, a que el asunto de la delimitación de fronteras no se solucionase nunca (salvo que el Tratado de París de 1763, por el que España tuvo que ceder Florida a Gran Bretaña, pudiera considerarse una auténtica solución).

Así que, en base a esa posición tan abierta a la negociación, Antonio Benavides, procedió a nombrar como representantes españoles, plenipotenciarios, a Francisco Menéndez Marqués y a D. José Primo de Rivera y, previa elaboración y documentación de los argumentos que se iban a utilizar en las reuniones previstas, se les entregó las consiguientes instrucciones y mandatos que pueden resumirse así: 1.- Que una vez en Carolina pidan la demolición del fuerte «sin reducir la disputa ni admitir equivalencia de otra cosa en su lugar, por el perjuicio que se le puede seguir a esta plaza»; 2.- Que se declare jurisdicción española «el paraje nombrado Santa Elena» y que hasta allí se termine y declare el dominio y jurisdicción de Su Majestad católica; 3.- Que por la parte del oeste, hasta el mar del seno mexicano, se declare la jurisdicción española hasta las provincias de Apalachicola y demás pueblos en que desde el primer momento (España) tiene adquirido derecho en ellas, así como las naciones indias que las habitaban, dependientes de la guarnición de infantería y fuerte que desde, 1688 hasta 1692, se mantuvo en dichas provincias; 4.-Que el gobernador de Carolina no permita que sus súbditos pasen a las provincias y dominios del rey español a traficar sus géneros y mercancías. España actuará a la recíproca; 5.- Que los acuerdos que se tomen consten por escrito; 6.- Que el fuerte sea demolido en presencia de Menéndez Marqués y de Primo de Rivera sin permitir que en ese paraje queden familias de ingleses o indios[31].

Con independencia de las instrucciones anteriores, también se les ordenaba tomar nota de cuál o cuáles de las condiciones no se aceptaban, y, en cuanto al asunto de los esclavos negros, los plenipotenciarios españoles deberían declarar que en esos momentos se hallaban en el castillo de San Marcos siete negros desertores cuyo valor debería ser negociado para satisfacer su importe a sus amos (es decir, que no se los devolverían).

Y, finalmente, para el caso de que sus peticiones fueran rechazadas, se les instruía para reclamar una posición por escrito sobre cada una de ellas con el fin de enviarlas a España.

Pero la reunión prevista comenzó con malos presagios concretados en que cuando la delegación española, compuesta por 30 miembros, llegó a Charleston el 6 de septiembre de 1725, fueron recibidos por los ingleses con evidentes signos de desconfianza, pues, por ejemplo, se les advirtió que si alguno de los visitantes, exceptuando los dos plenipotenciarios, fuera encontrado fuera del recinto de la ciudad una vez realizado el toque de queda (7 de la tarde), el alguacil les pondría inmediatamente bajo custodia.

Y, efectivamente, las negociaciones como tales ni siquiera pudieron comenzar, pues a la entrega de sus credenciales por los españoles, los ingleses respondieron con la *noticia* de que sus poderes no habían llegado todavía desde Inglaterra, con la conclusión inmediata, esa así, efectiva, de que al seguir pendiente la negociación, el fuerte se mantendría cómo y dónde estaba. No obstante, los anfitriones aprovecharon la ocasión para, eso sí, dejar patentes, con vehemencia, sus protestas por el asunto de los esclavos huidos de las plantaciones carolinas y acogidos en Florida bajo la protección de las normas dictadas por la Corona española (fuerte Mose no se construiría hasta 1739).

Y cuando los españoles, por su parte, manifestaron, con justificada indignación, la vulneración sistemática de lo acordado en el Tratado de Madrid de 1670, los carolinos contraatacaron aduciendo que sus agricultores habían sido injustamente robados en sus posesiones por indios afectos a los españoles con la connivencia protectora de España.

Es decir, diálogo de sordos por falta de interés de una de las partes, con una agravante que se repetiría después, con motivo de las negociaciones del tratado de 1819 sobre la cesión de la Florida a los Estados Unidos: los delegados españoles jugaban *fuera de casa*, en casa de sus contrarios. Eran los españoles los que habían tenido que desplazarse hasta el terreno de los ingleses con lo que estas negociaciones no se desarrollaban en pie de igualdad con respecto a la neutralidad que normalmente imponen las negociaciones importantes entre países enfrentados, aunque en esta ocasión se tratase de territorios muy alejados de los escenarios europeos.

Así que, fracasado este nuevo intento de negociación, por llamarle algo, la Asamblea de Carolina decidió, el 4 de noviembre de 1725, que las conversaciones debían retrasarse hasta la siguiente primavera, y, cuando esta llegó, ya en 1726, no hicieron movimiento alguno para reabrir el debate ni el ministro inglés Newcastle mostró interés alguno en trazar una frontera en aquel territorio, máxime cuando ya conocían parte, al menos, de las peticiones españolas.

Además, España e Inglaterra estaban a punto de entrar (1726) en una nueva guerra en Europa, la guerra de la Liga de Hannover, que comenzó en 1727 y terminó en 1729 con el Tratado de Sevilla, muy poco favorable, por cierto, para nuestro país (fracasó el intento de recuperar Gibraltar), pero sí para Isabel Farnesio, la esposa de

Felipe V, que consiguió que su hijo primogénito ocupara, por fin, el trono del Ducado de Parma y de Toscana. Tampoco se llegó a ningún acuerdo con Inglaterra en diversos asuntos que enfrentaban a ambas potencias y que con el tiempo resurgirían con la fuerza suficiente para generar la llamada guerra del Asiento, de 1739.

Por tanto, el fuerte Rey Jorge, que, hasta esos momentos, había resultado ser poco más que un hospital para soldados enfermos o moribundos a causa de la malaria, enfermedad crónica en una zona pantanosa como la que le servía de asentamiento, se mantuvo en su emplazamiento, aunque en un estado de semiabandono, hasta el punto de que la Administración inglesa llegó a plantearse desplazar las tropas reales a Port Royal.

La consecuencia de esta situación, absolutamente irresoluble por la vía diplomática, por sistemático desinterés de una de las partes, sería que Carolina, durante el bienio 1728-1729 viviría en estado de completa inseguridad, con la milicia inglesa en situación de alerta continua a causa de la actividad de los *yamasee*, y con las plantaciones a punto de hundirse económicamente.

Y respecto del lado español, en febrero de 1728 se produjo una de esas razias sorpresa típica de los ingleses, cuando el coronel John Palmer, miembro de la Cámara de los Comunes de Carolina y veterano de la derrota de 1702 en San Agustín, se embarcó en una nueva refriega contra Florida en compañía de 100 hombres blancos, reforzados por más de 100 indios aliados, con los que se dirigió al pueblo de Nombre de Dios, ubicado a algo más de 1000 metros de San Agustín, pues tenía información de que allí se habían refugiado un grupo de indios *yamasee*. Atacó el poblado al amanecer del 9 de marzo, matando a 30 indios, hiriendo a otros tantos y tomando 15 prisioneros durante los tres días que duró el combate en el que los españoles, sin salir del castillo de San Marcos, no cesaron de dispararles. No atacó San Agustín, por falta de capacidad ofensiva, pero, en su retirada, como ya había hecho años antes, en 1702, devastó Nombre de Dios e encendió su iglesia y el poblado indio. El único resultado positivo para los ingleses parece que fue la aniquilación del poder ofensivo de los *yamasee*.

Pero ni siquiera en el trascurso de las negociaciones del Tratado de Sevilla en 1729, cuyo resultado práctico para Inglaterra fue la reactivación de todos los acuerdos alcanzados con España relativos al «asiento de negros», que tanto le interesaban, o una «declaración sobre la supresión recíproca de la actividad corsaria en aguas americanas», que apuntaba más a España que a la propia Inglaterra, ni siquiera en esos momentos, abandonaron los carolinos (colonos ingleses, no se olvide) su empeño en continuar su expansión al sur del río Altamaha, llegando, incluso, a declarar Shelton, el secretario de los Lords Proprietors, que «el fuerte de San Agustín estaba incluido en la Carta de la Concesión real de los territorios que ocupaba Carolina», declaración desvergonzada frente a la cual, un comerciante inglés de esta provincia, más honesto, reconocía que «los habitantes de la colonia siempre habían tomado el río Altamaha como una frontera natural»[32].

Por lo demás, en lo que sí había, al parecer, un consenso general entre los ingleses, era que los españoles no habían ejercido control alguno durante años sobre los territorios ubicados más al norte del propio río Altamaha, lo que siguiendo el principio, ya mencionado, de que «no hay posesión si no hay población efectiva», les serviría para desmontar las reclamaciones españolas sobre los mencionados territorios, a lo que añadían que era necesario mantener una frontera avanzada hacia el sur frente a los españoles y los franceses. Y, en este sentido, la Cámara de Comercio inglesa preparó un plan para la expansión hacia el sur desde Port Royal, plan que se convertiría a los pocos años en un proyecto de colonia (la futura Georgia) al sur de Carolina del Sur, más dentro aún de los territorios reclamados por España como suyos.

En fin, en las negociaciones del Tratado de Sevilla de 1729, la cuestión de los límites entre la provincia de Carolina del Sur y la Florida quedó aplazada, una vez más, para ser abordada a partir de 1730.

Pero, aun así, Newcastle, con ese instinto de dejar siempre un espacio para posibles interpretaciones favorables a sus intereses en posibles negociaciones futuras, sugirió modificar la redacción de las instrucciones elaboradas para dichas negociaciones: Así, en lugar de la frase «los límites entre nuestra provincia de Carolina del Sur y Florida, la provincia del rey de España», debería decirse solamente «los límites de nuestra provincia de Carolina del Sur» porque, según el ministro inglés: «estamos lejos de reconocer que Florida pertenezca al rey de España». El colmo de la desfachatez[33].

Georgia

La existencia de Georgia, con las continuas violaciones inglesas de los tratados firmados con España en 1667 y, sobre todo en 1670, que agravó el sistemático conflicto de límites con Florida, constituye uno de los tres grandes problemas que condujeron al estallido de la guerra del Asiento en 1739.

En efecto, durante los años, no muchos, en los que ambas potencias mantuvieron algún tipo de negociación sobre los límites de ambos territorios, la tensión fue creciendo y contaminando las otras que, en paralelo, sostenían sobre los asuntos del derecho de navegación en aguas americanas, las indemnizaciones por las *presas* capturadas por España en su lucha contra el contrabando inglés en América o la deuda de la Compañía del Asiento con Felipe V. Asuntos, los dos últimos, que tendrían una mínima solución con el Tratado de Aquisgrán, en 1748, pero que nunca solucionaría el problema planteado por la fundación de Georgia, ubicada, prácticamente, a las puertas de San Agustín, en Florida.

Institucionalmente, y también porque estaba basada en un peculiar espíritu de caridad, Georgia fue el producto de los movimientos religioso-filantrópicos del momento, existentes en Inglaterra a principios del siglo XVIII.

En 1729, cuando estaba a punto de producirse la devolución al rey de la Carta de Carolina, que concedía a los 8 Lords Proprietors la gobernación de esta colonia, cuyo título retuvieron hasta este mismo año, se publicó en Londres la primera edición de *The Trade and Navigation of Great Britain Considered*, de Joshua Gee, un comerciante que actuaba en las Indias occidentales y que, de forma repetida, insistía en el valor de las colonias inglesas del sur de Norteamérica y especialmente de Carolina, «la mejor en mi opinión de cualquiera de nuestras provincias, primero, porque es propiedad de particulares, luego, porque nos proporciona poco más que arroz, (siendo capaz de producir otros muchos cultivos de valor) y, finalmente, porque es susceptible de ser invadida por franceses, españoles e indios por ausencia de protección» y proponía que los ingleses construyeran sus propios fuertes a lo largo de los Apalaches para asegurar «las minas que allí había, proteger a los indios y el comercio de pieles y la navegación y los ríos en Maryland, Virginia y Carolina».

Como se ve, un plan que recordaba los planes estudiados ya en 1720, y aceptados por la Cámara de Comercio y que trataba de demostrar que Carolina era un país «suficientemente grande como para dividirlo en distintos *lotes* y ubicar en ellos a todos los habitantes que seamos capaces de enviar», proponiendo colonizarlos con individuos pobres, o necesitados, algo a lo que ya se había referido en esos años un tal Edward Oglethorpe en su primer planteamiento de crear una «colonia caritativa» para albergar a individuos de la clase social más necesitada. En esa línea, Gee sugería que los métodos usados por los ingleses para transportar a delincuentes convictos se empleara también «para todas las personas que no puedan encontrar modos de subsistencia en su país», (para entonces, Oglethorpe ya había examinado este tipo de colonización con el *speaker* de la Cámara de los Comunes y con un tal Dr. Bray, fundador del movimiento de los Filántropos en Inglaterra, movimientos sociales a favor de encontrar fórmulas de vida para los necesitados de la sociedad del momento. Por lo demás, este proyecto, ya estaba en línea con la Cámara de Comercio, que en 10 de junio de 1730 dio órdenes al gobernador Johnson de extender el asentamiento de Carolina del Sur hasta el río Altamaha.

De modo que, una vez madurado el proyecto entre las diferentes asociaciones de caridad, promotoras de esta idea, con los objetivos bien marcados de instruir a los esclavos negros en la religión cristiana, y dar una salida honrosa a los delincuentes y sus familias cuando aquellos recuperaban la libertad, el 30 de julio de 1730 una denominada Sociedad de Asociaciones envió una petición al rey y a su Consejo «para obtener una concesión de tierras en el suroeste de Carolina para asentar allí a personas pobres de Londres», abriendo al mismo tiempo una campaña de donaciones mediante un notable programa de publicidad que proporcionó a Georgia, durante una temporada, una popularidad sin parangón en la historia de la colonización inglesa en Norteamérica.

La Carta de Georgia se concedió, por un período de 21 años, a un grupo denominado Trustee Sea Establishing the Colony of Georgia in América y fue sellada el 9 de junio de 1732. Se trataba de un fideicomiso cuyo objetivo era financiar y suministrar el reclutamiento y el transporte de colonos entre Europa y Georgia. Estaba administrado, en un principio, por los dos grupos integrados en la Sociedad de Asociaciones: las asociaciones y los fideicomisarios, si bien con el tiempo terminaron separándose, aunque sus miembros siguieran unidos en lo personal. El Consejo de Georgia estaba compuesto por 30 miembros, y durante el primer año su presidente fue Edward Oglethorpe.

Los 8 Lords Proprietors de Carolina obtuvieron dos concesiones reales, una en 1663 y otra en 1665, en la que se señalaba como límite meridional los 29° de latitud norte, pero la patente de Georgia, ya citada, estableció, como límites en el sur, los ríos Savannah y Altamaha, y por el oeste, en línea recta desde el nacimiento de dichos ríos hasta el Pacífico, señal, seguramente, del desconocimiento que existía en esos momentos acerca de la enormidad del territorio que se pretendía abarcar. Sin embargo, en un Informe titulado *A State of the Province of Georgia attested upon Oath in the Court of Savannah*, de 10 de noviembre de 1740, se afirma que el límite meridional es «the most Southern Stream of the Altamaha (the Mouth of which is 30° 30'»., (es decir, el más meridional de los flujos del Altamaha cuya desembocadura está en los 30° 30'). Pero el río que desemboca en esa latitud es el St. John's, cuyo nacimiento surge aproximadamente en los 29°, límite de Carolina según la concesión de 1665. Es decir, que con independencia de que los propios ingleses confundieran el Altamaha con el St. John's, parece que lo que pretendían era fijar sus derechos territoriales hasta el mencionado St. John's.

Finalmente, la nueva colonia denominada Georgia quedaría ubicada en los 33° 0' norte, 83° 30' oeste

A pesar de las protestas españolas que reivindicaban la región como propia, los primeros colonos británicos dirigidos por Oglethorpe embarcaron en Inglaterra, rumbo a Norteamérica, el 17 de noviembre de 1732 y llegaron a lo que hoy es la ciudad de Savannah el 12 de febrero de 1733, fundada en esa fecha.

La nueva colonia creció muy rápidamente: en los dos primeros años, pasaron a este territorio 494 colonos; en 1735, el propio Oglethorpe llevó 500 más a los que, al poco tiempo siguieron 300 escoceses; el coronel Pury juntó en su establecimiento a 1360 colonos (la mayoría suizos); y, el capitán Hugo Percy llevó consigo 250 suecos. Colonos, a los que habría que añadir los esclavos negros que regularmente eran desembarcados en el territorio como mano de obra para las plantaciones que se iban creando.

En fin, durante los 21 años siguientes a la concesión se instalaron en el territorio más 4000 colonos. Pero es que, además, Oglethorpe se apresuró a construir fuertes en las islas de St. Simons, uno de los cuales había sido abandonado ya, en 1719; en Jeckyl (Gualquini); en San Pedro (Cumberland), Amelia y San Juan (o St. George). En principio, fuertes de vigilancia, pero que provocaban la indignación y el temor de los españoles por lo que suponían de vulneración de su territorio y el riesgo para su propia existencia como asentamiento, al tiempo que aumentaba su inquina hacia los habitantes de la nueva colonia.

Del Moral, entonces gobernador de Florida, informó regularmente de la agresividad de los colonos y sus aliados indios; que en esos parajes casi no había españoles asentados; que los soldados tenían miedo a salir de sus fuertes para buscar alimentos a causa de la inseguridad que se respiraba en todo el territorio floridano; que el fuerte de St. Simon estaba en territorio de soberanía española; que los ingleses estaban erigiendo otro fuerte en la provincia de los *uchises*, cerca de San Marcos de Apalache, en el suroeste, (es decir, que ya habrían rebasado la zona de influencia de San Agustín y su castillo de San Marcos y que no cesaban de llegar colonos, de modo que la dotación *nominal* de 300 soldados destinados en San Agustín (el número asignado de acuerdo con las reglas del *situado*) era totalmente insuficiente para contener a los ingleses en caso de ataque. Advertencias inútiles, dada, entre otras, la situación de las finanzas del Reino de España en esos años, prácticamente al borde de la bancarrota.

No obstante, Del Moral habría trabado una cierta amistad con Oglethorpe, según el propio inglés comentaba, hasta el punto de llegar a pergeñar con él un convenio dirigido a establecer una línea fronteriza entre los dos territorios. Todo ello sin llegar siquiera a avisar a Madrid ni de estas conversaciones ni del proyecto de acuerdo.

Así que, en una decisión impropia de un militar, máxime cuando se trataba de la defensa de un territorio, Del Moral, el 8 de octubre de 1736 (fecha que Giraldino proporciona al marqués de Torrenueva, a la sazón tesorero general de la guerra), y tras consultar con su junta de guerra, aprueba y firma un convenio y tregua propuestos por un tal Carlos Dempsey, en representación de la colonia de Georgia. Al parecer, el contenido de este convenio suponía establecer una frontera provisional en el río St. John's por el que los ingleses podrían navegar libremente hasta que no se fijase una frontera definitiva. Conocido este acuerdo en la metrópoli, se produjo su inmediato rechazo y Del Moral fue desautorizado e inmediatamente destituido de su cargo en 1737, siendo reemplazado por el coronel Manuel de Montiano en la misma orden en la que se le comunicaba la destitución.

En cuanto a Georgia, el 6 de diciembre de 1736, Newcastle, ministro de Exteriores inglés informa verbalmente a Geraldino, embajador español en Londres, que la creación de Georgia fue consecuencia de una decisión del Parlamento inglés, y no un proyecto privado y que, por tanto, las decisiones que pudieran tomarse en Inglaterra sobre la misma necesitaban de mucha más información que la que les había ido llegando de manos de Oglethorpe y otros, incluidas fuentes españolas.

Hasta tal punto llegó la situación de bloqueo de cualquier solución práctica que el ingeniero militar Antonio Arredondo, persona de gran prestigio en Cuba y Florida, propuso en 1737 negociar un acuerdo sobre límites, con el río St. John's como la línea fronteriza entre ambos territorios, aunque se trataría, en todo caso, de una proposición de mínimos dada la importancia militar y estratégica de dicho río para España.

Y, como muestra de la importancia que, ahora, se concedía a este asunto de Georgia en la Corte de Madrid, el 10 de abril se decide ordenar a Güemes Horcasitas, gobernador de Cuba, preparar en secreto una expedición contra esta colonia compuesta por, al menos 2 buques de guerra y 5 de transporte de tropas para llevar a Florida 800 hombres, momento en el que los ingleses, alertados por Keene, su embajador en Madrid, parece que empiezan a tomarse este asunto en serio, después de las evasivas respuestas con las que habían venido contestando a las protestas españolas sobre este asunto. Además, para dar más relevancia a este asunto en España, el 16 de abril de 1737 se crea la Junta de Georgia, como órgano de consulta del Consejo de Indias.

Por su parte, el secretario español de Marina, visto el silencio con el que Newcastle *contestaba* al oficio de Geraldino de octubre de 1736, le expone en carta de 15 de julio de 1737 la tajante posición del Gobierno español y manifiesta que la creación de Georgia «es una manifiesta usurpación de terrenos que son del dominio de Su

Majestad», en violación de los tratados de 1670 y 1713, carta que el 8 de agosto de 1737 Geraldino envía a Newcastle.

La reacción inglesa a todas las protestas sobre este asunto no parece, sin embargo, muy apaciguadora, pues a mediados de ese mismo año se conoce en Madrid el nombramiento de Oglethorpe como comandante de las fuerzas inglesas (soldados regulares y milicias) en Carolina y Georgia, lo que, por otro lado, no sentó nada bien a los propios carolinos, dada la personalidad del nuevo comandante. Pero, esta actitud más firme de España, empuja a Newcastle a realizar los primeros intentos de justificar oficialmente la existencia y ubicación de la nueva colonia, negando, primero, que esta se encontrara en territorio de soberanía española, después, alegando que la cuestión de los límites había sido reconducida por el reciente Tratado de Sevilla de 1729 a negociaciones mediante comisionados y, finalmente, responsabilizando al gobierno español de no haber denunciado antes el hecho de que Georgia se encontraba en territorio español (lo que no dejaba de ser cierto, aunque como argumento carecía de verdadero peso).

Así que esta vez, Newcastle sí contesta rápidamente (2 de septiembre), pero para afirmarse no sólo en lo correcto de su posición desde el punto de vista de la legalidad sino argumentando que la concesión de los territorios hasta los 29° latitud norte sería anterior al tratado de 1670, y que este dato debe interpretarse de acuerdo con el principio de derecho romano *uti possidetis, ita possidetis*, consagrado, según él, por la imprecisa redacción del artículo 7 de dicho tratado. Concluye, por todo ello, rechazando las reclamaciones españolas y advirtiendo, a su vez, que Jorge II está dispuesto a defender sus derechos de soberanía en América e insistiendo en que este asunto debe ser objeto de negociación mediante comisionados nombrados por ambas partes.

Con estos planteamientos *oficiales*, ambas partes en litigio se ven abocadas a una situación sin salida, si bien, desde el punto de vista inglés, ello fortalecería su objetivo de dar largas al asunto y de paso, mantener el *statu quo* existente en ese momento, en la idea de que el tiempo corría a su favor, como así terminaría sucediendo.

En el lado español, esta vez sí parece que el asunto no se paraliza, pues el 16 de octubre se encarga al conde de Montijo la elaboración de todo un dictamen sobre la situación legal de la postura española de cara a los territorios en disputa. El dictamen tiene fecha de 9 de noviembre, y tras hacer un repaso de las actuaciones de España en esa región del noreste de América, desde 1513 hasta el establecimiento de Pedro Menéndez de Avilés en San Agustín y su área de influencia, llega, de nuevo, al punto de partida, el tratado de 1670, para hacer depender el derecho inglés a sus posesiones en América de dicho tratado, interpretando la frase referida a las tierras que los ingleses «tienen y poseen» del tantas veces mencionado artículo 7º, (que eran sobre las que se realizaban las concesiones de Carlos II de España), en el sentido de que se trataría exclusivamente de las tierras realmente ocupadas al firmarse el Tratado (lo que haría decir a Abad y La Sierra, tan cerca de estos acontecimientos como en 1785, que ello suponía para los ingleses el reconocimiento implícito de que, en los momentos anteriores a la firma estaban ocupando territorio español)[39].

Razonamientos a los que se añadían los referentes a la redacción del artículo 8º del Tratado de Utrecht entre España e Inglaterra, de 13 de julio de 1713[40], y al hecho de que muchas de las «usurpaciones» de territorios pertenecientes a Florida se efectuaron después de 1700, llegando a decir Oglethorpe al gobernador de Florida en 1735, que llevaba órdenes de su soberano para poblar todo el territorio que encontrase vacío en aquellas partes.

En este punto, las relaciones entre ambas potencias se encontraban ya, digamos, en su punto de máxima tensión a consecuencia de los asuntos que ya se han mencionado más arriba, relacionados, todos, con la deslealtad con la que Inglaterra se había comportado, no sólo desde el último tercio del siglo anterior, sino sobre todo desde los tratados suscritos con España a partir de Utrecht. De ahí, la enorme complicación de las negociaciones que inevitablemente habían llegado a entremezclarse, haciendo depender unos asuntos de otros, sin orden de prelación, como más a delante planteó España al exigir un *orden del día*, que, a su vez, generó nuevas discusiones.

A pesar de la claridad de los argumentos favorables a España en el caso de Georgia, que fundamentarían el uso de la fuerza para desalojar a los ingleses de los territorios «usurpados», el conde de Montijo apoya el inicio de negociaciones con una serie de condiciones: que estas reuniones se celebren en Madrid y con una duración máxima de 6 meses; que no se ocuparan los territorios en litigio durante ese período; y que se demolieran los fuertes ingleses construidos desde

1700. Planteamiento que se envía a Geraldino por carta, en 28 de noviembre de 1737.

Y los ingleses contestan que necesitan más tiempo para analizar la situación. Es decir, siguen dando largas a una negociación que seguramente ellos mismos perciben como poco favorable a sus intereses. Pero, por fin, el 26 de abril de 1738 Newcastle contesta aceptando la condición del *statu quo* de no construir más fuertes o asentamientos (pero no la de demoler los fuertes ya construidos) y dejando ver, de paso, una parte de sus posibles argumentos, como el de que los tratados de 1667 y 1670 anulan cualquier derecho proveniente de los derechos de conquista y poblamiento en los que se apoya España, es decir, rechazando los derechos históricos de esta como base para las futuras negociaciones.

Ante esta propuesta, el gobierno español opta, por aceptar la propuesta británica para comenzar a negociar, pero, al mismo tiempo protesta por la negativa inglesa a demoler siquiera los fuertes erigidos a partir de 1700. Pero no se fijan plazos para el nombramiento de comisionados, postura que podría sugerir la prelación que, en esos momentos, se está concediendo a los otros graves problemas que están sobre la mesa de negociación, como la indemnización por las *presas* hechas por los guardacostas y los corsarios españoles y el cobro de la deuda debida a Felipe V por la Compañía del Asiento.

Así que el 9 de septiembre de 1738 el conflicto de Georgia queda incluido en las negociaciones de acuerdo con la propuesta de Inglaterra de 22 de abril y es recogido en el Acuerdo de El Pardo de enero de 1739 (arts. 1º y 2º), añadiendo un motivo más para alargar la solución sobre los límites entre dicha provincia y Florida, con lo que Inglaterra mantiene su táctica de alargar todo lo posible las negociaciones sobre este punto, pues, por el momento, va consolidando la presencia británica en aquella zona.

Otro problema, esta vez de ámbito nacional, es el de las diferentes posiciones que mantienen los más relevantes funcionarios españoles implicados en este asunto, integrados en un grupo formado por De la Cuadra el 1º de noviembre de 1737 para elaborar los argumentos de defensa de España. Si bien coinciden en que el gran problema está en la interpretación del artículo 7º de tratado de 1670 y, en concreto en la expresión «tienen y poseen», referida a los territorios ingleses *ocupados* en aquellos momentos por Inglaterra, Quintana sostenía la idea de que dado que estaba absolutamente demostrado, por los antecedentes históricos, que España consiguió la titularidad de todos los territorios de Florida por derecho de exploración y conquista, corresponderá a Inglaterra probar con «documentos legítimos» la adquisición o posesión de esos territorios, que, por lo demás, el tratado ni nombra ni delimita, y ello en o antes de 1670 (Hilton, *op. cit.*, pág. 218 y ss.).

El marqués de Regalía, miembro de este grupo de estudio, rechazaba esta argumentación alegando que, puesto que es España la que reclama la titularidad de esos territorios, tendrá que ser España la que deberá demostrarla y probar que eran los ingleses los que ocupaban ilegalmente esos territorios antes de 1670… y a partir de ese año, todos los demás que se encontrasen en iguales condiciones. Por otro lado, Regalía afirma que en 1670 España ocupaba el territorio que se extendía hasta la isla Santa Elena (de hecho, fue ahí donde Pedro Menéndez de Avilés estableció la primera capital administrativa de Florida), en los 32° 50' latitud norte, llegando el territorio ocupado por los ingleses hasta Charleston (32° 47') fundada, precisamente en 1670. A lo que los ingleses contestaban que la «concesión» otorgada por su rey en 1665, abarcaba un territorio desde los 36° 30' por el norte hasta los 29° por el sur, lo que significaría que incluía a San Agustín, fundado 100 años antes, lo que da idea del error cometido (involuntario o no) o del desconocimiento de la historia por parte de los funcionarios ingleses que elaboraron dicho documento.

Añadiendo otra consideración: que el hecho de que España *convalidara* ciertos hechos consumados, no significaba que esa convalidación pudiera extenderse a aquellas *apropiaciones* que, todavía en 1670, no se habían llevado a cabo (en referencia a las que los ingleses continuaron llevando a cabo desde 1700 y que algunos políticos británicos pretendían incluir en las *convalidaciones* acordadas en 1670).

Por lo demás, los 5 ministros españoles implicados en esta tarea de preparar las argumentaciones legales sí estaban de acuerdo en que los ingleses habían *usurpado* territorios floridanos después de 1670, y que, por tanto, se les debería exigir su devolución.

Pero ante las dificultades prácticas de contar con documentación suficiente y creíble para los ingleses y el hecho de que realmente existían asentamientos ingleses instalados por la fuerza, se llega a la conclusión de que lo mejor sería encomendar a una comisión compuesta por representantes de ambas partes definir una línea divisoria sobre el propio terreno y reducir las exigencias españolas de evacuación a los territorios ocupados desde 1700 o 1713 (Hilton, *op. cit.*, págs. 220 y 221).

Posición que De la Cuadra rechazaba con toda lógica, pues prefería la postura y la solución *dura* propuesta por Quintana, algo así como decir «si tengo toda la razón no hay motivo para ceder una parte de ese derecho», aunque ello suponga mantener abierto el conflicto y sus consecuencias.

Durante este tiempo las relaciones entre ambos países no sólo no mejoran, sino que se endurecen, por ejemplo, con ataques navales de los ingleses a posesiones españolas en la zona de Centroamérica, preludio de lo que sucederá a partir de la inminente declaración de guerra por parte de Inglaterra.

Por su parte, el 15 de mayo, el Consejo Privado del rey inglés decide defender la posesión y el territorio ocupados por Georgia tal como había sido establecido por la carta de concesión de 1732, eso sí, estableciendo como límite sur de su territorio el río Altamaha (31° 18' N, 81° 17' O)[41] con lo que, finalmente, se sigue la posición de Newscastle, renunciando a sus pretensiones de alcanzar los 29° a los que se refería la carta de concesión de 1732, que incluía San Agustín como ya se ha comentado. Los ingleses optaban, así, por una solución práctica del conflicto, al tiempo que fijaban su posición en cuanto a que interpretaban que la referencia del artículo 2º del Tratado de Utrecht de 1713 a los «límites antiguos» eran los del reinado de Carlos II de España, que debían tomarse como base para calificar de *usurpaciones* de territorios españoles las producidas antes de aquellas fechas, (tratados de 1667 y 1760), con el fin de *convalidarlos* como británicos. Era la doctrina de Newcastle, en contra de la que propugnaba que los «límites antiguos» llegaban hasta 1700 y más, a efectos de *convalidar* como inglesas *usurpaciones* más recientes.

Con independencia de todo lo anterior, la realidad era que los territorios de Georgia hacia el oeste quedarían sin delimitar... lo mismo que los de Florida, por cierto. (Lo que más adelante, a partir del 1800 llevaría a establecer físicamente, sobre el terreno, mediante el trabajo de geógrafos especialistas, los puntos geodésicos de aquel vastísimo espacio todavía inexplorado).

En fin, como ya se ha expuesto más arriba, a finales de mayo de 1739 se plantea el último obstáculo para iniciar las negociaciones: el orden del día.

Como ya se ha visto, España abogaba por sustanciar primero el asunto de los límites entre Florida y Georgia, mientras que Inglaterra, prefería solucionar primero el asunto del derecho de navegación. Se llegó, no obstante, a un acuerdo sobre la otra propuesta española de presentar sendas *memorias* en las que se expusiesen las diferentes posiciones y las posibles soluciones, todo lo cual daría pie a nuevas discusiones, digamos preliminares.

Hasta que el 8 de julio de 1739, en medio de la máxima tensión entre los dos países por la evolución interna del clima político en Inglaterra y por las agresiones de la Marina británica a posesiones españolas, Keene, el embajador inglés en España, como se ha comentado más arriba, cancela una reunión prevista dentro del calendario de la preparación de las negociaciones, alegando diferentes motivos.

Reuniones que no se volverían a producir, por lo que ninguno de los cuatro problemas sería solucionado mediante las negociaciones previstas, en las que parece que ninguna de las dos partes confiaba.

Pero la dura realidad sería que el territorio *ocupado* por Georgia nunca volvería a manos españolas.

GRACIA REAL DE SANTA TERESA DE MOSE

Más conocido como fuerte Mose o sencillamente Mose[42], este asentamiento es, posiblemente, uno de los ejemplos más sobresalientes de las diferentes culturas civiles y religiosas que separaban a las dos comunidades europeas que, en esos momentos, ocupaban aquellas tierras bañadas por el océano Atlántico. Comunidades en guerra no declarada pero en enfrentamientos casi constantes desde que los ingleses, a partir de 1600, con el asentamiento y construcción de Jamestown en 1670 en los 37° 12', (en 1680 el asentamiento se trasladó a su ubicación actual, en los 32° 47', como ya se ha comentado, siendo el centro más al sur de todos los asentamientos ingleses a finales del siglo XVII) iniciaron una expansión sistemática, y normalmente agresiva, hacia el sur y el oeste con el apoyo regular de las diferentes tribus indígenas que habitaban la zona.

Se trataba de culturas y modos de vida diferentes porque mientras la presencia española en San Agustín o Pensacola, las principales plazas de la Florida, estaba constituida en su gran mayoría por militares, misioneros y, sólo bien avanzado el siglo XVII, por algunos colonos, agricultores o ganaderos, en el caso de los ingleses la población estaba integrada en su gran mayoría por civiles, colonos dedicados, casi desde el principio, a cultivos extensivos como el algodón que exigía abundante mano de obra, proveniente casi en exclusiva del tráfico de esclavos negros de origen africano, proporcionados por traficantes portugueses, ingleses u holandeses.

Esta diferenciación en el aspecto civil, la encontramos en el propio sistema legal español que garantizaba, tanto a los naturales como, por extensión, a los esclavos, ciertos derechos y protecciones, inexistentes en otros sistemas de esclavitud (ingleses, holandeses...) por ejemplo el derecho a la propiedad o el acceso a los tribunales, o la posibilidad de vivir entre los propios españoles, si bien bajo la supervisión y control de sus vecinos blancos. Baste recordar a estos efectos los diferentes cuerpos legales como las Leyes de Burgos (1512) o las Leyes Nuevas (1542) sin que tampoco se pueda ignorar que, quienes tenían el deber de aplicarlas (los propios españoles), los interpretaban en muchas ocasiones de acuerdo con sus propios intereses y convicciones.

Y se trataba de culturas religiosas asimismo diferentes. En el caso de España la evangelización y conversión de los indígenas fue desde el principio una condición absolutamente necesaria para llevar a cabo la conquista en cualquiera de los territorios recién descubiertos, con un importante papel de los franciscanos en el caso de Florida, de modo que no sólo los naturales de cada territorio, sino también los propios esclavos en poder de españoles podían ser, y de hecho así era, incorporados a la Iglesia católica, pudiendo recibir los sacramentos e incluso celebrar matrimonios por el rito católico como se verá más adelante en el caso de fuerte Mose. Sin embargo, en el caso los ingleses, en su mayoría de religión protestante, ese espíritu religioso estaba prácticamente ausente, en particular en lo que se refiere a la *conversión* y consideración *humana*, tanto de los naturales de dichos territorios como, a mayor abundamiento, de los esclavos negros proporcionados por los traficantes.

Pues bien, en ese contexto de enfrentamientos transfronterizos en que se convirtió la coexistencia de españoles e ingleses a partir, sobre todo, del último tercio del siglo xvii, en el que aumentaron las incursiones inglesas en territorio español con el objetivo claro de incrementar el número de esclavos disponibles para los cultivadores de algodón, se produjo un movimiento, al principio poco perceptible en importancia pero constante en su progresión, de intentos de fuga de esclavos de las plantaciones inglesas en dirección sur, buscando la protección de San Agustín en la Florida española[43]. Este flujo relativamente continuado de individuos que escapaban de las duras e inhumanas condiciones de existencia bajo las reglas inglesas, encrespó aún más las relaciones entre los representantes de las dos potencias europeas. Así, Landers cita para estos años alguna de las primeras reclamaciones de los carolinos, y en concreto la del gobernador James Colleton, que en 1687 presentó una reclamación formal ante Diego de Quiroga, el gobernador de Florida, con sede en San Agustín, para exigir la devolución de ocho hombres, dos mujeres y un niño de tres años, petición que este rechazó como ya se había hecho en otras ocasiones semejantes, incluso cuando uno de ellos fue acusado por los ingleses de asesinato, si bien, en este caso se prometió indemnizar a los *amos* de aquellos esclavos y perseguir al acusado para verificar la realidad de la acusación.

Quiroga informó del asunto a la metrópoli, así como que los fugitivos habían solicitado el bautismo en la «verdadera fe», algo fundamental para rechazar la devolución, al tiempo que les proporcionó acogida en las casas de los propios españoles y se preocupó de que fueran catequizados, bautizados… y, finalmente, casados en la iglesia de San Agustín. (Posteriormente, ya incorporados a la vida laboral de San Agustín, los hombres recibirían un peso diario por su trabajo, el mismo salario que se pagaba a los trabajadores indios, y a las mujeres la mitad de dicho salario)[44].

Igualmente, cuando en 1686, como respuesta a los continuos ataques a las posesiones españolas y a las ya escasas misiones franciscanas por parte de indios incitados y apoyados por los colonos ingleses, una fuerza española acompañada de 53 indios y negros atacó Port Royal y Edisto, llevándose dinero y trece esclavos por valor, según dichos colonos, de 1500 libras carolinas, el mencionado gobernador inglés reclamó formalmente la devolución de los esclavos *robados* así como la de aquellos que «día tras día» huían y se refugiaban en la plaza española.

El rechazo a esta, como a peticiones anteriores y la manera en la que Quiroga articulaba la acogida de los huidos podría estar, sin duda, en el origen de la idea de habilitar un refugio específico para esta población dado el incremento paulatino y constante de estos casos, pues tanto los sucesivos gobernadores como los oficiales del Tesoro españoles en San Agustín comenzaron a solicitar de forma insistente instrucciones a la metrópoli, pues llegó un momento en el que ya no se trataba de casos aislados (para los que los gobernadores gozaban de autonomía) sino de una realidad ya consolidada[45].

Estas informaciones y las peticiones ya mencionadas llevaron al Consejo de Indias a analizar la situación, recomendando finalmente al rey aprobar la política de acogida puesta en marcha por los gobernadores. Así el 7 de noviembre de 1693 Carlos II dictó la primera real cédula sobre la materia fijando la posición oficial respecto de los fugitivos de las plantaciones inglesas «concediendo la libertad tanto a hombres como mujeres [...] de modo que su ejemplo y gracias a mi liberalidad otros puedan hacer lo mismo»[46].

El *efecto anuncio* de esta real cédula no se hizo esperar y al menos otros cuatro grupos de fugitivos alcanzaron San Agustín en la década siguiente. Sólo en un caso (seis negros y un indio) fueron devueltos a sus *amos*, en este caso el 8 de agosto de 1697, siendo gobernador de Florida Laureano Torres y Ayala, que fundamentó su decisión en la necesidad de evitar conflictos y rupturas entre los dos gobiernos[47].

En cualquier caso, ya en los primeros años del siglo XVIII, la situación en los territorios ocupados por los ingleses fue deteriorándose a medida que el número de esclavos negros comenzaba a superar el número de sus *amos* blancos, dando paso a sucesivas revueltas entre los años 1711 y 1714, que desembocaron en 1715 en la llamada guerra Yamasee, en la que los esclavos negros apoyados en los indios de la nación Yamasee se rebelaron contra la opresión inglesa, causando numerosas muertes entre los colonos carolinos, llegando al punto de poner en peligro la propia supervivencia de la población blanca. No obstante, la reacción de los colonos, apoyados en sus propios aliados indios, de *naciones* distintas a la Yamasee, consiguió derrotar a los insurrectos, generando un flujo de fugitivos que buscaron refugio en territorio español, lo que llevó al gobernador de Carolina a elevar sus quejas a Londres acerca de la conducta *oficial* de los gobernadores españoles, acusándoles no solamente de amparar a los fugitivos de las plantaciones sino de reenviarlos, juntamente con los indios rebeldes, a saquear esas mismas plantaciones.

Pero la realidad era que el flujo de esclavos huidos o refugiados no se detuvo nunca y en 1724 llegaron 10 fugitivos más, asistidos por un intérprete *yamasee*. Esta vez, aunque seguía vigente el real edicto de 1693, el gobernador español del momento, Antonio de Benavides decidió (1729) venderlos en pública subasta para indemnizar a sus antiguos *amos*, alegando en su descargo el temor a una reacción hostil por parte de los ingleses para recuperar sus pérdidas por la fuerza. Pero, sorprendentemente, algunos de los compradores, resultaron ser españoles, que terminaron llevando a algunos de esos fugitivos a La Habana, mientras otros, incluyendo a los oficiales reales (el interventor y el tesorero), algunos militares e incluso algunos religiosos, adquirieron también algunos de aquellos esclavos. En este caso, Benavides, para justificar su decisión aún más, argumentó que estos esclavos habían llegado en tiempos de paz entre las dos potencias europeas, ignorando voluntariamente, por tanto, las continuas violaciones del territorio español y las incursiones llevadas a cabo de forma sistemática por colonos ingleses acompañados de sus propios aliados indios con el objetivo principal de continuar diezmando la presencia de otras *naciones* indias o de los misioneros españoles establecidos en zonas incluso muy cercanas a San Agustín. Alegó también en un alarde de *fineza interpretativa* que la real cédula era aplicable solamente a los primeros fugitivos que habían abandonado las colonias británicas.

No obstante, la tensión bélica creada entre los ciudadanos de ambas potencias por una situación, ya, tan deteriorada, determinó a la Corona española a publicar dos nuevas cédulas relacionadas con los esclavos fugitivos, con el objetivo de *regular* las conductas de los máximos responsables.

La primera, de 4 de octubre de 1733, la más importante sin duda por lo que significó de ratificación de una política seguida durante más de 40 años, prohibió, definitivamente, cualquier compensación económica a los propietarios ingleses de esclavos fugitivos, reiterando la oferta de libertad y prohibiendo, igualmente, de forma particular, la venta de cualquiera de estos fugitivos a ciudadanos privados. La segunda, de 29 de octubre de 1733, elogiaba a los esclavos negros por su bravura durante el episodio del ataque a San Agustín llevado a cabo por Palmer en 1728, y establecía como condición para alcanzar la libertad que buscaban al llegar a San Agustín, abrazar la religión católica y mantenerse durante un período de cuatro años completos al servicio del rey. Ello determinó que, como consecuencia de la publicación por Montiano de un bando dando cuenta de la publicación de esta última real cédula, 24 esclavos Carolina se fugaran de Port Royal y alcanzaran la ciudad de San Agustín, con sus familias, el 21 de noviembre de 1738, lo que, sin duda, dio fuerza a su idea de realizar un asentamiento cercano a San Agustín para acoger a todos los fugitivos que habían ido llegando durante los años anteriores[48].

Eso sí, los fugitivos conseguirían la libertad, pero no la *carta de libertad*, matiz muy importante que, como parece lógico no satisfizo en absoluto los deseos de los destinatarios, que insistieron ante el gobernador de turno en sus peticiones de una libertad completa llevando sus peticiones, incluso, ante el obispo de Cuba.

Esta situación cambió con la positiva actitud del nuevo gobernador, Manuel de Montiano, que gobernaría esta provincia desde 1737 hasta 1749 ante el que Francisco Menéndez, uno de los esclavos allí refugiados presentó una vez más su petición de libertad completa apoyada, en esta ocasión, por un cacique Yamasee llamado Jorge, que contó cómo Menéndez y otros tres esclavos negros habían luchado con bravura durante los tres años de la guerra Yamasee para luego verse devueltos a la esclavitud en Florida como consecuencia de la acción de un indio no cristianizado llamado Perro Loco, que descargó la responsabilidad de esta situación tan injusta en los propios españoles que los habían *comprado* a pesar de conocer su lealtad al rey de España.

Finalmente, sería a Montiano a quien correspondería la iniciativa y la decisión de localizar un lugar adecuado para la ubicación y construcción de un poblado fortificado que pudiera albergar al grupo de esclavos fugitivos, siempre en aumento, y, en su caso, a sus familias. (Montiano informa al rey en la carta de febrero de 1739 de que «ya hay aquí un total de 38 negros y es posible que ellos puedan organizar un buen poblado»).

Esta decisión, que resultó de una gran trascendencia en el caso de Florida, era coherente con la gran autonomía de la que gozaban los gobernadores de esta provincia para la gestión de los asuntos ordinarios que se les presentaban casi a diario, y ello por, al menos dos motivos: la enorme lejanía de la metrópoli, cuyas órdenes o instrucciones llegaban en el mejor de los casos con un decalaje de entre 3 y 5 meses; y su dependencia administrativa e incluso jerárquica del gobernador de Cuba y, a través de este, del virrey de Nueva España, clave en la asignación anual del *situado*. Autonomía, que, no obstante, era revisada y juzgada *a posteriori* en el llamado juicio de residencia al que indefectiblemente tenían que someterse los gobernadores una vez finalizado su mandato, y que normalmente estaba presidido por su sucesor en el cargo.

El sitio escogido para construir el poblado fue un lugar a unos tres kilómetros al norte de San Agustín, en la cabecera de un pequeño afluente del North River, con fácil acceso a San Agustín y cerca de los caminos de San Nicolás (hacia el norte) y Apalache (hacia el sur), lo que le convertía en un punto especialmente estratégico como puesto avanzado para detectar anticipadamente cualquier ataque proveniente de los territorios ocupados por los ingleses.

El poblado y su fortificación fueron construidos por los propios esclavos huidos de las plantaciones inglesas. De acuerdo con las informaciones, posteriores en el tiempo, proveídas por los ingleses (no hay mucha información de fuentes españolas ni tampoco restos arqueológicos disponibles, dado el material de las construcciones que se erigieron,) la planta del poblado era cuadrada, con una base de piedra y un parapeto en cada esquina. Sobre esa base y protegido por un terraplén de tierra se elevaban las empalizadas de madera del poblado que, además, estaba rodeado por una zanja sin bordes, pero cubierta con espino. En su interior contaba con un pozo y casas, que según los españoles recordaban a las cabañas indias con techo de paja.

Por lo demás, el lugar contaba con una corriente de agua salada que lo atravesaba y en la que había abundancia de ostras y toda clase de peces, y, asimismo, contaba con terrenos fértiles, cultivables, que podrían proveer a la población con cosechas. No obstante, durante el tiempo empleado en la construcción del fuerte y en tanto se conseguía la primera cosecha, Montiano decidió que la manutención de esta población, a base de maíz, bizcocho y carne, corriera a cargo de los almacenes reales, todo lo cual influyó en el incremento del sentimiento de lealtad de los futuros pobladores de este poblado hacia los españoles y su alejamiento de los ingleses hasta el punto de declarar que «arriesgarían sus vidas y gastarían hasta la última gota de su sangre en defensa de la gran Corona de España y de la Santa Fe».

Gracia Real de Santa Teresa de Mose fue, finalmente, construida y terminada en 1739; una vez que Montiano justificó debidamente el modo y la forma en la que se construyó el fuerte Mose, tanto el rey como el Consejo de Indias apoyaron todas las acciones desarrolladas al respecto.

Prueba de la seriedad de sus planes respecto del asunto de la protección de los fugitivos, negros o indios, y de sus convicciones religiosas, Montiano asignó a un oficial militar y a un oficial real (tesorero o contador) para supervisar la evolución del nuevo poblado, integrándolo así en el conjunto de pueblos y ciudades sometidos al régimen administrativo español, al tiempo que nombraba a un seminarista para que se hiciera cargo de la catequización de los habitantes de Mose en la doctrina católica y en las «buenas costumbres».

No obstante, no parece que el oficial militar hubiera, finalmente, establecido su residencia en el poblado, cosa que sí hizo, siguiendo la costumbre, el franciscano. Así que, de hecho, en la práctica, parece que el gobierno de Mose recayó en uno de sus habitantes, en concreto Francisco Menéndez[49], a quien los españoles consideraban una especie de *señor natural*, a la altura de los caciques indios (Montiano llegó a referirse a los habitantes de Mose como los *súbditos* de Menéndez), función en la que gozaba de considerable autonomía, como atestiguaba en 1752 el sucesor de Montiano, Melchor de Navarrete, al comentar que la gente de Mose «se conducían bajo el mando de su capitán (Francisco Menéndez) y lugarteniente del gobernador de turno». Bajo esta notable consideración profesional y sobre todo militar, Menéndez comandaría la milicia de Mose, fuerza integrada por los habitantes del poblado, durante más de 40 años.

En este contexto de agradecimiento a los españoles de San Agustín, y, en definitiva, a la Corona española por parte de los esclavos liberados, que por boca de algunos de sus representantes llegaron a manifestar que serían «los más crueles enemigos de los ingleses», es interesante subrayar el papel que los habitantes de Mose jugaron, tanto como ayuda militar formando parte de las milicias al servicio del gobernador de turno, o como marineros en algunos de los barcos corsarios españoles, que estos se vieron obligados a utilizar bien en defensa frente a los ingleses y holandeses, bien en procura de provisiones siempre tan escasas, particularmente en San Agustín.

La comunidad así formada se mantuvo relativamente estable, con unos 100 miembros, durante los 25 años que transcurrieron entre 1738 y 1763, representando una proporción importante, sobre todo en los primeros años, en relación con la población civil y militar de San Agustín y su castillo, sometida a la estricta reglamentación del *situado*.

Como una prueba más de la estrecha relación con la situación creada por la fundación de fuerte Mose en el ámbito de las relaciones exteriores de los gobernadores de Florida, que se traducían en obligados contactos con los ingleses a cuenta de la porosidad de las fronteras entre ambas comunidades, (algo propiciado y mantenido por los propios ingleses, pero que, al tiempo, facilitaba la corriente de fugas de los esclavos hacia territorio floridano, buscando la protección de España), en marzo de 1739 llegó a San Agustín una delegación de carolinos con dos cartas, una del gobernador de Carolina y otra de Oglethorpe, requiriendo la devolución de sus esclavos. En este caso, Montiano reproduciendo la conducta de las autoridades inglesas en parecidas circunstancias de reclamaciones españolas por violación del territorio, les acogió con hospitalidad, sin permitir durante la semana que estuvieron allí que se separaran de él «ni un momento» para hacerles ver a renglón seguido, y con la máxima educación, el contenido de la real cédula de 1733 que le ordenaba garantizar a los fugados un refugio religioso, rechazando, finalmente sus reclamaciones: «Les sugerí que acudieran a su propio Gobierno en petición de una declaración sobre los principios establecidos respecto a la reciprocidad que desean establecer con nosotros y que por mi parte yo haría lo mismo e informaría a mi Consejo de Indias sobre su petición»[50].

De esta política con los ingleses tampoco se libraría el capitán Caleb Davis de Port Royal, un comerciante que había aprovisionado San Agustín durante muchos años y que en 1738 se presentó ante Montiano para reclamar la devolución de los esclavos *detenidos* por el gobernador, así como la embarcación en la que se habían fugado y las provisiones que se habían llevado, todo lo cual valoraba en 7600 pesos. (Los 24 hombres más las mujeres y los niños, habían llegado desde Port Royal el 21 de noviembre y habían sido enviados a Mose). Montiano rechazó sus peticiones y Caleb Davis, reprodujo su reclamación en septiembre de 1751, sin que, haya noticias de haber conseguido sus objetivos.

Lógicamente el tipo de explicaciones dadas por Montiano, así como su conducta en el caso de este capitán, no podían satisfacer en modo alguno a carolinos y georgianos que imputaron al fuerte Mose ser un foco de rebelión contra ellos y sus intereses, de modo que cuando estalló la guerra entre Inglaterra y España, a cuenta del asunto de la oreja de Jenkins en 1740 (en realidad un pretexto de la Corona inglesa para intentar imponer su influencia y el comercio inglés en el área del Caribe), el gobernador de Georgia, James Oglethorpe, se apoyó en la postura española de defensa de los esclavos huidos de las plantaciones para elaborar y fundamentar sus planes de invasión de los territorios floridanos, arrasar San Agustín y la fortaleza de San Marcos y, en definitiva, acabar con la Florida como posesión española.

Y es en este punto donde se demuestra lo acertado de la política de acogimiento e integración de los fugitivos, ya hombres libres, en la comunidad española para defender el territorio y sobre todo San Agustín y el castillo de San Marcos. Ahora, la presencia de los esclavos liberados supuso una importante ayuda extra para las escasas fuerzas con las que contaba Montiano en 1739 y 1740. Por ejemplo, el 8 de enero de 1740, Montiano envió al capitán Horruytiner con 25 jinetes, 25 soldados y 30 indios y negros libres a explorar el territorio cercano, y el 27 de enero, con el mismo objetivo, envió al capitán Ruiz del Moral con casi idénticos efectivos pues, como este gobernador escribió al rey en esa fecha «la dificultad de conseguir información en los numerosos y densos pantanos y lagunas es tan grande que convierte este trabajo [de conseguir información] en una tarea casi imposible», al tiempo que le hacía llegar las peticiones de permisos de sus soldados para trasladarse a La Habana por, al menos tres tipos de razones: la falta de alimentos que sufrían permanentemente, el continuo estado de guerra en el que vivían, y las privaciones debidas a la falta de pagas. Tanto Montiano como sus oficiales se negaban sistemáticamente a esta tipo de peticiones en la certeza de que una vez en Cuba, esos soldados no volverían nunca, dejando aún más indefensa la plaza de San Agustín[51].

En mayo de 1740, tanto los habitantes como la milicia de Mose, trabajaron con el resto de la población de San Agustín en la fortificación de las defensas de la ciudad ante los rumores de un inminente ataque por parte de Oglethorpe, el comandante de las fuerzas inglesas en Carolina. Al mismo tiempo supusieron para Manuel de Montiano una importante fuente de información sobre los movimientos del enemigo, gracias a sus patrullas de vigilancia.

Pero esta colaboración no quedó circunscrita solamente a las acciones en tierra, porque la colaboración de los habitantes de Mose con los españoles frente a los ingleses les llevó, incluso, a formar parte de algunos de los pocos barcos españoles que se dedicaron al corso tanto defensivo, ante los ingleses y holandeses, como ofensivo en búsqueda de provisiones para nutrir las permanentemente deficitarias despensas de poblaciones como San Agustín y su castillo, sistemáticamente medio vacías, y que no recibieron la dotación económica que suponía el *situado* en los años 1739, 1740, (situación agravada por la presencia de los soldados enviados desde Cuba para reforzar la defensa de la capital de Florida en 1741) y 1745.

Su ayuda en esta situación fue especialmente útil pues como apuntaba ya en 1752 el gobernador de la plaza, Fulgencio García de Solís «sin estos negros de color *roto* y los indios que abundan en nuestros pueblos en América no sé si siquiera pudiéramos armar un solo barco corsario con españoles»[52].

La contrapartida a esta colaboración era que cuando los ingleses capturaban uno de esos barcos, trataban indefectiblemente a los prisioneros negros como esclavos, con independencia del status que tuvieran ante los españoles.

Quizás el ejemplo más notable de esa diferente filosofía que practicaban españoles e ingleses nos lo ofrece el relato de lo sucedido con la tripulación de un barco corsario español, capitaneado y tripulado por aquellos hombres libres del fuerte Mose, y que resultó capturado por el barco inglés Revenge.

El relato es de una notable crudeza, ilustrativa del talante inglés: el barco estaba capitaneado por un negro llamado Sr. Capitán Francisco (con bastante probabilidad Francisco Menéndez) al que sus captores ataron a un cañón y ordenaron al médico inglés castrarle (como al parecer, y según el propio relato, se había castrado a los ingleses que habían ocupado fuerte Mose durante el ataque de Oglethorpe) pero Menéndez, después de reconocer que formaba parte de la fuerza que reconquistó Mose, negó que hubiera ordenado esas atrocidades, culpando de ello a los indios, y declaró que había tomado la actividad corsaria con la idea de alcanzar La Habana y navegar desde allí a España para recibir un premio por su valentía, relato que confirmaron otros mulatos y blancos que iban a bordo. Pero el comandante inglés «para asegurarse de que Menéndez recordase que él había llevado a cabo aquella operación [...] ordenó le dieran 200 latigazos y luego [...] le pusieran en manos del médico para que cuidase su culo dolorido». Cuando el Revenge atracó en Nueva Providencia, en las Bahamas, su comandante solicitó insistentemente ante el Almirantazgo que los negros fueran condenados como esclavos, argumentando que «¿ no nos indican su piel y sus rasgos que son de la sangre de los negros y han mamado la esclavitud y la crueldad desde su infancia?», pasando luego a describir a Menéndez como «ese Francisco que es de la maldita semilla de Caín, canalla desde el nacimiento del mundo, que tiene la desvergüenza de venir a este Tribunal y alegar que es [hombre] libre. La esclavitud es demasiado buena para un salvaje como él. Ni toda la crueldad inventada por el hombre, ni todos los tormentos del mundo que viene serán suficientes [para él]»[53].

Sin embargo, a pesar de todos estos *argumentos*, el Tribunal ordenó que fuera vendido como esclavo «de acuerdo con las leyes de las plantaciones». No obstante, bien porque luego fuera rescatado y enviado a la Florida española, bien porque consiguiera escapar, el caso es que, en 1752, Francisco Menéndez estaba de nuevo al frente de fuerte Mose.

Pero la existencia y el desarrollo de tal como habían sido concebidos por el coronel Montiano en el momento de su fundación en 1739, se vieron violentamente truncados por el ataque perpetrado en la primavera de 1740 por Oglethorpe contra San Agustín y su fortaleza (que se analizará más adelante), pues, si bien las fuerzas inglesas no consiguieron ninguno de su objetivos militares, sí causaron, una vez más, serios estragos en toda la zona, dejando tras de sí destrucción de edificios, tanto en San Agustín como sobre todo, en el propio Mose y otros fortines cercanos, devastación de los cultivos y muerte de los animales que aprovisionaban a los habitantes de San Agustín.

Desastrosa situación que obligó a que la población que hasta estos momentos vivía en el fuerte, se incorporase a la de San Agustín al carecer de posibilidad alguna de vivir en el recinto del fuerte, circunstancia que favoreció una más completa integración de este grupo humano en la sociedad civil de San Agustín, en forma de mano de obra para la agricultura, marineros, corsarios o *cazadores* de los prisioneros que trataban de huir del castillo de San Marcos.

Como apunta Landers (*op. cit.*) los registros parroquiales reflejan la gran diversidad étnica y racial existente en la Florida española durante estos años, entre los que destaca el grupo de los fugitivos de Carolina que llegaron a formar estrechos vínculos familiares durante, al menos, dos generaciones, estableciendo, también, relaciones con indios, negros libres y esclavos de otras localidades.

Sin embargo, no toda esa convivencia fue pacífica y, como también cabía esperar, no faltaron en la nueva situación, quejas originadas por prejuicios raciales o por cuestiones étnicas. Por ejemplo, para los españoles más pobres, los negros liberados representaban una seria competencia dentro de una economía arruinada como la que sufría esta provincia española, pues las plantaciones ni eran seguras a causa de las continuas incursiones de indios aliados de los ingleses, ni eran suficientemente productivas para asegurar la autosuficiencia alimentaria, el segundo gran problema de la provincia, hasta el punto de que alguno de los gobernadores se vio obligado a depender de los aprovisionamientos ofrecidos por los enemigos (mejores y más baratos que los provenientes de La Habana) para hacer frente a las necesidades básicas de la población. A este respecto, Te Paske[54] menciona el crónico déficit financiero de Florida afirmando que «la pobreza y la escasez caracterizaban la vida en este territorio e impregnaban todos los aspectos de la vida» algo que, por lo demás, se manifestó prácticamente desde la fundación de San Agustín. Situación también denunciada por el Padre franciscano Juan José de Solana en carta de 22 de abril de 1759 al obispo Pedro Agustín Morel de Sánchez[55], en la que describió Florida como «una desamparada colonia empobrecida, a pesar de sus recursos naturales, a causa de los continuos ataques de los indios leales a los británicos». Circunstancias dramáticas de desamparo a las que también se refieren Arana y Manucy en su obra «The History of Castillo de San Marcos» cuando, al comentar el indudable éxito de la finalización oficial de la construcción de la fortaleza (1695) mencionan cómo, un año más tarde, un grupo de soldados demacrados por el hambre y los trabajos que tenían que soportar, se deslizaron al interior de la iglesia de San Agustín y dejaron una advertencia en forma de anónimo, que decía que si el enemigo (inglés, se supone) les atacara ello intentarían rendirse porque se estaban muriendo de hambre.

Es decir, las mismas patéticas condiciones de vida que ya se daban en Florida en 1570, que empujaron a Esteban de las Alas, posiblemente el lugarteniente más respetable de Pedro Menéndez de Avilés, a trasladarse a España, el 3 de agosto, con 110 soldados procedentes de los tres fuertes más importantes de Florida en esos momentos, llegando a Cádiz el 22 de octubre de 1570, para exponer ante la Corte la situación de hambruna y desnudez que tenían que soportar los cerca de 500 soldados destinados en aquellos territorios. Ello daría lugar a una investigación que dejó al descubierto la miseria y el abandono en los que vivían estos militares (ver Antonio Fernández Toraño, «Pedro Menéndez de Avilés...», pág. 340 ss.)

Por todas estas circunstancias, y como el flujo de fugitivos de Carolina y Georgia no dejaba de crecer, agravando los problemas ya mencionados, se decidió rehabilitar el fuerte Mose durante el mandato del gobernador Fulgencio García de Solís (1752-1755), lo que suponía abandonar la efectiva protección que propiciaban no sólo la fortaleza de San Marcos sino la convivencia directa con los españoles en San Agustín. Intento que fue inmediatamente rechazado por los destinatarios, hombres y mujeres, hasta el punto de que el gobernador decidió castigar, si bien de forma leve, a dos de los líderes de la resistencia amenazando con medidas más severas a los que continuasen con este enfrentamiento, al tiempo que se comprometía a fortificar el nuevo poblado para calmar los temores de los futuros habitantes de ser de nuevo atacados por los enemigos provenientes de los territorios ingleses. Pero sí se reafirmó en su política de mantener a este grupo de refugiados físicamente apartados de San Agustín con el argumento de base de que la política seguida y mantenida por la Corona le exigía conceder refugio a los esclavos fugitivos que huían de los ingleses, pero no que fueran acomodados en San Agustín.

Así que, finalmente, escarmentados y doblegados, el grupo de esclavos acogidos por los españoles terminaron por aceptar construir una nueva estructura de poblado que incluía una iglesia y una vivienda para el cura franciscano en el interior del fuerte, así como 22 albergues fuera de su perímetro para acoger a las familias de los allí refugiados.

Por lo demás, un censo elaborado por Ginés Sánchez en 1759, nos informa de que en esos momentos habitaban en fuerte Mose 22 familias, con una población de 77 individuos, con 2 veces más hombres que mujeres y un 25% del total de la población constituida por niños menores de 15 años.En este mismo orden de cosas, la reconocida y meticulosa burocracia de la Administración española de la época nos ha permitido conocer que entre 1735 y 1763 se registraron 147 matrimonios entre la población negra, de los cuales 52, hombres y mujeres, eran originarios de la región del Congo, siendo este el grupo más numeroso, seguido de los carabalís, 9 hombres y 19 mujeres y 13 mandingos, 9 hombres y 4 mujeres, como tercer grupo en importancia, si bien también había individuos provenientes, por ejemplo, de Guinea.

Pero, lamentablemente, los tiempos no estaban a favor de la supervivencia y consolidación de Gracia Real de Santa Teresa de Mose, pues la evolución en la situación internacional, con Francia fracasando en sus enfrentamientos con Gran Bretaña y arrastrando a España en virtud del conocido como Segundo Pacto de Familia entre las dos dinastías de los Borbones, terminó por afectar directamente a Florida y a los habitantes del poblado de esclavos libres, de modo que, con la firma en 1763 del Tratado de París, España se vio obligada a entregar el territorio de Florida a Inglaterra y los españoles allí establecidos tuvieron que evacuar no solamente San Agustín y Pensacola sino también los poblados de negros e indios dependientes de ellos, a los que, sin embargo, la Administración española no abandonó, ofreciéndoles acogida en Cuba como sucedió con la propia población española. Así, la gente de fuerte Mose fue ubicada en Matanzas como colonos, a los que la Corona española concedió tierras, algunas herramientas y una mínima ayuda económica, así como, paradojas de la vida, un esclavo africano para ayudar a cada uno de los líderes de las diferentes comunidades afectadas, si bien algunos de ellos como fue el caso de Francisco Menéndez fueron *recolocados* en La Habana. Pero ninguna de estas medidas pudo impedir que los antiguos vecinos de este fuerte sufriesen terribles privaciones en Matanzas [57].

La consecuencia inmediata de estos desplazamientos, con el consiguiente desarraigo en relación con los territorios ya conocidos por estos antiguos esclavos supuso el final del *experimento* y la *aventura* de fuerte Mose, pues aunque España recuperó el territorio y las principales poblaciones de Florida mediante el Tratado de Versalles de 1784, la situación tras 20 años de administración inglesa, ya no era la misma, porque, aparte de la irrupción de un nuevo actor en el concierto de las naciones como era Estados Unidos, que pronto comenzó a amenazar la soberanía española en aquella zona, España se encontraba en una situación económica muy débil, que no le permitió restablecer ni las misiones, que con tanto esfuerzo habían creado y mantenido durante más de 200 años los franciscanos, ni el poblado libre de Mose. De modo que los negros libres pasaron a desempeñar diferentes papeles en el espacio interfronterizo con los territorios, ahora, (1784), estadounidenses.

No obstante el profundo cambio operado en el escenario internacional, España intentó mantener activos este tipo de refugios para los esclavos fugados de las plantaciones inglesas o norteamericanas (en cualquier caso anglosajonas), hasta que se vio obligada a ceder a las presiones del Gobierno de la recién nacida república americana y su *persuasivo* secretario de Estado, Thomas Jefferson, y tuvo que abolir esta política en 1790, signo palpable del nuevo talante que ya impregnaba la política norteamericana respecto de España, a pesar de la importante e indispensable ayuda que el Gobierno español les había prestado en los años de la revolución de las Trece Colonias contra Gran Bretaña.

Aunque hubo algunos ejemplos semejantes a fuerte Mose en Hispanoamérica, este fue el único caso de un poblado de negros libres en el sur de los Estados Unidos.

FLORIDA DURANTE LA GUERRA DEL ASIENTO

1740. Oglethorpe. Nuevo ataque inglés a San Agustín, nueva derrota

James Edward Oglethorpe (1696-1785) puede ser considerado, con razón, como el verdadero fundador de Georgia. Basta recorrer las plazas de Savannah para percibir este reconocimiento por parte de los habitantes de la ciudad más importante de este estado, fronterizo, a la vez, de Florida y de Carolina del Sur, territorios en donde se desarrollaron la mayoría de las acciones que propiciaron la expansión inglesa hacia el sur de los actuales Estados Unidos.

A su condición de *filántropo* unió la de militar, con una personalidad inquieta, a veces prepotente, vivo de genio y de carácter embaucador, según la definición que hace del personaje su adversario, Manuel de Montiano, gobernador y capitán general de Florida y de la guarnición de San Agustín, quien resistió un asedio que terminó de manera bochornosa e inexplicable para el inglés, dada la desproporción de fuerzas que comandaban uno y otro.

En cualquier caso, y antes de convertirse en protagonista del asedio más importante sufrido por San Agustín y su fortaleza desde el experimentado en 1702 frente a James Moore (el tercero en importancia sería el llevado a cabo por el pirata, también inglés, Francis Drake, en 1586), Oglethorpe había negociado personalmente con los *creek* la cesión de tierras en donde se ubicaría la nueva colonia (Georgia) entre los ríos Savannah y Altamaha y, muy importante también, había decidido prohibir la esclavitud en este territorio, lo que casi produjo la ruina económica de la nueva colonia, basada, como Carolina del Sur, en el cultivo del algodón y el trabajo de los esclavos traídos de África.

Pero, a fin de cuentas, la mentalidad y la formación de Oglethorpe eran inglesas, y seguía la política de los diferentes gobiernos británicos de ignorar los derechos de España avalados, no sólo por la historia de su presencia allí desde 1565, sino, sobre todo, por el Tratado de Madrid de 1670 firmado entre España, bajo la regencia de Carlos II de España y Carlos II de Inglaterra, y que afectaba directamente a los territorios ocupados no sólo por Carolina, sino, ahora, también por la nueva colonia, Georgia.

Y será Oglethorpe, quien, en una muestra más de esa ignorancia y desprecio de la Historia y de los acuerdos firmados, va a propiciar desde el territorio de Georgia, durante el período comprendido entre 1733 y 1736, la construcción de toda una serie de fortines en la costa atlántica, en dirección sur, con el argumento de protegerse frente a posibles ataques de los españoles. Así, ordenó construir los fuertes Frederica y St. Simons en la isla del mismo nombre (en realidad los únicos que se encontraban en la demarcación de Georgia, pero también el fortín St. Andrews en la isla Cumberland y, finalmente, el fuerte Rey Jorge, en la orilla norte de la desembocadura del río St. John's, y, por tanto, a escasas millas de San Agustín, lo que, lógicamente, fue considerado una auténtica provocación por parte de los españoles de Florida.

La respuesta de España no se hizo esperar, y a la vista de una agresión tan clara para los intereses de la Corona, el gobernador de La Habana, Juan Francisco Güemes y Horcasitas, envió a Georgia, en julio de 1736, a Antonio Arredondo, ingeniero militar, para exigir a Oglethorpe la demolición del fuerte Rey Jorge, acompañando copias de los artículos 7 y 8 del ya mencionado tratado de 1670, los cuales también formaban parte del Tratado de Utrecht de 1713 firmado con la reina Ana de Inglaterra, que se había comprometido a restaurar las antiguas fronteras a la situación en que se encontraban en los tiempos de Carlos II de España (1661-1700): «siempre que resultara (como parecía claro que así sucedía en 1736) que dichas fronteras habían sido vulneradas después de su muerte».

Por toda respuesta, Oglethorpe, confirmando la posición política del Gobierno inglés del momento y la doctrina de Inglaterra sobre este asunto, se limitó a citar la carta de la concesión de Carlos II de Inglaterra a los 8 lores propietarios, que en 1665, les garantizaba un territorio al sur el paralelo 29° (que, sorprendentemente, y para mayor escarnio, incluía a San Agustín, que en esos momentos contaba con una antigüedad de cerca de 200 años) si bien, y pesar de las reiteradas peticiones por parte de los españoles para conocer ese documento, los ingleses nunca accedieron a mostrarlo, en una clara señal de mala fe y de la debilidad de sus argumentos. En sus tesis, el inglés insistía, para colmo de cinismo, que no había ensanchado los dominios del rey, sino que solamente los había, «normalizado», y que, en todo caso, sin nuevas órdenes no podía cambiar esta política. No obstante, finalmente, y seguramente ante el temor de una respuesta militar española, aceptó demoler el fuerte objeto de confrontación, el «Rey Jorge», cuando se llegase a un acuerdo entre las dos Coronas, pues se trataba de cuestiones que afectaban a territorios fronterizos sobre los que él carecía de competencias. (De nuevo, «hechos consumados» y negociaciones con cargo a la iniciativa de la potencia agredida para recuperar ese territorio).

Sobre este asunto, y sobre la personalidad de Oglethorpe, el coronel Montiano, que, evidentemente ya había tenido más de un encontronazo con él, informaba al rey de España, ya en 14 de agosto de 1735, que «D. Diego (sic) Oglethorpe, comandante de las colonias inglesas había dicho claramente que aunque él recibiera órdenes de su rey y Corte de fijar los límites fronterizos entre las posesiones de este Gobierno y las de las Carolinas, retrasaría su ejecución de manera que nunca habrá señal alguna de esos límites y que ellos (los ingleses) tendrían siempre eso en cuenta para cualquier circunstancia que pudiera presentarse». Por lo que Montiano advertía en su carta que: «con este planteamiento sería bueno aliviar estas colonias de este hombre, porque sobre cuestiones de importancia, ante cualquier suceso que necesitara discusión, sería muy problemático gestionar [el asunto] con una persona que, incluso, rehúsa contestar a mis cartas anteriores»[58].

No obstante, pero persistiendo en su postura, Oglethorpe envió casi inmediatamente a San Agustín, como delegado, a un tal Charles Dempsey que consiguió acordar el 18 de octubre de 1736 con el entonces gobernador de Florida, Francisco Del Moral Sánchez Villegas, un llamado tratado sobre este asunto, algo que Güemes, el gobernador de Cuba, de quien, directamente, dependía Florida, consideró un «abuso de confianza» por parte del inglés y que el rey de España declaró nulo, porque ninguna de las partes implicadas había dado autorización para tal tratado, destituyendo inmediatamente a Del Moral Sánchez, y nombrando en su lugar, en la misma cédula de la destitución (12 de abril de 1737), al coronel Manuel de Montiano.

Nada podría extrañar, pues, que esta reiterada y desvergonzada conducta por parte de los ingleses hubiera colmado ya el vaso de la paciencia española, muy deteriorada por el asunto del contrabando en aguas americanas, de modo que el rey ordenó organizar en La Habana una expedición contra Georgia para desalojarlos de aquel territorio, algo que durante 1737 llegó a conocimiento de Inglaterra, y que, esta vez sí, movió a su primer ministro Walpole, a prestar atención, por primera vez en años, a los constantes requerimientos de España para elaborar y firmar un tratado que definiese las fronteras que separaban los dos territorios en disputa, como ya se ha comentado más arriba.

Pero la nueva situación creada por Inglaterra al aceptar el inicio de conversaciones, había movido a Felipe V a cancelar la mencionada expedición para lo que se redactó la correspondiente orden de fecha 28 de noviembre de 1737... que no llegó a La Habana hasta el 21 de marzo de 1738, pocas horas antes, literalmente, de la partida de la flota de guerra con destino a Georgia (de haber llegado sólo unos días más tarde es muy probable que Georgia hubiera desaparecido como colonia, dada la superioridad, en esos momentos, de la fuerza española, frente a la inglesa, cuyas colonias del sur, Carolina y Georgia, carecían de defensas suficientes para contrarrestar un ataque de la envergadura del que estaba preparado).

Así que, una vez más, ni negociaciones, ni expedición militar, ni fijación de fronteras.

El segundo intento de negociaciones oficiales, que comenzaron formalmente en enero de 1739, también fracasó, pues en octubre de ese año Inglaterra declaró la guerra a España (conocida como guerra del Asiento y también como guerra de la oreja de Jenkins) con la excusa del fracaso de las otras negociaciones relacionadas con la violación de lo pactado en el Tratado del Asiento de Negros.

No obstante, la inseguridad creada por la posibilidad de un ataque por parte de España, reforzó la influencia de los 24 miembros del Parlamento de Georgia, que al mismo tiempo eran fideicomisarios de la colonia, y que reclamaron a su rey poder formar su propio ejército, bajo el mando de Oglethorpe, algo que, tras un primer rechazo, finalmente, les fue concedido. De modo que Oglethorpe, que en esos momentos se encontraba en Londres, pudo regresar a la colonia al mando de 700 hombres, con el grado de general mayor (un escalón por debajo de teniente general), y mando sobre las fuerzas inglesas existentes en Carolina del Sur y la propia Georgia.

Por su parte, Montiano, en calidad, ya, de gobernador de Florida, y en la línea de prevenir sorpresas, decidió incrementar la información sobre el verdadero potencial inglés existente en las dos provincias vecinas. Así que envió como espía, a su territorio a un indio de la tribu Iguaja, llamado Juan Ignacio de los Reyes, que se hizo prender en calidad de fugitivo de la justicia española que, presuntamente, le acusaba de homicidio.

Al cabo de diferentes estancias en las posiciones inglesas (fuerte San Pedro, donde le prendieron, o fuerte San Andrés) terminó llegando a St. Simons, en donde le llevaron a presencia del teniente coronel Cochran, al mando de este fuerte que, lógicamente, como se esperaba, procedió a interrogarle sobre diferentes cuestiones relacionadas con la armada española (barcos y hombres) y las fuerzas de tierra, a lo que De los Reyes respondió que «había oído» que los españoles tenían hasta 100 barcos, con un total de 4000 hombres, (relato muy posiblemente basado en las noticias y rumores que se habían ido produciendo durante la preparación de la expedición contra Georgia finalmente suspendida), pero que el gobernador de San Agustín había decidido que regresaran a La Habana porque no querían dañar a los ingleses.

En cuanto a la dotación de la guarnición del castillo de San Marcos, informó que normalmente, la caballería contaba con 400 hombres a caballo a los que, ahora se añadirían 5 compañías de 100 hombres cada una, y, más adelante, en un ambiente de mayor distensión entre ambos, contó al inglés que en la fortaleza española había mucha plata para pagar a los soldados, y que esta fluía libremente. Y respecto al propio castillo de San Marcos, informó que tenía 160 cañones, tan grandes que no se les podía abrazar y que cada uno de los 12 baluartes contaba con 10 cañones, así como que la fortaleza contaba con agua en su interior (lo que sugería que, en caso de asedio, no padecerían por falta de agua). A todo lo cual, Cochran le contestó, muy ufano, que todo aquello pertenecería pronto al rey de Inglaterra.

Por lo que respecta a las fuerzas inglesas, De los Reyes averiguó que esperaban la llegada de Oglethorpe con unos 700 hombres a los que añadir los 900 que él calculaba haber visto en los diferentes fuertes visitados. Fuerzas a las que, además, según Cochran, tenían intención de añadir unos 5000 o 6000 indios, que deberían hacer su entrada en territorio floridano a través del río St. John's, para, luego, desembarcar en un lugar ubicado a unos 11 km de San Agustín.

Igualmente, informó a Montiano de que tanto Cochran como otro inglés llamado William Houston habían ofrecido a los indios 50 dólares por cada cabellera de negro, blanco o indio cristianizado favorable a España.

En fin, Juan Ignacio de los Reyes, una vez completada su misión abandonó el territorio inglés alegando salir a cazar, previo permiso de sus propios captores. Lo hizo, según él mismo contó, atravesando ríos y selvas durante unos 12 días hasta llegar al río St.John's, en cuya orilla sur fue recogido por una patrulla española.

Montiano dio cuenta al rey de esta declaración en un informe fechado en San Agustín el 20 de agosto de 1738, en carta de 31 de agosto de dicho año[59] y al gobernador de Cuba, Güemes, en carta fechada igualmente en la misma fecha (*Letters of Montiano*, n° 76, pág. 25).

Posteriormente, la información proporcionada por De los Reyes fue corroborada por el testimonio de 3 desertores ingleses del fuerte de St. Simons, y, también, por la recogida por el oficial de Intendencia, capitán Sebastián Sánchez, durante un desplazamiento que llevó hasta Port Royal en búsqueda de 8 hombres castigados a trabajos forzados en un horno de cal en el que estaban trabajando.

Entre tanto, desde La Habana, el gobernador Güemes había decidido reforzar la guarnición de San Agustín con 400 soldados llegados desde España, y destinados a la cancelada expedición contra Georgia, a la que se añadirían 12 cañones, y había enviado a los ingenieros militares Arredondo y Ruiz de Olano para dirigir las obras de mejora de las fortificaciones en San Agustín y San Marcos de Apalache.

A esta información se añadiría otra, importante para explicar alguno de los motivos de la fallida expedición inglesa que se avecinaba: a principios de 1739 se conoció que existían fricciones bastante serias entre Oglethorpe y los colonos de Carolina del Sur, que rechazaban reconocerle como su «comandante en jefe».

Con independencia de lo anterior, Oglethorpe mantenía su actividad dirigida a incrementar las incursiones de las milicias y los indios aliados en los territorios de Florida, hasta el punto de reconocer, en septiembre de ese año, ante el lugarteniente del gobernador de Carolina del Sur que «tenía órdenes de acosar a los súbditos del rey de España», al tiempo que viajaba a Coweta en el interior del país con el objetivo de conseguir la ayuda de los *creek* y los *cherokee* en el planeado ataque a San Agustín. Y, efectivamente, el 5 de octubre informaba a los fideicomisarios de Georgia que los *cherokee* habían conseguido alistar a 600 hombres y los *creek* a 400, los cuales se habían comprometido con él a acompañarle en la futura invasión de Florida.

Si bien parecía que las presiones de Oglethorpe sobre la Asamblea de Carolina conseguían avances positivos en la formación de una fuerza atacante suficientemente sólida, en el ámbito político las cosas no parecían tan claras para el General, que se veía obligado a insistir en su discurso catastrofista, advirtiendo a los carolinos que «si no atacamos nosotros, seremos atacados». Algo que, en principio, chocaba con la realidad que la Administración de Carolina conocía acerca de la postura de España pues, ya en 27 de marzo de 1738, Güemes les había enviado una carta en la que, citando los diferentes tratados aún vigentes entre las dos potencias (1670, Tratado de Madrid; 1713, Tratado de Utrecht) aseguraba que las operaciones militares que ellos, los españoles, estaban preparando, tenían únicamente como objetivo recuperar los territorios ocupados ilegalmente, precisamente por Oglethorpe, al amparo de una concesión del rey inglés, soportada por una interpretación interesada del Tratado de 1670 y unos documentos que no aparecían por ninguna parte o que no querían mostrar.

Pero los carolinos tenían también motivos para ir en contra de San Agustín y su fortaleza, para ellos un auténtico dolor de cabeza pues no sólo daba protección a una población de esclavos huidos de sus campos de algodón y amparados, desde el 7 de noviembre de 1693, por las leyes españolas, sino que también, (y podría decirse que, sobre todo), era un serio obstáculo en sus afanes expansionistas hacia el sur de Florida y el golfo de Méjico al oeste de la península. Así que, aunque, efectivamente, estaban ansiosos por destruir este obstáculo, su gran problema era que, como en ocasiones anteriores (recuérdese el caso de James Moore) carecían de los fondos necesarios para hacer frente a los gastos de una campaña militar del calibre de la que Oglethorpe tenía en mente.

No obstante, la Cámara de los Comunes de esa provincia decidió, el 12 de diciembre de 1739 apoyar al General, eso sí, estableciendo toda una serie de condiciones que denotaban, a un tiempo, el temor a las posibles pérdidas económicas si la campaña fracasaba y la necesidad de borrar del mapa a los españoles. De modo que accedieron a seguir adelante «para el caso de que el General juzgase apropiado elaborar un plan para asediar San Agustín y lo comunicase a la Asamblea de modo que pareciera probable el éxito de tomar y demoler aquella guarnición. En ese caso, la Administración de esta provincia se comprometería a proporcionar al general Oglethorpe la mejor ayuda que razonablemente pudiera permitir poner el plan en ejecución»[60]. Nótense la cantidad de condicionantes y circunloquios que contenía el beneplácito de la Asamblea, lo cual sugería un fondo de desconfianza importante.

Oglethorpe respondió casi inmediatamente, el 29 de diciembre, adjuntando un listado de materiales y provisiones que él consideraba necesarios y, sobre todo, «razonables». Y para animar el dubitativo y desconfiado espíritu de los colonos carolinos, comunicó a la Asamblea en sendas cartas del 26 de enero de 1740, que un destacamento de soldados ingleses, con apoyo de indios aliados, habían tomado y destruido dos fortines españoles ubicados ambos al oeste de San Agustín en las dos orillas del río St. John's: Picolata, que si bien resistió un primer ataque, sucumbió al segundo, siendo incendiado hasta los cimientos, y San Francisco de Pupo que, asimismo,

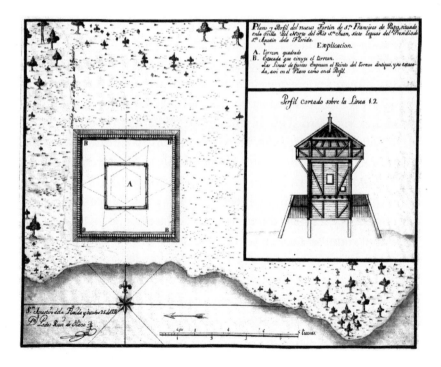

1738. Planos del nuevo fortín de San Francisco de Pupo. Destruido por las fuerzas de Oglethorpe en diciembre de 1737, unos cinco años antes del ataque de éste, en 1742, fue reconstruido, luego, manteniendo su ubicación, es decir, a unos 11 km al norte-noroeste de San Agustín, en la orilla norte del río San Juan.

resultó totalmente destruido. Agresión que, en cualquier caso, tenía como objetivo despejar la zona cercana a San Agustín de cara a un futuro ataque con una fuerza militar mayor, pero que también servía como incentivo para convencer a los políticos carolinos sobre el montante de las ayudas necesarias para garantizar el éxito de la verdadera expedición que tanto tiempo llevaba preparando, lo cual no impidió que la Asamblea rebajase notablemente el presupuesto que el inglés les había presentado (209.000 libras carolinas), fijándolo en 120.000... siempre que el General les garantizase el éxito de la operación, condición voluntarista, pues como se verá, lo cierto sería que ni la organización militar ni las fuerzas atacantes eran las apropiadas para vencer en esta batalla.

Sin embargo, la sensación de que los habitantes de Carolina del Sur no iban a poder alcanzar siquiera la mencionada cantidad, más las complicadas negociaciones que el inquieto y tenaz General se veía en la necesidad de entablar con los funcionarios carolinos, llevó a Oglethorpe a rebajar no sólo sus pretensiones en cuanto a la fuerza militar, que en un principio planeaba utilizar, sino también la duración de la campaña, para lo que el 26 de marzo, ya en Charleston, escribió a William Bull, lugarteniente del gobernador de Carolina del Sur comentándole que «lo mejor sería hacer una incursión relámpago, sorpresiva, que podría llevarse a cabo con sólo una parte de la suma prevista. Pero si ese intento no se pudiera llevar a cabo en un plazo muy corto, inmediato, la única solución viable que veía era que se le diese una parte de la suma ofrecida que le permitiera mantener, hasta el otoño, una situación de guerra al otro lado del río St. John's o el San Mateo, es decir, mantener una situación de acoso y hostigamiento a las posesiones españolas, sin declaración formal de guerra, período durante el cual se podrían realizar unos preparativos para el asedio que se adaptaran al presupuesto votado, en su caso, por la Asamblea»[61]. Y en su propia campaña de presión sobre los carolinos, añadía que si no se llevaba a cabo ninguna de las opciones propuestas, las dos provincias (Carolina del Sur y Georgia) deberían prepararse para defenderse, pues con la inacción, se daría la oportunidad a los españoles de recuperar el control del río St. John's y las líneas de comunicación con Apalache y los franceses de Mobile, en la costa del golfo de Méjico, cercana a la desembocadura del Misisipi, otra de las preocupaciones crónicas de los ingleses.

Como la propia Cámara de los Comunes le preguntara cuánto dinero necesitaría para organizar ese ataque relámpago, les envió la correspondiente lista de hombres y materiales, con la advertencia de que «si estos preparativos no se pudieran concluir en 14 días para partir desde Charleston dentro de ese plazo, el éxito de la empresa no estaría garantizado», argumento que, llegado el momento, esgrimiría en su propio descargo ante el mencionado lugarteniente del gobernador de Carolina del Sur, para justificar el inexplicable fracaso del asedio a San Agustín.

Finalmente, ya avanzado el mes de marzo, el General consiguió organizar una reunión con un comité representativo de las dos Cámaras a la que, por las crónicas de lo sucedido en estos días, también asistió el capitán Vincent Pearse, comodoro de la fuerza naval inglesa, que debería participar en la expedición. El primero, manteniendo su línea de mostrar la solidez de sus planteamientos, se dirigió al Comité manifestando «que tenía información confidencial y fiable sobre la situación que atravesaba San Agustín, carente de forma crónica de alimentos; que estaba seguro de que una parte de la guarnición desertaría nada más comenzar el asedio; que no tenía duda de convertirse en el *amo de la ciudad* (*master of the town*) en la primera noche del ataque; que el gran número de mujeres y niños que se verían forzados a refugiarse en el fuerte, necesariamente aumentaría la tensión entre los refugiados en él [soldados y civiles]; y que, si en esta situación se lanzasen varias bombas, se produciría, sin ninguna duda, una rápida rendición». Por su parte, el comodoro, en un alarde de prepotencia, fanfarronería e ignorancia de la verdadera situación que iba a tener que afrontar, prometió «que respondería de que la plaza (posiblemente se refería al castillo de San Marcos) no tuviera apoyo desde el mar, y que todos ellos deberían ser colgados si no la tomaban en un período muy corto de tiempo»[62]. Esto último, por suerte para él, no llegaría a suceder[63].

Así que esta vez, bien por los argumentos presentados por los dos militares o bien porque los diputados carolinos no encontraran otra salida (Oglethorpe no terminaba de ser del gusto de los carolinos a causa de su carácter, por haber sido impuesto por Londres como general de sus tropas, y, seguramente, por haber conseguido, también en Londres, segregar una parte de su territorio a favor de Georgia, la nueva colonia), el 5 de abril de 1740 (calendario juliano) ambas Cámaras aceptaron el plan del General y se comenzó a organizar la expedición contra San Agustín y su fortaleza.

A pesar de haberse conseguido este acuerdo, lo que parece evidente, visto el pésimo resultado del ataque, es que ya desde el principio de los preparativos, se produjeron serios malentendidos entre Oglethorpe y Pearse acerca del objetivo de la expedición, la planificación de la campaña, la dirección de las operaciones y la división entre autoridad y mando, lo que, como se verá, llevó a miembros de la Asamblea de Carolina a exigir, después, indignados por el fracaso y la consiguiente pérdida económica, las correspondientes responsabilidades[64].

Como parece lógico esperar en el contexto de unas relaciones antagónicas y muy hostiles entre los representantes de ambas potencias enfrentadas en una porción de territorio relativamente reducido, ninguna de las anteriores acciones desarrolladas bajo la dirección o las instrucciones de Oglethorpe podían pasar desapercibidas para el coronel Montiano, que puntualmente fue informando tanto a Madrid como a La Habana e incluso a la Nueva España de este creciente ambiente bélico que los ingleses iban alimentando con sus agresiones (fuertes de Picolata, San Francisco de Pupo, muerte de dos escoltas de los dragones del capitán Lamberto en un enfrentamiento con una partida de indios enemigos durante su regreso de Apalache...).Y también, advertía, ya en esas fechas, de la debilidad de su posición al no poder controlar el río St. John's en su desembocadura, lugar que preveía, como así fue, que sería el punto desde donde, lógicamente, partiría Oglethorpe en su ataque. Describió el gran río como un brazo de mar de unos 4 km de ancho, por lo que sin apoyo naval suficiente no podía hacer absolutamente nada, pues los ingleses tenían barcos capaces de transportar artillería de potencia media y, además, podían conseguir refuerzos en cualquier momento a través de toda una serie de canales costeros y, por tanto bien protegidos, por los que, navegando de puerto en puerto podían llegar incluso hasta Port Royal. Aparte de esta información militar muy detallada sobre la situación de los fuertes de Picolata y San Francisco de Pupo, Montiano transmite a Güemes su angustia por el aislamiento en el que se encontraban la ciudad y el fuerte, sin soldados suficientes para resistir el ataque que ya se presentía inminente... y sin haber recibido siquiera el dinero correspondiente al situado desde 1736, todo lo cual se traducía en el descontento y la desmoralización de sus tropas, así como las continuas peticiones de permiso para viajar a Cuba en búsqueda de asistencia médica y de descanso físico y mental[65].

Así que previendo ya los acontecimientos que efectivamente se producirían unos pocos meses más tarde, (ya había enviado hombres a recoger el ganado para llevarlo a la isla Anastasia, y había encerrado los caballos en el fuerte San Marcos, como en su momento, 1702, hiciera el gobernador Zúñiga), el 25 de marzo de 1740 envió a La Habana información sobre el número de hombres disponibles para la defensa del castillo de San Marcos y San Agustín: 462 soldados, 61 milicianos, 50 indios y 40 negros libres[66]. Nada que ver, por tanto, con la fuerza militar que el general inglés pondría en marcha a la hora de iniciar la expedición contra San Agustín.

No obstante, no todo fueron noticias negativas durante ese período de tensa espera, pues un mes más tarde, informaba al gobernador de Cuba de la llegada, el 14 de abril, desde La Habana, de seis galeotas (barco de carga de un solo palo) con 122 hombres al mando de los capitanes Juan de León Fandiño y Francisco del Castillo, acompañadas de dos lanchas cargadas con alimentos y municiones traídas también desde La Habana por el capitán Domingo de la Cruz. La presencia de las seis galeotas resultó ser una ayuda esencial para resistir el ataque de Oglethorpe, no sólo por lo que habían transportado sino, sobre todo, por su papel disuasorio y defensivo frente a la flota inglesa, hasta el punto de que su presencia fue presentada como un importante argumento por Oglethorpe a la hora de dar sus explicaciones por el inexplicable fracaso del asedio.

En fin, y ya sitiados, el 24 de junio (calendario gregoriano) informaba nuevamente a Güemes que el puerto estaba bloqueado por la flota inglesa, aunque la ensenada de Matanzas se mantenía abierta, (algo que luego sería de vital importancia) y que los ingleses habían ocupado el fuerte San Diego, en el camino hacia San Agustín, el fuerte Mose y la punta de San Mateo, lugares todos ellos en los alrededores o muy cercanos a la ciudad y a su fortaleza, si bien, añadía, las familias de la ciudad y los habitantes del mencionado fuerte Mose se hallaban ya refugiados en el castillo. De paso, hacía llegar al gobernador su principal preocupación en aquellos momentos: «Nada me causa más preocupación que la falta de provisiones. Si no recibimos más suministros moriremos de hambre»[67].

Por su parte, Oglethorpe estableció como lugar de reunión de las tropas la desembocadura del río St. John's a donde llegó el día 20 de mayo de 1740 con un destacamento del Regimiento Carolina y los indios *cherokee*.

(A partir de este momento y con la finalidad de clarificar el orden cronológico de los acontecimientos, las fechas correspondientes a las acciones inglesas se presentarán siguiendo el calendario gregoriano, es decir, después de incrementar en 11 días las fechas dadas por los ingleses).

Con parte de esta fuerza, el día 21 de junio, tras recorrer unos 15 km, atacaron el fuerte San Diego, dotado de 50 hombres y 2 cañones de pequeño calibre, y ubicado, a su vez, a unos 12 km del castillo de San Marcos. Ese mismo día 21 instaron la rendición del fuerte, cosa que obtuvieron sin problemas (el fuerte, pertenecía a D. Diego Espinosa un ciudadano español, que lo había construido a su costa), dejaron allí 60 hombres para custodiarlo, y regresaron al punto de reunión en donde, el 30 de mayo, se unieron al resto de las fuerzas del Regimiento Carolina, iniciando, entonces, la marcha hacia San Agustín. El 13 de junio alcanzaron y tomaron el fuerte Mose, distante unos 1,5 km de San Agustín, ya abandonado por orden de Montiano para proteger a su población, que se refugió en el castillo, como había hecho ya la de San Agustín. Oglethorpe ordenó quemar las puertas del fuerte y abrir tres brechas en sus muros, luego, inspeccionó a distancia la ciudad y el castillo y regresó al mencionado fuerte San Diego.

En la planificación del asedio ordenó a uno de sus coroneles, el coronel Vanderdussen, tomar la Punta de San Mateo, en el norte de la barra del puerto, y separada del fuerte Mose por un riachuelo, en tanto que con unos 260 hombres de su regimiento y la mayor parte de los indios, embarcaron en los buques de guerra y se desplazaron hasta la isla Anastasia, no sin antes dejar en tierra entre 90 y 100 *highlanders*, así como unos 42 indios, otorgando verbalmente el mando al coronel Palmer (el mismo que, en 1728, había comandado el grupo de colonos e indios que llegaron a un tiro de fusil de las murallas de la fortaleza española y atacaron y destruyeron Nombre de Dios). Al mismo tiempo, 200 marineros fueron desembarcados en la propia isla Anastasia, ya abandonada por los españoles.

A continuación, Oglethorpe comenzó a desarrollar su plan para sitiar el castillo de San Marcos por tierra: instaló dos baterías en

Anastasia, una a unos 400 m del fuerte, con 4 cañones, otra, a 750 m con dos cañones; y una tercera en la Punta de San Mateo, a unos 350 m con 7 cañones de menor calibre, a los que añadió 4 morteros para granadas de 25 kg y otros 3 para granadas más pequeñas. Desde estos emplazamientos, comenzaron a bombardear el castillo, siendo respondidos por las 6 galeotas españolas desde el puerto, las cuales, según con el propio Oglethorpe declaró, «acosaban a nuestras fuerzas», hasta que, de acuerdo con sus tres comandantes, decidieron hacerles frente desde sus propios barcos, decisión que, sin embargo, nunca llegó a ejecutarse, y sobre la que el General tuvo que dar explicaciones a la Asamblea de Carolina, pues, sin duda, tuvo que influir de manera importante en el fracaso de toda la operación.

Este sería el relato oficial de un intento más, fallido como los anteriores, de apoderarse de la ciudad de San Agustín y de su castillo. Parece que Oglethorpe no dio muchos más detalles a la mencionada Asamblea, si se exceptúa una referencia muy escueta al ataque español contra la guarnición acuartelada en fuerte Mose, que, sin embargo, sí ha sido narrada con mucho más detalle por el coronel Montiano.

Efectivamente, una crónica de este asedio, bastante más prolija y detallada, la encontramos en la carta que el 9 de agosto de 1740, es decir, casi una semana después de la retirada inglesa, Montiano dirigió al rey[68].

Montiano comienza su narración confirmando que, para el 13 de junio, el castillo de San Marcos estaba ya rodeado por tierra y mar por las fuerzas inglesas. Informa, asimismo, que, en un primer momento llegaron a reunirse unos 500 hombres en el fuerte Mose, si bien luego fueron distribuidos entre este fuerte, la Punta de San Mateo y la isla Anastasia, de forma que, en términos generales, coincide con la de Oglethorpe.

La fuerza naval, al mando del comodoro Pearse, se componía de 7 buques de guerra de diferente arqueo (uno de ellos con 50 cañones, otro con 40, otro con 28 y 4 más con 20 cañones), a los que acompañaban 3 balandras, 12 goletas, 23 lanchas y botes, 3 paquebotes y unas pocas piraguas.

Respecto de las fuerzas inglesas de tierra, Montiano comenta en su carta que el grueso de la misma estaría compuesto de unos 450 soldados, 40 jinetes, 600 milicianos (es decir, civiles armados, posiblemente colonos provenientes, en su mayoría, de Carolina), 130 indios de diferentes naciones (fruto de las negociaciones mantenidas con ellos por parte de Oglethorpe), 200 marineros armados, acampados en la isla Anastasia, y otros 200, que integraban la fuerza encargada de manejar las balandras, goletas, y piraguas usadas para el transporte de alimentos y municiones.

Es decir, se trataba de una fuerza de guerra muy considerable en número y en potencial bélico, que, finalmente, no alcanzó ninguno de los objetivos para los que estaba diseñada.

Asimismo, confirma Montiano los lugares en los que se ubicaron las baterías, así como el bombardeo que uno de los cañones, con munición de 4 libras (unos 2 kg) realizaba sobre las galeotas españolas a las que hasta cierto punto «sólo molestaban».

El bombardeo sistemático por parte de los ingleses, y, por tanto, el asedio efectivo al castillo de San Marcos comenzó el 24 de junio de 1740 y Montiano relata en carta de esa misma fecha que «a las 9 de la mañana los ingleses abrieron fuego de mortero con granadas reales, cayendo algunos trozos en el interior del fuerte mientras otros, la mayoría, pasaban por encima […] pero que era imposible describir la confusión generada en el interior del propio fuerte porque no tenemos ninguna protección excepto el fuerte y el resto es campo abierto…»[69] (en referencia a la escasa protección que ofrecía el fuerte en su interior, pues se trataba de un patio a cielo abierto, en donde tenían que convivir un gran número de personas, pues las pequeñas estancias que se abrían a ese patio estaban reservadas a diferentes funciones, incluyendo el polvorín).

Y ya en la carta de 9 de agosto pasa, a relatar uno de los dos momentos más importantes en esos 22 días (24 de junio a 15 de julio) en los que se mantuvo un enfrentamiento real entre sitiadores y sitiados.

El primero, se inicia el 25 de junio, muy al principio, pues, del asedio efectivo. La noche de ese día, Montiano, conociendo por sus propios espías que en Mose se encontraban acuartelados unos 100 hombres, organizó, y luego envió, un destacamento de unos 300 hombres, compuesto por dragones (soldados que hacían el servicio, alternativamente, a pie o a caballo), presos convictos, indios y negros libres (sigue en eso la política practicada por su antecesor Zúñiga en 1702 de utilizar todos los efectivos disponibles), al mando del capitán Antonio Salgado con el objetivo de atacar Mose y hacer el mayor daño posible al enemigo. De modo que a las 2 de la madrugada este destacamento, estaba listo para el asalto ante los muros del fuerte sin haber sido detectado. Pero algo sucedió hacia las 3 que hizo que fueran descubiertos, dándose inmediatamente la alarma por los *highlanders* escoceses, lo que obligó a los españoles a atacar de inmediato «con tal ímpetu» que, en los 45 minutos, que duró la refriega, según Montiano, se rindió a punta de bayoneta una compañía de 72 escoceses que eran la guardia de Oglethorpe, así como 15 soldados más un sargento, del Regimiento Carolina, más 35 indios *yuchi* y *uchise*. Igualmente, capturaron 40 caballos.

En este ataque murió el coronel Palmer, los ingleses perdieron 75 hombres y cayeron prisioneros 35 soldados y su bandera, todos escoceses, si bien como puntualiza Montiano, «otros escaparon para morir en los bosques». Sólo escaparon con vida 11 indios y 7 caballos.

Estas cifras fueron prácticamente confirmadas por Oglethorpe, quien, sin embargo, en su declaración, se limita a decir que «cuando las tropas estuvieron distribuidas de la manera dicha, un poderoso destacamento español salió del castillo el 25 de junio, entre las 3 y las 4 de la madrugada, y atacaron al grupo del coronel Palmer, en Mose, derrotando y matando al Coronel y otros varios, y tomando muchos prisioneros, después de lo cual ordenó al Regimiento Carolina que se retirase a la isla Anastasia» (*An impartial account...*, pág. 24).

No cabe duda que este golpe al corazón de las fuerzas terrestres comandadas por Oglethorpe, tuvo que afectar de manera muy importante a la moral y a las ulteriores decisiones tomadas por el General, quien, no obstante, el 1 de julio, en medio de un bombardeo constante por parte de su artillería, envió a Montiano el siguiente requerimiento de rendición firmado por él y por el comodoro Pearse: «A su Excelencia D. Manuel de Montiano, gobernador y capitán general de Florida y de la guarnición de San Agustín: Nosotros, los abajo firmantes, que en estos momento nos encontramos ante la ciudad de San Agustín, le requerimos que rinda a Su Majestad el rey Jorge II [...] la fortaleza de San Agustín, con todo lo que pertenezca a Florida, en orden a evitar el derramamiento de sangre cristiana y las funestas consecuencias que pudieran resultar de la incontenible furia de varias naciones [seguramente se refiere a las naciones indias que les acompañaban] cuando capturen la plaza por la fuerza de las armas. Firmado en el campamento de Florida a 1 de julio de 1740»[69].

Intimación a la que Montiano contestó, a vuelta de correo, el 2 de julio, de la siguiente manera: «A sus Excelencias James Oglethorpe, general del Ejército de Su Británica Majestad y Vincent Pearse, comodoro de los buques de guerra y las fuerzas navales de Su Británica Majestad, que en estos momentos se encuentran ante la ciudad de San Agustín: Nosotros los abajo firmantes, coronel Manuel de Montiano, gobernador y capitán general de esta ciudad de San Agustín y sus provincias [...] y oficiales y capitanes de la guarnición de esta plaza, en contestación a su requerimiento [...] intimándonos a rendir esta real fortaleza, y todo lo que pertenezca a Florida, a su Majestad Jorge II, rey de Gran Bretaña, con el fin de evitar el derramamiento de sangre cristiana, contestamos que estamos totalmente preparados y resueltos a derramar sangre cristiana en defensa de este fuerte y su plaza para gloria del sagrado nombre de Dios y el honor de las fuerzas armadas del rey de todas las Españas (sic) de manera que impere siempre en ellos el poder de Su Majestad el rey Felipe V, nuestro señor natural. En San Agustín, a 2 de julio de 1740»[70].

En fin, Montiano continúa su relato de lo sucedido durante el asedio, haciendo mención expresa del importante papel jugado por las 6 galeotas y otras embarcaciones menores al objeto de impedir que los barcos ingleses entraran en la bahía y fondearan ante la fortaleza, algo que, a juzgar por la conducta seguida por el comodoro Pearse, no parecía que formara parte de sus planes, sino todo lo contrario.

Y sigue con su relato de lo sucedido durante estos días: «resumiendo, que, en medio de la contumaz persistencia del fuego de los cañones y morteros, los españoles no sólo no se rindieron durante el tiempo que duró el asedio, sino que ninguno se quejó, aunque no tenían para comer más que una libra de pan (y sólo media ración para los soldados), si bien cada uno sabía que desde el día 15 de julio no habría más raciones que para otra quincena».

Pero estaba cerca el momento de la liberación, (y este es el segundo hito importante en el desarrollo de este enfrentamiento entre españoles e ingleses), pues después de casi un mes de resistencia frente a un enemigo cuyos planes pasaban, por lo visto hasta ese momento, por vencer por hambre a los españoles, el 27 de julio llegaron a la vista del puerto de San Agustín 2 goletas enviadas por el gobernador de La Habana, cargadas con mandioca, trigo, arroz y unas 700 cargas de harina enviadas por el virrey de Nueva España y el gobernador y los oficiales reales de Veracruz. (Al parecer, el convoy no pudo llegar antes a causa del peligro que suponía la presencia de barcos enemigos que, exceptuando algunos intervalos, habían estado intentando bloquear el puerto de San Agustín desde el mes de octubre de 1739). Este fue, posiblemente, el golpe definitivo para la moral de las fuerzas inglesas, que veían pasar los días impotentes ante la resistencia española y sin perspectivas de algún otro plan alternativo que les proporcionara una mínima expectativa de éxito.

Montiano afirma en esta carta al rey que desde el 7 de julio tenía la información de que los barcos españoles con los alimentos habían atracado, ya el día 6, en la ensenada conocida como Mosquitos, pero prefirió no hacer movimiento alguno porque conocía, gracias a un desertor del campamento inglés, que el enemigo pretendía atacar el fuerte por mar y tierra durante una de las mares vivas que se producían en esos días. Así que nada más pasar estas ordenó que 2 lanchas, 1 bote y una piragua comenzaran a descargar las provisiones, operación que se vio amenazada, pues «en la orilla de sotavento de la ensenada de Matanzas fueron descubiertos por la fragata Phoenix y un paquebote, los cuales comenzaron a dispararles y botaron 2 lanchas y 2 botes para perseguirles. Los nuestros se defendieron con bravura y consiguieron llegar a tierra» y alcanzar el fuerte por el sur de la ciudad en donde no había ni baterías que pudieran molestarles ni fuerzas terrestres para interceptarles (según propia declaración de Oglethorpe) entregando, finalmente, casi 800 cargas de harina.

Acción de guerra descrita, también, por el obispo Auxiliar de Santiago de Cuba, el franciscano fray Francisco de San Buenaventura y Tejada, que estuvo durante el asedio en el interior del fuerte y que, entre otros comentarios dijo «y aunque el convoy de La Habana con provisiones fue perfectamente visto por el enemigo, este no hizo esfuerzo alguno para capturarlo, algo que hubiera podido hacer fácilmente»[71].

Un detalle más de la negligencia o la desidia o la torpeza con la que la fuerza naval comandada por Pearse actuó durante el desarrollo del asedio, pues, de acuerdo con todos los relatos, nunca entró en combate y ni siquiera tomó una actitud positiva de apoyo a las acciones emprendidas en tierra por Oglethorpe.

Este segundo fracaso significó, sin duda, la gota que colmó el vaso de las derrotas sufridas en tan corto espacio de tiempo, de la impaciencia y la frustración generadas al comprobar en sus carnes la dura resistencia española y la ausencia de resultados positivos, y, en fin, de los desencuentros entre los dos comandantes principales de la expedición, ejemplo de los cuales sería la postura de los marinos ingleses que, alegando que se estaba entrando en la siempre temida época de huracanes, que hacía muy peligroso mantener los buques cerca de la costa, resolvieron suspender la operación el 15 de julio, y, con el objetivo de retirarse del teatro de operaciones ordenaron a sus efectivos en la isla Anastasia regresar a bordo de sus barcos, después de lo cual el General no tuvo más remedio que decretar el levantamiento del asedio y mandar a sus oficiales organizar la retirada de las tropas y animales con las menores pérdidas posibles e inutilizar la artillería que no pudieran llevarse. Crane, (*op. cit.*) apunta también como una causa más del fracaso de esta expedición la crónica desconfianza de Oglethorpe hacia los oficiales carolinos, a los que nunca dio acceso a su círculo de confianza, y en especial hacia el coronel Vanderlussen.

De modo que los coroneles organizaron la retirada llevándose todo lo que estuviera en buen uso, excepto un cañón que fue reventado, gran cantidad de armas y provisiones y 2 botes vacíos, perfectamente utilizables.

Montiano, sin embargo, en su carta de 9 de agosto, ya citada, da una relación más detallada del armamento y provisiones abandonados por las fuerzas atacantes en su retirada: 4 cañones para proyectiles de 6 libras (3 kg aproximadamente) posiblemente los utilizados para bombardear a las galeotas), 1 goleta, varios rifles y mosquetes, una gran cantidad de proyectiles de cañón, granadas, dos barriles de pólvora y algunas cureñas para uso, tanto en tierra como en mar, destacando expresamente «una hermosa cureña».

En cuanto a los efectos de este enfrentamiento para las fuerzas españolas durante el transcurso del asedio, en el propio castillo de San Marcos, Montiano informa al rey de la muerte de un artillero y un convicto a consecuencia de un proyectil de cañón, así como las lesiones de un soldado y un esclavo negro alcanzados por sendas granadas de mortero, «si bien el soldado tiene buenas posibilidades de sobrevivir, aunque con la pérdida de una pierna, y el esclavo se ha recuperado completamente».

Más adelante, en su carta, amplía la información de las pérdidas humanas consecuencia de los ataques de las fuerzas inglesas en territorio español, que habían dejado la capacidad de defensa del mismo muy debilitada, lo que, lógicamente, ponía en peligro una resistencia efectiva frente a otro posible intento inglés de continuar con sus incursiones. Así, transmite al rey su parte de guerra, enumerando las pérdidas de hombres experimentadas, incluso durante los días anteriores al asedio: un sargento, 10 soldados y un indio como consecuencia del ataque al fuerte Pupo; 48 hombres (entre ellos artilleros, marineros, y oficiales navales destinados en el castillo) como consecuencia de la captura de una balandra; 24 soldados, 2 sargentos, 3 indios y 9 caballos en el fuerte San Diego; 3 soldados mensajeros en Matanzas; y otro soldado procedente de Apalache portador de un mensaje para él. Además, un teniente y 11 soldados muertos en el asalto a Mose y 2 heridos y dos muertos fuera de los muros del castillo. Todo lo cual le lleva, a «rogar humildemente a Su Majestad que se le envíen refuerzos de hombres, artillería y depósitos para los efectos militares». Por lo que respecta a la fortaleza como tal, esta sufrió serios daños en los parapetos, de acuerdo con el informe de 8 de agosto del ingeniero Pedro Ruiz de Olano que recomendó que se repararan cuanto antes, rehaciéndolos más gruesos, en previsión de un posible regreso de Oglethorpe[72].

En el caso de Oglethorpe, las recriminaciones por el fracaso de la expedición y por las consecuentes pérdidas económicas resultaron inevitables, agravadas, posiblemente, por la actitud desafiante del propio responsable hacia los carolinos, que eran los que, en definitiva habían puesto el dinero para que dispusiera de los medios materiales y humanos dirigidos a alcanzar el objetivo tan ansiado de conquistar el castillo de San Marcos y la plaza de San Agustín, algo que hubiera significado para ellos el principio del fin de la presencia efectiva española en la costa oriental y en la costa del golfo de Méjico.

Pero el general inglés, que, recordemos, era el fundador de Georgia a costa de una porción del territorio de Carolina del Sur, haciendo gala de su carácter soberbio y desdeñoso, no sólo no reconoció su parte de responsabilidad (evidentemente, una parte muy importante) en el fracaso de la expedición sino que se quejó de que las contribuciones de Carolina del Sur habían llegado tarde y eran insuficientes, y que ciertos oficiales, también de Carolina eran culpables de insubordinación, y entre ellos el azote de los indios, el coronel Palmer, así como el coronel Vanderlussen que comandaba el Regimiento Carolina por delegación del propio Oglethorpe.

Quejas y comentarios que llegaron a oídos de la Asamblea General de Carolina y de los ciudadanos locales que se indignaron y que motivó que el 29 de julio, algo más de dos semanas después de que se hubiera ordenado, en Florida, la retirada de la expedición, la Cámara de los Comunes resolviera que «se debía preparar inmediatamente un informe para enviárselo a Su Majestad el rey».

El informe, terminado un año después del nombramiento del comité encargado de la investigación, iba acompañado de un apéndice con 139 documentos que lo sustentaban y llegaba a la conclusión de que «ni el General ni el Comodoro han adoptado ninguna decisión adecuada o sólida para la toma de San Agustín o han hecho lo que habían prometido hacer [...] y en consecuencia, son de la opinión [los miembros de Comité] de que este Gobierno ha sido seriamente engañado por ambos».

Lógicamente, se decidió imprimir el documento y su apéndice entregándolo a un impresor local, pero, a la vista del transcurso de tres meses sin conseguirlo, la Asamblea General decidió enviar toda la documentación a Londres, al representante oficial de Carolina ante la Corte para que lo imprimiese y lo presentase.

A partir de este momento entró en funcionamiento la alta política, los intereses personales y lo políticamente correcto, algo a lo que no podían acceder los carolinos: así, el representante legal de los carolinos, Peregrine Fury, que había retenido la impresión, pasó el informe al nuevo gobernador de Carolina, James Glen, quien encontró que dicho informe «no estaba calculado (sic) para el meridiano de Londres», y el 18 de mayo de 1742 los Comunes de Carolina recibieron una notificación de Fury, fechada el 29 de enero anterior, que prometía dar las explicaciones pertinentes relacionadas con el rechazo a publicar el informe. Esto motivó que los carolinos ordenaran su inmediata impresión y crearan un comité para investigar las razones dadas a Fury sobre este asunto y su conducta en relación con la disputa entre Carolina y la colonia de Georgia. Finalmente, el 1 de junio se les comunicó que «su comité está preocupado porque nuestro representante tenga razones privadas para no publicar ningún documento impreso en donde se pueda imputar la mínima responsabilidad al general Oglethorpe quien, como Vds. están informados, emplea al Sr. Fury (representante legal de Carolina) como representante de su Regimiento en Georgia». Así que nuevo retraso y ninguna publicación, hasta que en mayo de 1744 la Cámara de los Comunes de Carolina recriminó a Fury por hacer caso omiso de las instrucciones que se le habían dado. En definitiva, toda esa documentación quedó enredada en una maraña de decisiones que, finalmente, terminaron en el rechazo, y no publicación del informe, con las conclusiones mencionadas, la exoneración, de hecho, de Oglethorpe… y la impresión y publicación de un trabajo anónimo bajo el título de *An impartial account… Occasioned by the Suppression of the Report, made by a Committee of the General Assambly in South Caroline*, un resumen preciso del informe original y que, al parecer no omite hechos y circunstancias importantes que pudieran socavar la verdad de lo que sucedió al pie del castillo de San Marcos[73].

Por su parte, Oglethorpe ofreció su versión de los hechos en una carta dirigida al lugarteniente del gobernador de Carolina, William Bull, el 30 de julio, desde el campamento en Florida: «Señor, aunque tengo poco tiempo, me atrevo a molestarle con una carta larga para clarificar todas las objeciones que pueda haber relativas a la gestión de la presente expedición. San Agustín no se puede bloquear de forma definitiva sin dividir las tropas que lo asedien: tiene que haber una parte en tierra firme, otra en la isla Anastasia y otra en Punta San Mateo, algo que no pude hacer hasta que el mar me permitió disponer de 200 [soldados]. Vd. recordará que yo mencioné que San Agustín estaba escaso de alimentos y con una guarnición incompleta, por lo que insistí en atacarlos inmediatamente pues las posibilidades de éxito dependen de la velocidad de ejecución y, como yo temía, si nos retrasábamos podría llegar socorro desde Cuba. Además, antes de partir desde nuestro punto de reunión en Port Royal, habían llegado [a San Agustín] 6 galeotas españolas con cañones de 9 libras y dos chalupas cargadas de provisiones. [Por nuestra parte] era imposible acarrear cañones pesados y montarlos y hacer trincheras sin zapadores, y Vd. sabe que cuando propuse llevar 400, blancos o negros, resultó un gasto que la provincia no podía afrontar. [Por lo demás] el Comodoro y sus oficiales estuvieron de acuerdo conmigo en que ellos podían atacar a las galeotas, de modo que, si conseguían capturarlas, el coronel Vanderlussen podría atacar [el fuerte] desde el lado del agua al mismo tiempo que yo lo haría desde tierra. Y de acuerdo [con este planteamiento], fuimos a tierra firme. […] Pero, luego, el Comodoro me reconoció que su consejo de guerra encontró impracticable atacar las galeotas y que [finalmente] se vieron obligados a abandonar la costa el 16 de julio, y que varios barcos [españoles] cargados de provisiones se encontraban en Matanzas... Respecto del asunto de Mose... la culpa de haber perdido aquel grupo [de hombres] fue que no se cumplieron mis órdenes»[74].

En fin, como conclusión de este relato sobre el último ataque importante a San Agustín y su castillo San Marcos, merece la pena traer a colación un suceso algo más que anecdótico que nos muestra cómo la guerra de Sucesión española, tan lejana para los combatientes en esta parte de Norteamérica, también estuvo presente en esta batalla entre españoles e ingleses, no en forma del puro enfrentamiento militar, sino en forma de un panfleto anónimo encontrado en los alrededores del fuerte Mose y que fue entregado a Montiano el 14 de julio de 1740, iniciado ya, por tanto, el asedio del castillo de San Marcos y que el gobernador envío al rey juntamente con la mencionada carta de 9 de agosto. El mensaje decía así: «A quien pueda interesar, saludos: Se le informa que dado que el rey de Gran Bretaña ha declarado la guerra a Felipe de Borbón, rey de España, a causa de las crueldades cometidas contra los comerciantes ingleses... y porque los súbditos españoles, especialmente los catalanes, han mostrado suficientes razones para creer que obedecerán a un mal gobierno si no se restauran antes sus antiguos privilegios, si existiera algún catalán u otro español, indio o negro que desease pasarse a este campamento desde el campo de San Agustín, el español será tratado como tal, y el negro o el indio serán [declarados] libres [...] y si desearan unirse a nosotros serán aceptados»[75].

En fin, este no sería el último enfrentamiento entre los dos militares, el español y el inglés, como veremos a continuación, pues la derrota del inglés (sea por incompetencia sea porque la guerra interna de personalidades ente Oglethorpe y el comodoro Pearse generó una severa desconfianza entre las diferentes fuerzas que integraban esa expedición), no significó ni el fin de la guerra no declarada entre Florida, Carolina y Georgia, ni el final de los desencuentros entre España e Inglaterra, en aquella región del planeta, pues, incluso antes de declarar la guerra a España el 23 de octubre de 1739, serían, una vez más los primeros en golpear a su rival en las aguas del Caribe, atacando asentamientos españoles al amparo de dicha declaración como se verá más adelante.

1742. España contraataca. La batalla del Bloody Marsh en la isla de Saint Simons

Fracasos que también cosecharon en 1740 en tierras floridanas, como ya se ha visto, pero que no impidieron que esta situación bélica se prolongara en el este del continente americano, al menos, hasta 1742.

En efecto, el fracasado intento del almirante Vernon de apoderarse de Cartagena de Indias en 1741, había reavivado el deseo de Felipe V de lanzar, esta vez sí, un ataque contra Georgia, basado en la idea de que muchos de los soldados que habían acompañado a Vernon provenían de esta provincia y de Carolina, y que, por tanto, habrían quedado debilitadas para defenderse y serían más vulnerables a cualquier ataque[76]. De modo que en el otoño de dicho año ordenó a Güemes, y a Montiano, preparar una nueva campaña contra Georgia.

En el planteamiento de esta nueva campaña, Güemes rechazó la idea de un ataque terrestre por la dificultad que presentaba la propia orografía de la zona, por lo que se decidió por un ataque por mar durante el período comprendido entre abril y junio, meses en los que eran menos frecuentes las duras tormentas que se presentaban normalmente a partir de julio. Y la primera intención fue atacar primero Port Royal y bajar, luego hacia el sur por los canales costeros destruyendo el mayor número posible de asentamientos ingleses hasta llegar a Georgia.

Sin embargo, esta planificación chocó pronto con la realidad cuando Güemes llegó al convencimiento de que la defensa de Cuba, y más concretamente, La Habana era quizás lo más importante en esos momentos, para lo que necesitaba, al menos, unos 4000 hombres, de modo que el número de efectivos humanos disponibles se tuvo que reducir notablemente.

Así que, en Cuba, su gobernador no pudo alistar más de 1300 hombres, (600 soldados y 700 milicianos, muchos de ellos mulatos o negros libres). Y Montiano, crónicamente escaso de efectivos sólo pudo aportar 300 soldados, un pelotón de 100 cubanos, fuera de servicio en San Agustín, 100 mulatos y negros y un número suficiente de lanchas y galeotas para transportar hasta 500 hombres. En total, una fuerza de entre 1800 y 1900 hombres, muy lejos, por tanto, de los que se había estimado necesarios para llevar a cabo esta operación con una mínima probabilidad de éxito.

En resumen, al final se consiguió reunir una fuerza de 1900 hombres, 5 buques de guerra, 49 barcos para el transporte de soldados, 18 cañones, 34 falconetes, 22 morteros y un número indeterminado de armas menores[77].

En cualquier caso, se trataba de la mayor expedición organizada nunca en Florida, comandada para esta ocasión por el coronel Montiano y los tenientes Francisco Rubiani y Antonio Arredondo, ingenieros militares, estrategas con experiencia, designados por el gobernador de Cuba para asistir en el mando a Montiano.

En fin, unos días antes de la partida del grueso de la expedición desde La Habana (5 de junio) Güemes decidió enviar una pequeña vanguardia de suministros y soldados a San Agustín, con instrucciones finales para Montiano pues los planes habían cambiado y, ahora, se trataba de tomar, primero, la isla de St. Simons, en la que se encontraba la capital de Georgia, Frederika, para después, como ya se había planeado, llevar de vuelta a la armada por los canales intercosteros, destruyendo todas las plantaciones y asentamientos posibles, aprovechando además para liberar al mayor número posible de esclavos que trabajaban en dichas plantaciones. Güemes también ordenó a Montiano tratar de forma humanitaria a los prisioneros y mantener una escrupulosa contabilidad del botín que se pudiera conseguir.

Pero pareciera que la salida de esta pequeña vanguardia desde La Habana fuera también el comienzo de toda una serie de dificultades que fueron golpeando día tras día el desarrollo de todos estos planes: así, a poco de comenzar su navegación, ya cerca de la costa de Florida, esa pequeña flotilla se encontró casi en su mismo rumbo con otra inglesa, y aunque los españoles consiguieron evitar el posible encontronazo no pudieron evitar que los barcos ingleses continuaran su rumbo hacia Frederika y Charleston, anulando, de esta manera el deseado efecto sorpresa con el que contaban los españoles (aunque la preparación de esta expedición en La Habana mal podía haber pasado desapercibida para la población, entre la que, sin duda se encontrarían espías para los ingleses, como a la inversa ocurría en puertos bajo soberanía inglesa).

Cuando, por fin, el 23 de junio de 1742 toda la expedición principal estuvo preparada y dispuesta para desplegar velas, de nuevo aparecieron esos augurios desfavorables pues sobrevino el mal tiempo en forma de una dura tormenta del nordeste, retrasando la partida una semana y, después, cuando la flota se encontraba ya en alta mar, el 1º de julio, fuertes ráfagas de viento del oeste consiguieron dispersar los barcos, de modo que el recorrido que normalmente se realizaba en no más de 2 días, hubo de realizarse en 16, antes de lograr reunir de nuevo los barcos ante la entrada de la ensenada denominada Jeckyl, en la punta sur de la isla St. Simons.

Allí, sin tiempo que perder, Montiano decidió enviar a 4 de sus barcos más grandes y mejor armados al estrecho canal que daba paso a una ensenada en la que fondear el resto de las embarcaciones. Pero, claro, ese canal estaba guardado por baterías inglesas instaladas a ambos lados que frenaron el avance de los españoles durante 4 horas, al cabo de las cuales, estos, consiguieron desalojar a los georgianos de sus posiciones y dejar el paso expedito al resto de la expedición, a costa, eso sí, de la pérdida de una galeota y dos piraguas.

En todo caso, Montiano comenzó a desembarcar sus tropas allí y, dado que desconocía el terreno que pisaba decidió, el día 18, enviar dos patrullas de reconocimiento, una, compuesta por un capitán y 50 hombres, en dirección norte, es decir, hacia Frederika, con el objetivo de encontrar un lugar idóneo para instalar sus cañones, y otra, compuesta de 25 soldados y 40 indios para investigar diferentes vías de aproximación a la capital de Georgia. Esta decisión, absolutamente ortodoxa desde el punto de vista militar, determinó, desgraciadamente el fracaso de la expedición.

En efecto, la primera expedición terminó por extraviar su camino hacia el norte en los pantanos orientales que se interponían entre el sur y el norte de la isla, encontrándose, para mayor desgracia, con la segunda patrulla que se encontraba, ella también, en la misma situación de desorientación, lo que obligó a todos a formar una única fila, pues sólo se podía caminar sobre los pocos tramos de tierra seca existente en la que, además, crecían todo tipo de matorrales espinosos que hacían especialmente penosa la marcha, pero que, lo peor de todo, les convertía en un blanco muy fácil para el enemigo.

Y, de hecho, esta peligrosa situación había sido detectada por los exploradores indios de Oglethorpe, quien, avisado, no perdió tiempo en organizar una fuerza compuesta por un regimiento de soldados británicos, reforzados por escoceses, quienes en el enfrentamiento subsiguiente obtuvieron una cómoda victoria, dejando sobre el terreno a unos 12 soldados españoles y tomando como prisioneros a otros 10. Por la parte inglesa cayó muerto un *highlander* y un número indeterminado de indios aliados, aunque estas cifras no pueden considerarse como definitivas, dadas las diferentes versiones que existen sobre esta escaramuza, pues no de otra forma podía calificarse este enfrentamiento.

No obstante, lo peor vendría después, cuando Montiano, informado de este suceso por boca de los soldados que habían conseguido escapar, organizó una fuerza de ayuda y rescate compuesta por 3 compañías de granaderos de Cuba (unos 200 hombres) que, aparte de llegar demasiado tarde para socorrer a sus compañeros, fueron, ellos también, emboscados por los ingleses, lo que les obligó a defenderse en las condiciones ya descritas de práctica ausencia de resguardo, hasta que, tuvieron que batirse en retirada por haber agotado, literalmente, las municiones.

El resultado de este penoso suceso fue de unos 200 españoles muertos y 16 capturados (de ahí el nombre con el que desde entonces se conoce esta escaramuza: el Bloody Marsh, «el pantano sangriento», que aún hoy parece ser objeto de celebración en aquella zona). Cifra, que siendo considerable en proporción a las tropas de las que, sin embargo, Montiano seguía disponiendo, tuvo un efecto moral sobre éste mucho más importante, hasta el punto de que Te Paske llega a compararlo con el efecto que causó en Oglethorpe el ataque que sufrió en Mose durante el asalto a San Agustín en 1740.

En cualquier caso y con independencia de lo acertado o no de esta comparación, no cabe duda de que se trató de una victoria inesperada para Oglethorpe por su sencillez y porque de no haberse producido este enfrentamiento, sus fuerzas no hubieran podido defenderse frente a las españolas, más numerosas, y, posiblemente, dotadas de más y mejor artillería.

Pero, efectivamente, Montiano, que se mantuvo en sus posiciones al sur de la isla durante una semana más, no consiguió encajar este golpe, lo que le llevó a considerar la retirada a pesar de tener prácticamente intactas sus fuerzas, unos 1500 hombres, y su artillería, mantenida en buenas condiciones. A lo que vino a añadirse la información, aportada por un prisionero francés tomado a las fuerzas de Oglethorpe, de que este estaba, a su vez, organizando una fuerza de 1000 hombres para atacarles por tierra y mar en el sitio en el que en esos momentos se encontraba, una vez recibido el apoyo naval que esperaba recibir desde Boston y que ya estaba en camino.

Información cierta o mera propaganda producida desde el bando inglés, el caso fue que cuando el día 24 de julio, aparecieron en el horizonte 5 velas correspondientes a 5 navíos de guerra no españoles, Montiano convocó a su junta de oficiales, y, de común acuerdo decidieron abandonar la isla a la mayor brevedad, y dar cumplimiento al segundo objetivo de la expedición, la destrucción en su trayecto a San Agustín de todos los puestos avanzados ingleses que encontrasen, en este caso los de San Pedro y San Andrés, en la isla de Cumberland. Así que el 26 de julio de 1742 la expedición abandonó St. Simons y el 1 de agosto la mayoría de las fuerzas de Montiano llegaban a San Agustín, mientas que el resto de la flota, a los mandos de Rubiani y Arredondo, siguió rumbo a La Habana.

Por lo demás, como sucedió en el caso de Oglethorpe con su derrota en 1740, también Montiano, en el informe sobre su expedición, tuvo que justificar el fracaso y su precipitada retirada apoyándose, como excusa, en la falta de suficientes provisiones para mantener sus tropas en una campaña que podría haberse alargado más de lo previsto, y en la falta, en el origen de la misma, de los 13 barcos que debían haber abandonado la Florida con hombres y suministros, circunstancia que habría dificultado sus esfuerzos por organizar una expedición en condiciones, aparte de que el gobernador Güemes le había encarecido no comprometer la seguridad de sus hombres, a lo que, añadía, que una derrota de la expedición hubiera dejado prácticamente indefensas tanto La Habana como San Agustín.

Excusas que, aunque parece que fueron aceptadas por el rey, no convencieron en absoluto a José Campillo, su secretario, quien, mientras no escatimaba elogios para el gobernador de Cuba por su papel de organizador de la expedición, no dudaba en hacer caer toda la responsabilidad del fracaso sobre el coronel Montiano, calificando de deplorable su comportamiento, por «pobre liderazgo, falta de diligencia e ineficacia»[79].

Nadie podría negar que Montiano como comandante de esta expedición tuviera una parte de responsabilidad en el fracaso de la misma, por una excesiva prudencia, por ejemplo, pero esta dura descalificación de Campillo parece más propia de un burócrata alejado de la complicada realidad que vivían los responsables de la Florida, y, en concreto, los de San Agustín, máximo objetivo de los embates de los ingleses. Postura oficial que, con toda justicia, no fue seguida, en absoluto, por el propio Felipe V, como veremos más adelante.

A lo que cabría añadir alguno de los motivos no mencionados por Montiano y que podrían haber influido en sus decisiones: en primer lugar, la posibilidad de que fuera cierta la llegada de los navíos de guerra ingleses, que le hubieran podido cerrar la salida de la ensenada Jeckyl en la que se hallaban recogidos los buques de la expedición, lo cual hubiera significado dejar a la flota española atrapada en una trampa mortal; y también, la cercanía de la estación de los huracanes, tiempo de borrascas y tormentas como las que les habían golpeado antes de la salida de San Agustín y en su llegada a destino, St. Simons.

Así que, tampoco esta vez llegaría la paz a San Agustín, porque no más de un mes después del 1º de agosto, Montiano tuvo que hacer frente a un nuevo intento de asalto al castillo de San Marcos, ejecutado, ahora, por la marina británica, pues, efectivamente, el 8 de septiembre y con todo su velamen desplegado, aparecieron frente al estrecho canal que da paso al puerto de la ciudad, 8 navíos de guerra ingleses, acompañando a varias embarcaciones más pequeñas diseñadas para acceder a tierra y desembarcar las fuerzas terrestres, de modo que, posiblemente, estos navíos hicieron buena la afirmación de que Oglethorpe estaba esperando la llegada de una flota que venía desde Boston para enfrentarse a los barcos españoles y que precipitó su retirada de St. Simons.

Pero, en previsión de lo que pudiera suceder, Montiano, haciendo gala de su experiencia como estratega, había instalado toda una batería de cañones apuntando, precisamente, al canal de entrada, potencial artillero reforzado por la presencia de las 6 galeotas que se mantenían en San Agustín. Todos estos elementos defensivos se dedicaron a abrir fuego graneado sobre los navíos ingleses, cada vez que estos se acercaban al estrecho canal. Así, rechazaron durante todo ese día cada intentona inglesa de penetrar en la bahía, hasta que, llegada la noche, los atacantes se retiraron buscando la protección de la flota. Al día siguiente, esta se movió hacia el sur y echó anclas fuera de la barra de Matanzas, y el 10 de septiembre, dos piraguas comenzaron a sondar la barra, momento en el que desde el fortín que defendía esta ensenada abrieron fuego de cañón sobre ellas, con la fortuna de alcanzar directamente a una de ellas que, a duras penas, consiguió acercarse al buque más grande de su flota antes de hundirse.

Al día siguiente, el mal tiempo se puso esta vez del lado de los españoles en forma de una fuerte tormenta del nordeste que dispersó la flota atacante, dando fin así a la última amenaza seria que pendía sobre San Agustín.

El gobernador de esta provincia, no obstante, seguía desconfiando de las intenciones de sus vecinos del norte y durante el período de relativa tranquilidad que se abrió a partir de este último ataque, continuó con la fortificación del castillo de San Marcos, instalando 6 cañones a lo largo del río San Sebastián, que rodea la ciudad por el oeste y ordenando construir un fortín de piedra en la Punta de Matanzas, fuera, al sur de la ciudad.

En cambio, su contraparte, Oglethorpe, continuó apostando por la conducta agresiva hacia Florida y los españoles porque pensaba, sin duda, que la mejor defensa de Georgia era un buen ataque. Por ello, siguió fomentando y apoyando las incursiones de sus aliados indios, lo que mantenía en una continua tensión a los habitantes de esa zona de Florida. Así, por ejemplo, en la primavera de 1743 una partida de 200 indios, a los que acompañaban un cierto número de milicianos ingleses, entraron en territorio de soberanía española y destruyeron, otra vez, el fuerte San Diego, recién restaurado, matando a 40 españoles.

En fin, James Edward Oglethorpe, a quien los colonos de Carolina y Georgia llegaron a apodar «el perpetuo dictador», consiguió, como se ha visto, esquivar las agrias críticas y las responsabilidades que le demandaban los habitantes de Carolina por los daños ocasionados al erario de la colonia, a causa de la ineficaz gestión con la que manejó el intento de toma de San Agustín en 1740, no obstante lo cual fue ascendido a general de división en 1745[80]; sufrió juicio acusado de apoyar a los rebeldes jacobinos, aunque finalmente fue absuelto[81]; y se vio obligado a restituir la esclavitud en 1750 tras las duras críticas y la presión de los colonos carolinos. En 1765 fue ascendido a general, rango que mantuvo hasta su muerte en 1785.

Por su parte, Manuel Joaquín de Montiano y Sopelana, nacido en Bilbao en 1685, sucesor en marzo de 1737 del gobernador de Florida Francisco del Moral Sánchez, fue uno de los pocos gobernadores que accedieron a este puesto por los méritos conseguidos a lo largo de su carrera militar: capitán tras 24 años de servicio en el ejército, luchó 2 años en Orán, al frente de una compañía de granaderos, con importantes victorias sobre los moros, y también en el Darién, en América Central[82].

Como premio a su defensa de San Agustín, fue promocionado al rango de brigadier. Su mandato como gobernador de Florida que debería haber terminado a los 4 años, como era lo habitual, fue prolongado hasta 1749 por diferentes circunstancias, entre ellas, las dificultades para encontrar un sustituto de su nivel profesional y humano. En ese año fue nombrado gobernador de Panamá, cargo al que, tampoco pudo acceder hasta 1758. En 1759, viaja a Madrid, en donde, en enero de 1761, es nombrado teniente general y en donde muere el 7 de enero de 1762.

No obstante, la vida en Florida no pasó bruscamente de la tensión diaria a la apacible existencia tras la última tentativa bélica británica de 1742. Pero con la retirada de la flota británica de las costas de San Agustín, y con independencia de que en absoluto se hubiera alcanzado un mínimo acuerdo de paz entre ambas potencias enfrentadas a cuenta de los indefinidos límites fronterizos, esta vez entre Georgia y Florida, podría decirse que se abre un breve período de tiempo en el que la tónica sería la ausencia de enfrentamientos militares de consideración en este territorio.

Esta nueva situación, tenía su origen en una serie de circunstancias fácticas y políticas. De un lado, San Agustín se había mostrado como un asentamiento prácticamente inexpugnable, gracias a la presencia del castillo de San Marcos, posiblemente la fortaleza más formidable en la costa oriental de América del Norte, desde Port Royal, hasta Veracruz, en la costa oriental de Méjico, por lo que, tras las sucesivas derrotas experimentadas, los ingleses, en cierta forma, se habían rendido a esa realidad, que les llevaría a renunciar a nuevos intentos de posesionarse de toda la zona de influencia de dicho fuerte, lo que no quiere decir que, como se ha visto, renunciaran a mantener su agresividad hacia los españoles y su territorio.

Por otro lado, la presencia cada vez más activa de los franceses, en el entorno de la desembocadura del Misisipi, contribuyó también, posiblemente, a modificar el orden de prioridades de los británicos, cada vez más preocupados por este asunto. Porque, efectivamente, los franceses habían venido trabajando a lo largo de la costa del Golfo de Méjico desde sus asentamientos en el siglo XVII, extendiendo, ahora, su influencia sobre muchas tribus *lower creek*, y convirtiéndose así en una amenaza real para la hegemonía inglesa, que se veía también inquietada por el peligro que suponía para ellos que los franceses controlaran tanto el curso alto de dicho río, en los lejanos territorios del norte, (donde poseían asentamientos bien consolidados), como el bajo, en su desembocadura, que les podía facilitar la salida de sus mercancías nada menos que al Caribe (Nueva Orleans había sido fundada ya en 1719). De ahí, que los ingleses centraran ahora su atención en los asentamientos de Natchez y Mobile.

A lo que habría que añadir el hecho de que los indígenas floridanos dejaron de jugar un papel determinante como aliados de los ingleses para centrarse más en la defensa de sus propios intereses dentro de los límites de la península de Florida.

De modo que este claro descenso de la conflictividad fue aprovechado por los sucesivos gobernadores españoles durante este corto período hasta 1763, para fortalecer las defensas de la provincia, centrándose en San Agustín y en el fuerte de San Marcos de Apalache, en el oeste, en las cercanías de lo que hoy es Tampa, casi en los confines de la provincia, con trabajos de construcción de polvorines, almacenes para los alimentos, elevación de los muros del fuerte San Marcos o construcción de nuevas escarpas y caminos cubiertos en San Agustín para protegerse, en su caso, de los disparos de la artillería enemiga. La consecuencia de esta actividad sería que, en 1763, año del Tratado de París, Florida y sus fuertes principales nunca habían estado tan bien acondicionados y preparados para la guerra.

No obstante, estas mejoras en cuanto a la preparación militar del territorio de Florida, quizás lo más significativo de este período fuera el cambio de actitud de las autoridades metropolitanas que, casi por primera vez en tanto tiempo, decidieron ocuparse de uno de los problemas crónicos de la provincia: la situación de los militares allí destinados. Tarea acometida por el nuevo virrey de Nueva España, precisamente Juan Francisco de Güemes y Horcasitas, a quien Felipe V en mayo de 1748, encargó diseñar una serie de medidas que permitieran reducir el coste del mantenimiento de las guarniciones de Cuba, Puerto Rico, Santo Domingo y Florida. Es decir, Florida se vio beneficiada del interés que suscitaban otros problemas de las principales plazas del Caribe.

Para el caso de Florida, Güemes propuso al rey, en 1753, entre otras, las siguientes medidas: fijar una plantilla básica de 400 militares (310 en 6 compañías de infantería, 40 para una compañía de artillería, y 50 para una de caballería); prohibir que un soldado ocupara 2 puestos o recibiera 2 salarios, (algo que era práctica habitual en aquel fuerte, debido, entre otras razones, a la crónica escasez de militares en toda la provincia); enviar a Cuba a todos los soldados viejos o lisiados; uniformar a los de infantería con un nuevo uniforme rojo y azul, y dotar de nuevas espadas a los de caballería; fijar un período de 2 años de servicio en Florida, al tiempo que se establecía un intercambio anual de la mitad de los soldados allí destinados con los destinados en Santiago de Cuba, relevo que debería producirse en los meses de abril o mayo para evitar así, las habituales tormentas o huracanes de los meses centrales del año. Todo ello con la intención de reducir el rechazo que provocaba el solo hecho de ser convocado para servir en esta provincia, y que, lógicamente debería despejar entre los futuros soldados la idea, crónica desde el siglo XVI, de ser castigados a un destierro forzoso en los duros territorios de Florida. Finalmente, estableció que los trabajadores forzosos y los esclavos que trabajasen en las fortificaciones de los fuertes de esa provincia recibieran diariamente 2 comidas, con pan y carne, y 1 manta al año[83].

Lamentablemente, todas estas medidas, llegarían demasiado tarde para mejorar la existencia de los militares destinados a esta provincia y tuvieron, si es que llegaron a materializarse, muy poco recorrido, pues el Tratado de París de 1763, que entregó a Inglaterra la posesión de esta provincia española frustró la que prometía ser una sólida recuperación material y moral para la población española de este territorio.

Pero quizás el mayor beneficio de este período, una vez descontadas las mejoras materiales en la defensa de la provincia, hayan sido las lecciones aprendidas por los servidores públicos españoles a costa de vivir sistemáticamente en peligro, entre otras razones, por la política seguida en sus relaciones con las tribus de su zona de influencia, que se fundamentaba, más bien en prohibiciones (prohibición de venderles armas o caballos…) y en el rechazo (a pesar de la impagable labor de los misioneros) hacia sus costumbres y su modo de enfocar sus propias relaciones con los españoles. Todo lo contrario que sus vecinos los ingleses, que, durante más de 100 años ya, y debido a su propia cultura y religión, habían practicado y mejorado esas relaciones, mediante la técnica del trueque, del regalo, de las armas de fuego (prohibidas por los españoles desde 1565 hasta prácticamente la primera mitad de este siglo XVIII) o del alcohol (algo que hemos visto ampliamente reflejado en la industria cinematográfica norteamericana), y, en resumen, la no injerencia en las costumbres sociales y religiosas de las tribus con las que se relacionaban, consiguiendo, así, alianzas, siquiera fueran temporales, y dependiendo, casi, del humor del cacique de turno si ello servía a sus objetivos comerciales o militares. Políticas, que siguieron años más tarde los dirigentes del nuevo estado nacido en 1776, porque el fin (los pactos) justificaba los medios.

Panorama, el de las relaciones con los naturales de la zona, que parece que comprendió bien Manuel de Montiano, quien, a partir de 1742, intentó, establecer contactos más estrechos con las diferentes *naciones* que habitaban aquellos territorios, principalmente los *uchise* que, en su momento, habían apoyado a Oglethorpe, y con los que llegó a mantener conversaciones para convencerles de girar hacia el lado español consiguiendo algunos pactos, aunque siempre con una duración temporal, mediante el uso de regalos, pues la *política* habitual de los indígenas era fácil de entender: se mantenía la palabra dada hasta que se terminasen los regalos, los alimentos o las armas que, en su caso, les hubieran entregado los españoles, como sucedía desde hacía mucho tiempo, ya, con los ingleses.

1740-1748. De la guerra del Asiento al Tratado de Aquisgrán

La declaración de guerra de octubre de 1739, dio pie a una vigorosa reacción española contra Inglaterra, en forma primero de una rigurosa prohibición de comprarle cualquier objeto manufacturado y después, con la concesión de patentes de corso que dieron paso a una multitud de corsarios que se armaron contra los buques mercantes ingleses, hasta el punto que Del Cantillo comenta (*op. cit.* págs. 389 y 390) que «si se ha de dar crédito a las relaciones oficiales de Madrid», en dos años se apresaron más de 400 de este tipo de buques, con un valor del cargamento estimado en 1 millón de libras esterlinas[83].

En todo caso, un factor importante, también, para ese cambio de ambiente en la provincia española, que se ha analizado más arriba, sería, sin duda, el desplazamiento de la guerra entre ambas potencias hacia las aguas y territorios del Caribe, y de las costas del restablecido Virreinato de Nueva Granada (1739), fruto del objetivo inglés, nunca cumplido hasta ese momento, de hacerse con aquellos territorios para ampliar el área de influencia de su comercio, que se alimentaba fundamentalmente de la práctica del contrabando y de la ocupación ilícita de tierras bajo soberanía española[84]. Territorios y costas que fueron el verdadero escenario de la guerra del Asiento, que resultó un auténtico fracaso militar, sobre todo para las fuerzas navales inglesas con el consecuente desgaste económico para Inglaterra, pero que alcanzó también a España, poco necesitada, precisamente, de este tipo de golpes a su maltrecha economía.

Baste recordar aquí, aunque sea sumariamente, los hitos de esta confrontación y los resultados cosechados por la armada inglesa en todas las batallas emprendidas en el Caribe y las costas hoy de Venezuela y cuyo claro objetivo era, casi exclusivamente, hacer colapsar la economía española, al borde ya de la bancarrota y abrir definitivamente al mercado británico aquellos territorios, pero que, contrariamente a lo que esperaban al contar con un potencial naval claramente superior al español, sólo cosecharon derrotas:

La Guaira, por dos veces, una, en octubre de 1739, es decir, en el mismo mes de la declaración de la guerra por Inglaterra, y, de nuevo, en marzo de 1743; Cartagena de Indias, desde marzo de 1740 a mayo de 1741, con la derrota de la flota más grande nunca vista hasta entonces (más de 170 navíos que transportaban cerca de 30.000 hombres) comandada por Vernon, cuya impericia ante los 6 navíos y los 3500 españoles ocasionó a Inglaterra enormes pérdidas de barcos, soldados y material militar; Guantánamo, en 1741, en donde una escuadra comandada por el almirante desembarca una importante fuerza terrestre comandada por el general Wentworth con la intención de tomar Santiago de Cuba, viéndose rechazada durante cerca de cinco meses por un contingente militar compuesto por tropas regulares y milicias criollas, que ocasionaron unos mil muertos entre los atacantes, que se vieron obligados a retirarse; y Panamá en 1742, segunda derrota de Vernon después de la de Cartagena de Indias, esta vez sin siquiera luchar, pues decidió retirarse a la vista de las importantes defensas que esta vez habían conseguido organizar los españoles.

De modo que, haciendo balance, el único éxito cosechado, nada más declararse la guerra, en 1739, lo obtuvieron los ingleses en Portobelo, al mando del mencionado Vernon, en donde aprovechándose del calamitoso estado de sus defensas, entraron, sin práctica oposición, el 22 de noviembre de 1739 y durante varios meses arrasaron hasta sus cimientos la plaza y sus defensas, regresando después a Jamaica.

Precisamente, en Portobelo se había celebrado en 1738 la que sería la última *feria* de este período abierto por el Tratado del Asiento de Negros, pero, ahora, como los españoles, (alertados por las *señales* provenientes de los buques de la Compañía del Asiento y otros buques ingleses, que habían desaparecido de este escenario), esperaban algún ataque inglés a esta plaza, en la que se reunían los galeones provenientes de Perú para iniciar su viaje a España, esta vez decidieron no guardar allí los 12 millones de pesos que habían llegado a Panamá con la armada de la Mar del Sur, lo que evitó la captura del botín que el almirante inglés había previsto).

En fin, Del Cantillo, (*op. cit.*, pág. 346), dice que las expediciones de Vernon costaron a Inglaterra, sólo en hombres, la pérdida de más de 20.000 £ de modo que «la enflaquecida escuadra inglesa, muy inferior a la de España a la que, posteriormente, se había incorporado la de Francia en aquellos mares, se mantuvo casi siempre amarrada a tierra durante el resto de la guerra» hasta la firma del Tratado de Aquisgrán, en 1748.

Pero España tampoco pudo escapar de las nefastas consecuencias de esta guerra, pues aparte de las inevitables consecuencias económicas (no olvidemos que antes del inicio de esta guerra, la situación económica de España continuaba siendo tan precaria que el 13 de marzo Felipe V firmaba un decreto de suspensión de pagos, pues, como apunta Kamen, en ese año de 1739 el pasivo exigible inmediato del Estado equivalía a tres años de ingresos normales, y todas las rentas de la Corona estaban empeñadas), la guerra destruyó el sistema de flotas de la Carrera de Indias pues la Corona tuvo que dedicar una parte muy importante de su marina a defender la Península, lo que obligó a los comerciantes españoles a realizar el transporte de sus mercancías mediante los llamados «navíos de registro» fletados directamente por ellos *a su riesgo y ventura*, pues eran ellos los que ahora tenían que proteger esos barcos y sus cargamentos, que, lógicamente, se vieron afectados en número y valor.

Así que, podría decirse que lo único positivo que trajo este período de enfrentamientos con los ingleses fue el mantenimiento, que no es poco, del *statu quo* del Imperio español de ultramar, algo que no parecía tan seguro en 1739, porque los ingleses continuaron practicando el contrabando como antes de la guerra, quizás con más agresividad dado el incremento de las agresiones corsarias; siguieron produciéndose las *usurpaciones* en Guatemala y Honduras, territorio español, para continuar con las talas de árboles y el corte de palo de Campeche; y, en fin, no se solucionó el asunto de los límites fronterizos entre Florida y Georgia, facilitando así la impunidad de las incursiones de los colonos y sus aliados indios.

La guerra de Sucesión Austríaca. El Tratado de Aquisgrán (1748)

Quedan arriba expuestas, muy sumariamente, las consecuencias materiales inmediatas de la guerra del Asiento, pero a lo largo de estos años, hasta el Tratado de Aquisgrán de 1748, sucedieron en España algunos hechos que marcarían el rumbo político de la corona española durante, al menos, los años que transcurrieron hasta 1763.

Tres acontecimientos se produjeron en este decenio que afectarían directamente a España: el Segundo Pacto de Familia entre los dos representantes de la dinastía borbónica, Felipe V de España y Luis XV de Francia; la muerte de Felipe V el 9 de julio de 1746; y el propio Tratado de Aquisgrán de 1748.

La muerte, el 20 de octubre de 1740 de Carlos VI, emperador del Sacro Imperio Romano Germánico, dio lugar a otra nueva confrontación entre las diferentes monarquías europeas conocida como la guerra de Sucesión austríaca, en la que Austria coaligada con Inglaterra, en Europa, se enfrentaría a Prusia, e Inglaterra se enfrentaría a Francia a cuenta de la defensa de la hegemonía de sus respectivas colonias en Norteamérica. Confrontación en la que España hubiera podido quedar al margen si no hubiera sido por el Segundo Pacto de Familia firmado con Francia, el 25 de octubre de 1743 con el objetivo principal de ofrecerse apoyo mutuo, militar y político, entre ambas potencias para el caso de que alguna de ellas resultara «atacada o insultada» por cualquier otra potencia, teniendo, además, como fondo los derechos que el monarca español, Felipe V esgrimía a la sucesión del trono austríaco, y el francés la necesidad de «rebatir con vigor los esfuerzos de la Corte de Viena y sus aliados».

En cuanto a España, este segundo pacto de familia obligaba a Francia a apoyar la recuperación de Gibraltar (algo que se traduciría, a la larga, en sólo buenas palabras) y Menorca y su puerto de Mahón, en poder de los ingleses desde el Tratado de Utrecht; y en cuanto a Florida, Luis XV se comprometía a colaborar con España para conseguir la destrucción de Georgia y cualquier otro fuerte construido en territorio español en aquellos territorios (nuevamente, meras palabras).

Finalmente, en el propio tratado se acordó que este no se publicase y se mantuviera en secreto, algo relativamente normal en este período del siglo XVIII, con la consideración, además, de un «pacto irrevocable de familia, de unión y amistad».

Pero el 9 de julio de 1746 muere repentinamente Felipe V que había reinado en España desde el 16 de noviembre de 1700 hasta esa fecha (con un paréntesis de 8 meses, en 1724, por abdicación en su hijo Luis, fallecido, a su vez, el 31 de agosto de dicho año a la edad de 17 años cumplidos, como consecuencia de la viruela).

Su muerte y el acceso al trono de su hijo Fernando VI, supondrían un cambio importante en la política internacional de España, que si bien no fue radical, sí se tradujo en una ruptura, de la relación de confianza familiar que su padre mantenía con Luis XV, pues el nuevo monarca español, de 34 años de edad en ese momento, conocía cómo las alianzas cerradas hasta entonces con Francia habían tenido para España un coste muy elevado para el país en comparación con los beneficios materiales y políticos obtenidos, (entre ellos, los de garantizar a sus dos hermanos Carlos y Felipe, sus tronos en Italia). Así, fue testigo directo, a la fuerza, por su repentino acceso al trono, de la conducta de Francia en las negociaciones previas a la firma del Tratado de Aquisgrán en las que, esta última, a pesar de la reciente firma de ese segundo pacto de familia, en 1743, no permitió a España entrar en el círculo de las tres potencias (Francia, Inglaterra y Holanda), que elaboraron en secreto, y firmaron, el 30 de abril de 1748, los *artículos preliminares* del futuro texto del Tratado.

Como apunta Palacio Atard[85], la decepción por el trato recibido en la ejecución de los dos primeros pactos de familia (1733 y 1743) llevó al nuevo monarca español a la neutralidad que ya había aconsejado Patiño en su lecho de muerte, pues era de la opinión de que los pactos habían surgido por la constatación de una dura realidad: que la marina española no resistiría una guerra de larga duración contra una flota tan superior en esos momentos como la inglesa, sentimiento que se acentuaría con el tiempo, pues parece que durante el reinado de Felipe V nunca encontró en Francia la ayuda que necesitaba ante la agresiva conducta de Inglaterra hacia el Imperio ultramarino español, ya que, a pesar de las derrotas cosechadas durante los primeros años de la guerra del Asiento, los corsarios ingleses continuaron atacando al tráfico marítimo español con América, resultando ser durante años fuente continua de quejas diplomáticas por parte del Gobierno español, al tiempo que, en tierra, los colonos ingleses mantuvieron sus posiciones ilegales en la América española, así como su agresividad para defender sus propios intereses a costa de España.

Así que, prácticamente desde el comienzo de su reinado, Fernando VI optaría por la neutralidad en política internacional, lo que en modo alguno le iba a garantizar un reinado pacífico, como se verá más adelante.

En coherencia con este principio rector de su política, destacarán dos ministros que formaron parte de su gabinete: D. Zenón Somodevilla, (futuro marqués de la Ensenada) nombrado primer ministro, y D. José de Carvajal Lancaster, nombrado secretario de Estado, lo que equivalía al cargo de ministro de Asuntos Exteriores. El primero, se encargaría de la reestructuración y organización de la Administración española de esos años, y Carvajal, hombre austero y de profundo sentimiento de lo español dirigiría la política exterior del país, imponiendo una estricta neutralidad frente a los conflictos coloniales entre Francia e Inglaterra, sobre todo durante el período que transcurrió entre 1756 y 1762 (la guerra de los Siete Años entre Francia e Inglaterra) con el objetivo de que España se alejase cuanto pudiera de la influencia de Francia... pero sin acercarse demasiado a Inglaterra y Austria. Sería Carvajal, precisamente, quien, una vez firmado el Tratado de Aquisgrán, llevaría las negociaciones con Inglaterra para la elaboración del tratado de 1750 sobre *ajustes* de las indemnizaciones pendientes entre Gran Bretaña y España como consecuencia de la guerra del Asiento, ya previsto en el tratado de 1748, así como sobre la delimitación de los territorios disputados entre España y Portugal, también prevista en el Tratado, que determinó la devolución a esta última, aliada de Inglaterra, de la colonia de Sacramento, en el río de la Plata, hoy Uruguay, solución que sería rechazada posteriormente por Carlos III y se convertiría en un semillero continuo de problemas entre ambos países.

El Tratado de Aquisgrán, sería, pues, la única solución necesaria y forzosa, dadas las pérdidas económicas y en vidas humanas causadas por los conflictos surgidos entre la práctica totalidad de las monarquías europeas del momento, a raíz del fallecimiento el 20 de octubre de 1740 del emperador de Alemania Carlos VI, último monarca de la casa de Austria.

Acontecimiento que suscitó las discusiones sobre el derecho al trono vacante del rey de España, Felipe V, el elector de Baviera Carlos Alberto, el rey de Polonia, elector de Sajonia, y los reyes de Cerdeña y de Prusia. Todo ello debido al hecho de que, al fallecer sin descendencia masculina, y de acuerdo con la Pragmática Sanción (la ley fundamental del Estado, aprobada, ya, en 1713) debería ser su hija primogénita la llamada a la sucesión del trono austríaco.

Así que desde esa fecha de 1740 hasta 1748 se sucedieron tal cantidad de conflictos entre los autoproclamados herederos a ese trono que, casi naturalmente, surgió la guerra entre las potencias europeas más poderosas del momento, convirtiendo esta vez en aliados los enemigos tradicionales: Austria, con la intención de acabar con el poder alemán y Gran Bretaña, esta vez aliada de Austria, contra Francia, a su vez, aliada de Prusia para dilucidar, entre otras cuestiones, la hegemonía de las colonias francesas e inglesas en territorio norteamericano. Conflictos (1743) en los que España se vería implicada por la firma de su segundo pacto de familia con Francia. Además, el 17 de abril de 1747 Francia declararía la guerra a los Estados Generales (Holanda)… y los austríacos buscarían apoderarse de Génova.

Pero vista la inutilidad de «tan larga como sangrienta guerra» (Del Cantillo, pág. 358) pronto, a partir de 1745, se producirían los primeros contactos entre franceses y holandeses, que en 1746, se ampliaron a Austria, hasta que, finalmente, en 1748, los ministros de Francia y Gran Bretaña, acordaron, para intentar parar esta guerra, celebrar un congreso general en Aquisgrán, cuya primera conferencia tendría lugar el 24 de abril, y en donde, como no podía ser menos, volvieron a surgir todas la divergencias que subyacían en el mantenimiento de las guerras surgidas al amparo de los diferentes intereses en juego. Ello llevó a los representantes de Francia, Inglaterra y Estados Generales a reunirse en secreto hasta conseguir los *artículos preliminares*, del que sería el texto definitivo del tratado de paz que se buscaba alcanzar.

Esta conducta de tres de los países implicados en la búsqueda de la paz produjo las consecuentes quejas y protestas de los representantes del resto de países que habían quedado al margen de esas reuniones secretas, entre ellos España (y de ahí la decepción de Fernando VI, recién incorporado al trono y con el Segundo Pacto de Familia recién firmado). Pero las urgencias por conseguir una paz pudieron más que la defensa del rango en el concierto de las naciones implicadas y al final los diferentes plenipotenciarios fueron otorgando su accesión a esos *artículos preliminares*, a los que España otorgó su conformidad el 28 de junio de 1748. De modo que el 18 de octubre de 1748 se firmó por los plenipotenciarios el texto definitivo, que fue ratificado por Fernando VI el 20 de octubre.

El contenido final del Tratado de Aquisgrán nos da una idea de la inutilidad de esta guerra en particular, con sus secuelas de muertes, heridos, y costes económicos para los países, y, sobre todo, para sus habitantes.

Así, el artículo 2º deja claro que el día del canje de las ratificaciones, a todas las partes «se les conservará o volverá a poner en posesión de todos los bienes [...] y rentas de que gozaban o debían gozar al principio de la guerra [...] con independencia de cualesquiera privaciones, embargos, o confiscaciones ocasionadas por la dicha guerra». Es decir, no habría, sobre el papel, vencedores ni vencidos, lo que debía traducirse, según los artículos 4º y 5º en la devolución recíproca, sin rescate, de todos los prisioneros «así en tierra como en el mar, hasta el presente día [18 de octubre de 1748]», así como todos los navíos de guerra o mercantes que deberían restituirse, asimismo, fielmente, con todos sus pertrechos y cargazones.

Y en el artículo 5º se acuerda la restitución recíproca de todas las conquistas, sin excepción, que se hubieren hecho desde el comienzo de la guerra, así como las que se hubieran hecho después de la conclusión y aprobación de los *artículos preliminares* firmados el 30 de abril de 1748, y ello, tanto en Europa como en las Indias orientales y occidentales o en cualquier parte del mundo, cuestiones que afectaban, principalmente, como es lógico, a España, Francia, Inglaterra y Holanda.

En cuanto a España el Tratado aborda expresamente dos cuestiones respecto de la cuales Gran Bretaña tenía especial interés en resolver: el Tratado del Asiento, de 1713, y las indemnizaciones debidas por España a causa de las *presas* tomadas por los guardacostas españoles sobre los mercantes ingleses, que, no lo olvidemos, venían practicando el contrabando desde hacía muchos años.

Por ello, el artículo 16º del Tratado «confirma especialmente» la vigencia del de 1713 para la Compañía del Asiento y para el navío de permiso, por los 4 años que restaban por cumplir de los 30 contemplados en 1713. Años que deberían contarse desde la interrupción de su efectividad a consecuencia de la guerra de 1739. Y en cuanto a las indemnizaciones sistemáticamente demandadas por Inglaterra, el artículo 18º del Tratado establece que «las pretensiones de dinero que tiene su Majestad británica contra la Corona de España [...] se arreglarán luego amigablemente por los comisarios que de una y otra parte se nombraren al efecto», asunto que posteriormente se sustanció en el Acuerdo de Madrid de 1750, negociado por Carvajal.

1750. El Tratado de Madrid. Fin del Asiento de negros

Cerrado este último capítulo de los enfrentamientos diplomáticos y militares entre España y Gran Bretaña, quedaba por ejecutar el mandato contemplado en el artículo 18º ya mencionado, que debía zanjar definitivamente los asuntos que en el fondo habían dado pie al enfrentamiento entre ambos países a partir de 1739, con la conocida como guerra del Asiento.

Como no podía ser menos, también en estas negociaciones apareció la implacable voracidad inglesa, intentando sacar el mayor beneficio posible para sus intereses, bien porque hubiera asuntos que a su juicio no estaban resueltos, bien porque en su modo de negociar solían utilizar casi siempre alguna cuestión colateral que, en su caso, pudiera darles ventaja de cara al resultado final (se suscita el problema para luego intercambiar una *cesión* a cambio de conseguir un mayor beneficio en el problema realmente importante).

En este caso, esa inmutable táctica se materializó en la pretensión de que el rey Fernando VI confirmase dos *tratados*, uno firmado en Santander, de 12 de septiembre de 1700, por el alcalde ordinario del municipio cántabro con ciudadanos privados ingleses a los que se concedió una serie de privilegios fiscales y comerciales para favorecer su *deslocalización* de Bilbao e instalarse en la villa santanderina; y el otro, un tratado esplanatorio (sic) de los de paz y comercio, «ajustado entre España e Inglaterra en 1713, concluido en Madrid el 14 de diciembre de 1715» (Del Cantillo *op. cit.*, pág. 12 y ss.). Ambos documentos reflejaban toda una serie de privilegios para los ciudadanos ingleses, que, ahora Keene, el embajador inglés en Madrid pretendía *convalidar* con la firma del monarca español (Del Cantillo concede la categoría de tratado sólo al de 1715). Pero como no tenían nada que ver con el mandato contemplado en el Tratado de Aquisgrán, Carvajal rechazó frontalmente esas peticiones, al tiempo que se mostraba ofendido por las extemporáneas exigencias inglesas, y aunque el embajador inglés argumentó que se trataba de actos regios del difunto Felipe V, cuya ejecución podría suponer una censura hacia este último por los privilegios que, en su momento, concedieron a ciudadanos de un país extranjero, ni Fernando VI, ni Carvajal cedieron en su negativa a admitirlos a negociación (postura lógica si se analiza detenidamente la conducta tan desleal con España que Inglaterra había mantenido y seguía manteniendo desde los acuerdos *amistosos* de Utrecht).

Así que el gobierno inglés, convencido de que estaba en juego, una vez más, la solución económica tan ansiada desde los años 30 de ese mismo siglo, accedió a firmar el Tratado ya negociado, el 5 de octubre de 1750, que tampoco resultó tan desfavorable para sus intereses como se verá a continuación.

En fin, en esencia, el Tratado recoge la renuncia de Gran Bretaña a los derechos contenidos en el acuerdo firmado en 1713 que le concedía por 30 años la explotación de un Asiento de Negros y un navío de permiso para exportar una vez al año mercancías a las *ferias* anuales de algunas de las ciudades españolas en América.

El precio de esta renuncia a los derechos, todavía vigentes, pues quedaban 4 años para la extinción del Tratado del Asiento, fue de 100.000 libras esterlinas a pagar por España a la Compañía del Asiento, al tiempo que Gran Bretaña *cedía* a España, por «saldo de cuenta», todo aquello que pudiera deberse por dicha Compañía (art. 2º). De esta manera, España se daba por plenamente satisfecha por lo que se le debiere y se extinguía para siempre todo derecho, pretensión o demanda que directa o indirectamente pudieran exigir por este asunto tanto Gran Bretaña como la Compañía.

Igualmente, en el artículo 7º el rey de España «consiente en que los súbditos británicos gocen de los privilegios […] que han gozado antes de la última guerra» y les concede el trato de «nación más favorecida» en sus negocios con España.

Para terminar, el artículo 10º, de cierre del Tratado, establece que una vez firmado este y ratificado, quedarán «ajustados y extinguidos todos los diferentes derechos, demandas, y pretensiones recíprocas» que existiesen entre ambas potencias.

A lo que no renunciarían los ingleses sería a seguir practicando el contrabando con sus barcos contra España, ni a abandonar los territorios españoles ocupados ilegalmente en el continente americano…

1750-1762. LA ESTÉRIL NEUTRALIDAD ESPAÑOLA. LA GUERRA DE LOS SIETE AÑOS

El Tratado de Aquisgrán tampoco consiguió solucionar los verdaderos problemas de fondo que subyacían en las relaciones entre las diferentes monarquías del momento, tanto en Europa como en Norteamérica, en donde, fundamentalmente, competían España, Francia, e Inglaterra. En realidad, se trató más bien de una solución diplomática para los daños producidos por los enfrentamientos desencadenados por los problemas suscitados por la sucesión austríaca entre las principales potencias europeas. Tratado, del que, una vez más, Gran Bretaña supo sacar beneficio en su pugna con España a causa del Asiento de Negros y de la sistemática vulneración de las reglas que España pretendía defender en relación con sus posesiones americanas.

España, por el contrario, salió de la guerra del Asiento con una economía aún más debilitada, algo que también le sucedió a Inglaterra, pero, sobre todo, con una posición política en el escenario europeo también muy endeble, que se acentuó por la firme neutralidad impuesta por Fernando VI, que le dejó prácticamente aislado y sin apoyos internacionales.

En Europa, el gran conflicto surgió, de nuevo, cuando Austria pretendió recuperar Silesia, que había perdido a manos de Prusia, precisamente durante la ya mencionada guerra de Sucesión austríaca. Como respuesta, el 6 de agosto de 1756 Prusia invade Sajonia, implicando desde ese momento a la práctica totalidad de las monarquías europeas en la llamada «inversión de alianzas» por comparación con las celebradas en 1740: así, en un bando se aliaron Gran Bretaña, Prusia, la casa de Hannover, algunos estados alemanes no católicos y, posteriormente, Portugal, aliado casi permanente de Gran Bretaña; y en el otro bando, coincidirán Austria, Francia, Rusia, y, más tarde, casi al final de esta guerra, España, forzada, sobre todo, por la firma en 1761 del Tercer Pacto de Familia, que tendría, de nuevo, consecuencias nefastas para el país.

Y esas serían, en fin, las razones por las que esta guerra ha sido considerada como el primer conflicto global, pues terminó afectando a territorios y ciudades de América, África, India y, para España, Filipinas y América.

Para Del Cantillo, el origen de la guerra *particular* entre Francia e Inglaterra en Norteamérica estaría en el apresamiento de dos barcos de guerra franceses en Terranova, uno de los puntos de fricción casi permanente entre ambas potencias, a cuenta de los históricos derechos de pesca franceses, y el ataque y posterior conquista, en junio de 1756, de la isla de Menorca, algo que, resultaba casi insoportable para los ingleses.

En Norteamérica, la guerra no declarada entre franceses e ingleses, que databa ya, posiblemente, de 1752, se localizaba en el valle del río Ohio, que en esos momentos servía de frontera entre la provincia de Nueva Francia y los colonos ingleses, y que para Francia constituía un pasillo de gran importancia estratégica, pues unía Canadá y la Luisiana a partir de la confluencia de los ríos Ohio y Misisipi, mientras que para Inglaterra ese mismo valle suponía la apertura de un territorio más, abierto a la expansión de los agresivos colonos ingleses hacia el desconocido oeste americano. Conflicto que había quedado sin solucionar por las urgencias en concluir la guerra de Sucesión austríaca, en 1740, pero, que, como sucede con los prolegómenos de casi todas las guerras, se había ido calentando, siguiendo el proceso, también conocido, de acción-reacción, hasta desembocar en guerra abierta.

Para Larrie D. Ferreiro el origen concreto de esta guerra estaría en la disputa entre el gobernador de Nueva Francia, marqués de Duquesne, y el vicegobernador de Virginia, Robert Dinwiddle, a propósito de la ubicación de un fuerte en la confluencia de los ríos Allegheny y Mononghaela, en la actual ubicación de Pittsburg, para lo que la Ohio Company of Virginia, creada en 1748, había firmado un convenio con las tribus iroquesas de la zona, precisamente para construir también un fuerte en el mismo lugar.

Dinwiddle envió una carta a Duquesne por medio de un joven militar de 21 años llamado George Washington, en la que exigía a los franceses la retirada de la zona, a lo que se opuso frontalmente el comandante francés del fuerte Le Boeuf, a orillas del lago Erie. Así que, en 1754, Dinwiddle envió de nuevo a Washington a la confluencia de los ríos mencionados para proteger, con los soldados del Regimiento de Virginia, las obras que se estaban comenzando por los ingleses en ese mismo lugar, con órdenes de, en caso de resistencia de los franceses, (que, a su vez, estaban trabajando en la construcción del fuerte Duquesne), «tomarlos prisioneros o matarlos y destruirlos». En cumplimiento de esa orden el 28 de mayo de 1754 los ingleses cayeron por sorpresa sobre el campamento francés y en menos 15 minutos de lucha hirieron o capturaron a todos los soldados franceses salvo uno. Esta batalla, conocida como Jumonville Glen sería considerada posteriormente como la chispa que encendió la confrontación militar entre Francia e Inglaterra en tierras de Norteamérica. (Ferreiro, *op. cit.*, pág. 5).

El contraataque francés, el 4 de julio, obligó a Washington a retirarse a Virginia, y a partir de ese momento ambas potencias fueron incrementando el número de fuerzas navales y terrestres en la región: Inglaterra envió 1000 soldados británicos a Ohio, y Francia 3600 a Canadá, pues la defensa de Nueva Francia tenía un importante interés político para Francia, ya que su pérdida afectaba también a su posición política en Europa.

Hasta que, finalmente, en 1755 los dos ejércitos llegaron al enfrentamiento directo: Braddock atacó el fuerte Duquesne, siendo derrotado contundentemente en la batalla de Monongahela; pero los británicos, por su parte, consiguieron expulsar de Acadia y Nueva Escocia (al noreste de Canadá) a la población francesa, que terminaría, al menos en parte, reubicándose posteriormente en los alrededores de Nueva Orleans.

Es entonces, 1756, cuando ya en Europa Gran Bretaña firmaría un tratado con Prusia, su antigua enemiga, a cambio de su apoyo frente a Rusia, y, unos meses más tarde, Francia se aliaba con Austria, antigua enemiga, para ayudarla a recuperar Silesia; y Prusia... y Gran Bretaña declaraban la guerra a Francia en mayo de 1756 y esta se la declaraba, a su vez, en junio.

En 1757, el panorama político en Europa da un giro sustancial a favor de Inglaterra, que cambia de gobierno nombrando a Pitt el Viejo, secretario de Estado del Departamento Sur, que incluía la defensa de las colonias británicas en América, y en 1758 toma Luisburgo, en Canadá, y cierra la firma de varios tratados de ayuda con diferentes tribus nativas de aquella vasta región del norte de América, hasta conseguir que retiraran su apoyo a los franceses del valle del Ohio, consiguiendo, así, atacar y destruir el fuerte Duquesne, erigiendo en el mismo lugar otro al que denominaron fuerte Pitt, y un asentamiento al que, igualmente, denominaron Pittsborough, (hoy Pittsburg).

Francia, pues, había perdido en unos pocos años no sólo la ventaja inicial en esta guerra sino que había perdido la práctica totalidad del territorio norteamericano que había dominado hasta entonces, hasta el punto de que 1759, *annus mirabilis* para Gran Bretaña, fue calificado por la prensa satírica inglesa como *annus horribilis* para Francia que, para entonces, ya había perdido también Quebec, capital de Nueva Francia, y estaba a punto de ceder Montreal, con lo que el control de Canadá pasó íntegramente a manos inglesas (Ferreiro, *op. cit.*, pág. 9).

Esta última derrota fue la que, probablemente, movió a Étienne François, duque de Choiseul, en esos momentos secretario de Estado de Asuntos Exteriores, y, en la práctica ministro de la Guerra, a cambiar su estrategia bélica para intentar, al menos, debilitar la fuerza militar británica, tomando una decisión, sin duda precipitada y, como suele suceder, equivocada: la invasión de Inglaterra mediante la utilización de una fuerza anfibia que no tenía en esos momentos. Para ello congregó a su fuerza naval en los puertos de Brest y Tolon. Y comenzó a construir unas 300 embarcaciones que le permitieran transportar a más de 40.000 hombres hasta Portsmouth. Pero una actividad tan importante y cercana a sus propias costas no podía pasar inadvertida para los ingleses, que se prepararon para emboscar a la armada francesa. Así que Pitt decidió adelantarse a lo que parecía planear Francia y lanzó un ataque por sorpresa sobre el puerto de El Havre, consiguiendo inutilizar un gran número de embarcaciones de quilla baja, destinadas a facilitar el desembarco en las playas inglesas y, más adelante, en noviembre de 1759, en una devastadora batalla en la bahía bretona de Quiberon, conocida como la Bataille des Cardinaux, terminó por destruir la mayoría de los buques franceses que debían escoltar la expedición francesa[87].

En este punto dramático para Francia, cuando su armada estaba siendo destrozada por la inglesa, que construía 10 barcos y capturaba 10 navíos franceses, por cada uno que Francia construía o capturaba al enemigo, Choiseul, una vez rechazada su oferta de negociación con Inglaterra para intentar frenar esta guerra tan perjudicial para los interés de su país, resolvió buscar el auxilio de España con la que, a fin de cuentas, existía ya un pacto de familia, cuyo objetivo era, precisamente, el apoyo mutuo en caso de guerra. El problema era que, ahora Carlos III, recién asumido el trono de España (1759), no había tenido aún la oportunidad de pergeñar siquiera su política internacional y seguía manteniendo la neutralidad impuesta por su hermano Fernando VI, si bien conocía la posición de Inglaterra hacia España y que no dejaba de hostigar a los mercantes españoles, atacando, además, a los puertos coloniales. Es decir, se encontraba en una tesitura especialmente crítica, pero relativamente favorable para superar esa neutralidad que tan poco útil había sido hasta ese momento para los intereses del Reino de España, así que se dejó convencer para entablar negociaciones con Francia.

Por otro lado, si bien la aprobación del convenio sobre indemnizaciones y la consecuente finalización del asunto de la guerra del Asiento entre España e Inglaterra, generó un período de cierta tranquilidad en Florida, en realidad no supuso un cambio sustancial en las complicadas relaciones anglo-españolas a cuenta, entre otros, del asunto de la extracción del palo de tinte en otras regiones de la América española, como Honduras o Campeche, si bien permitió al gobernador de Florida intentar una política de fomento y financiación de la colonización del territorio bajo dominio español, atrayendo a un grupo numeroso de colonos procedentes de las islas Canarias, proyecto que no fructificó debido, una vez más, a las características del territorio floridano: la propia naturaleza, difícil de cultivar, y la sistemática hostilidad de los nativos.

Pero pasado ese mínimo período de tranquilidad las relaciones entre las dos monarquías vuelven a recuperar su estado habitual, es decir, la agresividad, sin tapujos, hacia las propiedades españolas en América, la protección de los corsarios que seguían atacando a los mercantes españoles, la explotación de la madera de los bosques hondureños para la construcción de buques o la saca del palo de tinte por los colonos británicos asentados en las regiones tantas veces mencionadas en estas páginas, y que, ya en 1751, alcanzaban un valor de unas 170.000 libras esterlinas, equivalente a unas 8000 t o 150.000 libras, según L.H. Gipson, citado por Hilton (*op. cit.*, pág. 522); y el de las inútiles reclamaciones por parte de la diplomacia española, cuyo titular al frente del Exteriores, Carvajal Lancaster, seguía presentando sus quejas ante Newcastle, indignado por las ingentes cantidades de productos de plata originarios de la América española que podían verse en los mercados ingleses, todavía después de 1739.

De modo que esta tóxica relación se tendrá que canalizar a través de una intensa actividad diplomática bilateral, estéril, con resultados nulos o negativos para España y positivos para Inglaterra porque con su táctica habitual de contestar a preguntas y demandas con otras preguntas o propuestas inaceptables para la monarquía española, dejaban pasar un tiempo que les permitía consolidar sus posiciones o, al menos, dilatar el momento de abandonar, en su caso, por la fuerza, los territorios ocupados y explotados ilegalmente.

El problema, además, era que Inglaterra seguía argumentando que sus colonos practicaban estas actividades relacionadas con el palo de tinte antes de que el tratado de 1670, tantas veces comentado, *convalidara* la presencia inglesa en aquellos territorio de soberanía española, y, en concreto, en los alrededores del cauce del río Viejo, que desembocaba en la bahía de Honduras, lugares, por lo demás, carentes de presencia alguna española o de fuertes que los protegieran, lo que permitía a los ingleses considerarlos casi como *res nullius*.

Pero en el otoño del mismo 1750, Ensenada ordenó expulsar a los colonos de estos territorios, a lo que Gran Bretaña opuso el *sutil* argumento de que al no haber proclamado, durante la guerra recién terminada, la anexión de estos territorios, no estaban obligados a dar cumplimiento al mandato establecido en el artículo 5º del Tratado de Aquisgrán, que obligaba a los Estados firmantes a devolver los territorios ocupados durante esa guerra, porque la situación de «ocupación ilegal» que los colonos ingleses mantenían, no encajaba en la dicción del mencionado artículo (cínica e interesada interpretación, una vez más, a su favor)... aunque desde un punto de vista jurídico se tratara de una ocupación ilegal del territorio de otro país.

Así que el 26 de junio de 1752 se envía a Melchor de Navarrete, gobernador de Yucatán, la orden de preparar una fuerza militar con navíos de Nueva España, Cuba, Honduras y Campeche, y tropas estacionadas en Guatemala, para expulsar definitivamente a los ingleses de aquella zona.

Y para complicar más las cosas, en septiembre de ese año llega a Madrid el nuevo embajador de Francia, el duque de Duras, con la misión específica de contrarrestar la que se antojaba notable influencia inglesa sobre Carvajal, gracias a la amistad de este con Keene. La irrupción de este personaje en el ambiente cortesano y, sobre todo en el diplomático, parece que se tradujo en un auténtico tormento para Carvajal y algunos de sus ministros, a los que no cesaba de presentar ofrecimientos de mediación o proyectos de alianza con Francia, y que, esquivado ya abiertamente por sus colegas españoles, por insoportable, pretendió entrevistarse personalmente con el monarca español, algo a lo que tenía derecho según la costumbre, pero que terminó consiguiendo saltándose todos los protocolos que exigía la cortesía diplomática, lo que finalmente decidió al rey a pedir su relevo al frente de la embajada francesa.

En esta coyuntura de intentos de franceses e ingleses por conseguir el apoyo español para sus propios intereses, el 8 de abril de 1754 fallece repentinamente Carvajal, lo que desata una verdadera lucha entre las cancillerías de los dos países citados por *colocar* al frente del puesto vacante al candidato que más pudiera favorecerles. Finalmente, resultará elegido Ricardo Wall, nacido en Nantes, de familia irlandesa, y que desde muy joven había servido a Felipe V en el campo militar, llegando a ostentar el cargo de mariscal de campo, hasta que, a la muerte del rey en 1747, pasó a la política activa.

Esta circunstancia fue aprovechada por Keene (que consideraba a Ensenada enemigo declarado de Gran Bretaña) para orquestar, apoyado por altos funcionarios y por el duque de Huéscar, amigo personal de Fernando VI, una potente campaña de desprestigio hacia él, con acusaciones de francófilo, belicista y desleal al rey, por ocultarle información, consiguiendo, finalmente, que este le destituyera de todos sus cargos en julio de 1754 y le enviara desterrado a Granada desde donde, luego, le fue permitido trasladarse al Puerto de Santa María.

Parece que el motivo que más pesó en esta decisión personal del monarca estuvo en el temor de que la expulsión de los colonos ingleses de Belice y la costa de los Mosquitos, (costa oriental de Nicaragua) pudiera desencadenar una nueva guerra con Inglaterra y la pérdida de la neutralidad tan firmemente arraigada en su mentalidad, en la de su esposa, y en la de sus consejeros más cercanos. Pero, según Hilton (*op. cit.*, págs. 555 y 556), las «órdenes de guerra» contra los colonos sólo serían las de la mera ejecución de la orden dada por Carvajal en 1752, que todavía no se había podido ejecutar por las dificultades que planteaba conseguir una buena organización que pudiera garantizar el éxito de la expedición. Porque Carvajal ya le había comentado a Wall en carta de 10 de enero de 1753 que «lo de sacar palo de la bahía de Campeche no tiene el más leve apoyo legítimo, con que si [los ingleses] insisten en él, es querer que se acabe la amistad», para comentar más adelante, el 8 de noviembre de ese mismo año, que «en lo del palo de Campeche no se puede ceder, no tienen más derecho que los ladrones a hurtar»[88].

Por lo demás, este conflicto por el palo de tinte permanecerá latente, sin solución positiva para España, desde la protesta formal de Wall, de 15 de octubre de 1755 hasta septiembre de 1756, pues dicha protesta no tuvo efecto alguno, salvo la *reprimenda* de Julián Arriaga, (nuevo ministro de Marina e Indias tras la caída de Ensenada) a Navarrete por la interpretación literal de este de las órdenes de 1754 de frenar las hostilidades contra los colonos ingleses en la región de Honduras, recordándole por otro lado, que aquellos territorios pertenecían a España y «es obligación de V.S. poner los medios posibles para su conservación», (es decir, política errática y, sobre todo mal explicada, que, en este caso inducía a los ejecutores a no saber qué decisión tomar, pues, en esas situaciones siempre se tiene la impresión de que en cualquier caso uno será siempre el *responsable* final). Así que Navarrete acusa recibo de esta comunicación en agosto de 1756 y se decide por volver a autorizar operaciones de corso *defensivo* en aquella región de América. Política de pasividad o inacción frente a las agresiones de terceros, que se tradujo en que, a finales de marzo de dicho año 1756, (no se olvide, año del comienzo *oficial* de la guerra de los Siete Años entre Francia e Inglaterra en América) el gobernador de Campeche (en la costa nororiental de la península de Yucatán) remitiese más noticias sobre el restablecimiento y fortificación, apoyados por Inglaterra, de los campamentos ingleses en Belice... y costa de los Mosquitos por parte de los colonos ingleses que ya habían abandonado la isla de Roatán, en la que se habían instalado huyendo de las operaciones de expulsión llevadas a cabo por España.

Todo ello convence a Wall, cuyas simpatías por *lo inglés* habían comenzado a flaquear, a exigir en septiembre de dicho año al gobierno de Gran Bretaña la evacuación de todos los territorios ocupados en las costas de Yucatán y Honduras. Y es entonces, cuando los ingleses siguiendo su proceder en el caso de la *convalidación* de los territorios españoles ocupados antes de 1670 (distinguir entre territorios antiguos y territorios nuevos, que serían los ocupados después de ese tratado, hasta el de Utrecht, en 1713), proponen actuar a la inversa de entonces: distinguir los establecimientos «más modernos» de los «más antiguos» (es decir, los anteriores a 1670) para ofrecer evacuar los más modernos antes de solventar definitivamente el asunto del palo de tinte. Se trataría, en concreto, según Palacio Atard[89] de evacuar la región de Mosquitía (Honduras, frontera con Nicaragua) pero no Belice (en el golfo de Honduras), indicando con esta selección que los establecimientos existentes en 1757 eran antiguos, excepto los de río Tinto, pues Pitt mantenía en este asunto una postura dura: para él todos los establecimientos eran anteriores a 1670, por lo que antes de tomar una decisión necesitaba ampliar sus consultas, lo que, en definitiva, equivalía a nuevas demoras.

En realidad, lo que pretendía Inglaterra era *convalidar* prácticamente todos los establecimientos ilegales *renunciando* a crear nuevos ¡¡a partir de 1756!!, siguiendo para ello el pensamiento y la política de Pitt. De nuevo, por tanto, la doctrina de consolidar los hechos consumados.

Entonces Wall ordena a Abreu, el embajador español en Londres, exigir por escrito una respuesta a su carta de septiembre de 1756, exigencia que tendrá que repetir en 1 de julio de 1757 ante el silencio británico... que esta vez (¡nueva condición a cumplir por España!) contesta vinculando la solución definitiva al cumplimiento de las reclamaciones inglesas referentes a las *presas*, que en esos momentos se hallaban ante los tribunales españoles. Así que, harto de estos silencios y de las dilaciones inglesas, Wall terminará prohibiendo a Abreu volver a tratar este asunto con los ingleses, vista la inútil, por débil, gestión que este estaba llevando a cabo.

En cualquier caso, la respuesta inglesa que, finalmente, se entrega a Abreu será tan abstrusa que Wall la califica de «injuriosa, e inadmisible en todas sus partes» y ordena al embajador devolver el original al ministerio inglés (acción insólita que en lenguaje diplomático podría llegar incluso a equivaler a una declaración de guerra).

Así que en el otoño de 1757 las relaciones anglo-españolas alcanzaron su punto más bajo, complicándolas aún más el comportamiento de los navíos ingleses hacia la bandera y las aguas territoriales españolas, que llegaban a vulnerar provocativamente, atacando, incluso, a barcos franceses amparados por las baterías de costa españolas.

Situación que dejará *campo libre* a las maniobras de Keene, que, sin embargo, no podrá hacer prosperar su influencia sobre Wall, cuyas simpatías por Gran Bretaña se habían ido enfriando día tras día al confirmar cómo esa amistad estaba siendo manipulada en beneficio del país al que representaba, que nunca renunciaba a sus intereses, estuvieran o no fuera de la ley, y que nunca ofrecía nada a cambio del trato leal que recibía por parte de España.

Prueba de todo ello nos la ofrece Del Cantillo al contarnos el despacho[90] enviado por Pitt el Viejo, nuevo ministro de Exteriores de Inglaterra, al embajador Keene, en septiembre de 1757 (y, por tanto, ya en plena guerra de Inglaterra con Francia en Norteamérica), incluyendo una nota unánimemente aprobada por el Consejo de Ministros del rey Jorge II, que recogía el pensamiento de la Administración inglesa en esos momentos, de cara a sus relaciones con España, y ante la posibilidad de obtener su apoyo en la mencionada guerra recién iniciada con Francia.

En el encabezamiento, la nota hace referencia a «los espantosos progresos de las armas francesas y los riesgos a que quedan expuestos Inglaterra y sus aliados por el trastorno total del sistema político de Europa [...] debido a lo cual sólo la unión íntima con la Corona de España es la que puede contribuir poderosamente a la libertad general de Europa», (hace referencia, sin duda, a lo que según Ferreiro (*op. cit.*, pág. 3) una enciclopedia del siglo XVIII definía como «equilibrio de poderes», un sistema de relaciones internacionales imperante en esos momentos. De ahí, la frecuencia con la que, durante este siglo, las diferentes potencias cambiaron de bando entre una guerra y la siguiente.

Volviendo a la nota enviada por Pitt, se insiste en la necesidad de atraerse el apoyo de España «con el fin de alcanzar una justa y honrosa paz y, sobre todo, para recuperar y restituir a la Corona inglesa la importantísima isla de Menorca con todos sus pueblos y fortalezas, como también para restablecer un equilibrio permanente en Europa», para lo que los ministros ingleses entienden conveniente incluir en la negociación con España el cambio de Menorca por Gibraltar, y que «se haga justicia a las reclamaciones de España relativas a los establecimientos formados por súbditos ingleses en la costa de Mosquitos y bahía de Honduras desde el Tratado de Aquisgrán, con la cláusula de que se evacúen todos estos establecimientos» (algo, a primera vista sorprendente y, por supuesto, un enfoque del asunto completamente desconocido para Madrid), recordándole, no obstante a Keene, que «la Corte española se contentaría, por lo pronto, con la evacuación de la costa y los establecimientos fundados hace poco en la bahía de Honduras (de acuerdo, al parecer, con una nota del embajador Abreu), después de la conclusión del tratado de 1740» (lo que equivaldría para la Administración inglesa, a apoyarse en su doctrina de hechos consumados, ya comentada más arriba).

Más adelante, en esta nota Pitt transmite a Keene una información tan interesante como delicada cuando dice «estamos [los ingleses como potencia] reducidos a tal punto que las tenues ventajas del Tratado de Utrecht, indeleble oprobio de la generación última, son todo lo que nos es lícito desear hoy [...] porque el Imperio no existe ya para nosotros, los puertos de los Países Bajos se han entregado al enemigo [...] hemos perdido Menorca y el Mediterráneo; y aún América nos ofrece bien poca seguridad». (Sorprendente declaración, exagerada, sin duda, salvo el diagnóstico sobre el estado de su economía como consecuencia de los conflictos militares en los que Gran Bretaña se había visto envuelta durante los años anteriores, por supuesto, en defensa, siempre, de sus intereses y su política expansionista).

Reflexiones y realidades, todas ellas, que les lleva a plantear que se sondee la disposición de Madrid a «abrir negociaciones sobre las bases y para los objetivos que se mencionan en lo anteriormente dicho» para, a continuación, comentar que «se espera, sin embargo, que la arrogancia española y los sentimientos personales del duque de Alba estarán acordes con el interés de España, que no podría confiar en conservar el sistema de un egoísmo mezquino, y mantener una neutralidad peligrosa y sin gloria, en precio de la sumisión a Europa».

Para terminar, hacia el final de la nota, con varias *precisiones* en relación con el asunto de Gibraltar, recomendando a Keene «la mayor reserva y circunspección [...] no sea que, en lo sucesivo se interprete la proposición como una promesa de restituir esta plaza a S. M. católica, aun cuando la España no aceptase la condición que ponemos para esta alianza [...] para lo que deberá poner [...] muy particular cuidado en pesar y medir cada expresión en el sentido más preciso y abstracto [...] pues debo preveniros expresamente que el rey, aún en el caso propuesto, no tiene ánimo de entregar Gibraltar a España hasta que esta Corte, por medio de la unión de sus armas con las de S. M. haya reconquistado y entregado a la Corte de Inglaterra la isla de Menorca».

A pesar de la estupefacción e irritación que estas órdenes, por disparatadas y tardías, produjeron en Keene, este no tuvo más remedio que plantear la negociación con España en los términos aprobados por el Consejo de Ministros británico. Lo que no evitó que, cuando Wall conoció los planteamientos de Inglaterra, estallara de indignación ante la mera *sugerencia* de una alianza así diseñada, respondiendo a Keene fuera del lenguaje y contención que se supone deberían usarse entre diplomáticos, pero que le sirvió, sin duda, para pagar con el embajador británico todas las frustraciones acumuladas durante años a causa del lenguaje ambiguo, la prepotencia, las dilaciones y la conducta desleal con España por parte de la corona inglesa: «¿Qué momento elegís para hablarnos de la libertad de Europa y de vuestra íntima unión con España? ¿Osáis hacernos semejante proposición después de tantos motivos de queja que nos habéis dado? Aun admitiendo que Europa quedaría esclavizada, ¿qué mal peor que el actual pudiera resultarnos? Se nos despreciará quizá, pero, al menos, lo harán los más fuertes, serán los de nuestra propia sangre [...] Pero, ¿qué podremos esperar de vos después de la victoria cuando tan mal nos habéis tratado en este momento en el que vuestros negocios ofrecen tan poco favorable perspectiva?».

Así que esta última intentona de alianza por parte de Inglaterra produjo el efecto inverso al pretendido, como se temía Keene, quien, para colmo de complicaciones, falleció en Madrid a mediados de diciembre de ese año 1757. Su sucesor en el cargo, el conde de Bristol, no podrá ya enderezar las degradadas relaciones anglo-españolas, pues, además, los años que estaban por llegar incrementarían, aún más, el número de conflictos abiertos entre las dos naciones.

En fin, este asunto de la ocupación ilegal de territorio español en América para la obtención de madera destinada a la construcción de barcos ingleses y para la saca del palo de tinte seguirá languideciendo sobre la mesa de los dos gobiernos, el uno porque ello le permitía seguir explotando una materia prima que le proporcionaba jugosos rendimientos, y el otro porque, aparte de su debilidad económica y militar para proteger debidamente un territorio tan lejano, nunca mostró mayor interés en favorecer esa misma explotación por parte de sus súbditos, aunque hubo proyectos para intentarlo, incluso asociándose con sus adversarios. Por lo que el conflicto, como el de los límites entre Florida y Georgia, terminará por *solucionarse*, por desgracia, con el tratado de 1763, que, como se verá, reflejó la verdadera fortaleza política de España en aquellos momentos.

Así las cosas, para añadir más problemas a los ya existentes para la Administración española, en agosto de 1758 muere la reina de España, Dña. Bárbara de Braganza, sumiendo a Fernando VI en una profunda depresión, y a la Administración española en una importante paralización durante todo un año, período que culminó con la muerte del monarca español el 10 de agosto de 1759 en Villaviciosa de Odón.

Será, precisamente, este año, cuando se produzcan los mayores éxitos ingleses en Norteamérica a costa de la política y las fuerzas francesas. Y España vivirá estos meses de vacío de poder sin poder asumir un mínimo protagonismo, circunstancia que profundizará en su papel de potencia de segunda clase en la escena internacional, porque Carlos III, sube al trono español precisamente ese año, sin tiempo siquiera para pensar en modificar la política de neutralidad seguida por su hermano Fernando VI, viéndose forzado, por las propias circunstancias de su acceso al trono, a firmar con Francia el Tercer Pacto de Familia, pacto que, esta vez, resultará letal para la suerte de Florida como provincia española.

1761. Tercer pacto de familia. España, aliada de Francia

La muerte inesperada de Fernando VI, sin descendientes, propició la subida al trono de España de Carlos III en Madrid, el 20 de enero de 1761. Descendiente de Felipe V y de su segunda esposa Isabel de Farnesio y, por tanto, hermanastro de Fernando VI, contaba a su llegada a Madrid con 43 años y una considerable experiencia de gobierno, conseguida primero como duque de Parma y Plasencia, después, como rey de Nápoles entre 1731 y 1735 y, en fin, como rey de las dos Sicilias, cargo que desempeñaría desde este último año hasta su coronación como rey de España.

Había llegado a la capital del Reino el 9 de diciembre de 1759, acompañado durante el viaje por el marqués de Ossun, como embajador de Francia, cargo que este ya había desempeñado en Nápoles, por lo que gozaba de la suficiente confianza con el nuevo monarca para presentarle, antes incluso del viaje a España, un nuevo proyecto de alianza entre sus dos respectivos países.

Como ya se ha comentado más arriba, durante un tiempo, con lógica prudencia, Carlos III mantuvo la política de neutralidad implantada por su hermanastro durante su reinado, sin renunciar, precisamente por ello, a actuar, si fuera el caso, como mediador entre otras potencias europeas, todavía en guerra.

Lo que sí preocupó al monarca desde el primer momento fue conocer los avances conseguidos por Inglaterra en Norteamérica, que podían destruir, como así fue, el equilibrio de fuerzas entre las dos potencias en conflicto, con el resultado de que, libre la Gran Bretaña de su antagonista, dejaban los dominios de España expuestos a la agresividad y al insaciable expansionismo de los ingleses que ya llevaban soportando durante tantos años.

Así que, finalmente, accedió a las reiteradas peticiones y propuestas francesas y decidió ordenar al todavía embajador en Londres ofrecer a Pitt la mediación española para conseguir una paz marítima entre Inglaterra y Francia, oferta que fue rechazada de plano por Pitt, alegando una supuesta parcialidad española, dados los lazos familiares que unían a los dos monarcas borbones, pero añadiendo, impulsado quizás por la prepotencia que generaba la positiva situación de las fuerzas inglesas en relación con las francesas, y dirigiéndose expresamente al representante español: «el poder de los Imperios se aumenta

con la guerra; la Francia misma debe a las usurpaciones su engrande-
cimiento, y ya que la fortuna es hoy favorable a Inglaterra justo es que
aproveche sus ventajas para despojar y humillar a su rival». A lo que el
embajador Abreu le contestó que el rey, su amo, no consentiría en ningún caso semejantes usurpaciones. Contestación que hizo reaccionar
al inglés, quien inmediatamente recogió velas y le respondió que el rey
de Inglaterra no había pensado nunca conservar todas las posesiones
de las que se había apoderado y que esperaba se le atrajese a la paz por
medio de honrosas condiciones.

El tono arrogante y la actitud desafiante del ministro inglés, terminaron por convencer al representante español de que era prácticamente inevitable una guerra, por lo que Carlos III decidió que
Jerónimo Grimaldi, destinado en La Haya, fuera trasladado a París
con el objetivo de formalizar una nueva alianza entre los dos países.

Por parte de Francia fue designado Étienne François, duque de
Choiseul, que redactó tres textos distintos: uno, el correspondiente
a un nuevo pacto de familia; otro, para el caso de que España se
decidiera a unir sus armas a las de Francia contra Inglaterra (y que
terminaría siendo la convención de 4 de febrero de 1762); y un tercero, destinado a sustanciar discusiones comerciales, que terminaría
siendo el núcleo del convenio de 2 de enero de 1768.

El primer proyecto llegó a Madrid en mayo de 1761 y, tras las
modificaciones necesarias para adaptarlo a las necesidades e intereses de las dos monarquías, se dio plenos poderes a Grimaldi para su
firma el 15 de agosto de 1761[91].

Este nuevo pacto se concibió, sin duda, como una ampliación y
complemento de los dos anteriores, de 7 de noviembre de 1733 y 25
de octubre de 1743, con propósito, según su Exposición de Motivos
de «hacer permanentes e indisolubles [...] aquellas mutuas obligaciones que traen consigo naturalmente el parentesco y la amistad»,
y quedaba cerrado a cualesquiera otras potencias que no fueran de
la casa de Borbón (art. 21), como sucedió con Austria, que intentó
ser admitida como «contratante en este pacto», siendo rechazada
por Grimaldi con el argumento de que se trataba de «un negocio
de amor, no de política» (algo que a Del Cantillo le hace decir que
«por un afecto particular de familia se comprometieron la sangre
y el interés de todo un pueblo en los desaciertos o caprichos de un
monarca (Luis XV) extraño»[92].

En fin, toda esta filosofía va concretándose a lo largo del texto formado por 28 artículos, que regulan los diferentes aspectos que pudieran afectar a los dos firmantes. Así, el artículo 1º, establece que ambos monarcas «mirarán en adelante como enemigo común, la potencia que viniera a serlo de una de las dos coronas», lo que automáticamente y desde la firma del Tratado (15 de agosto de 1761) comprometía a España en el conflicto de Francia con Inglaterra, que la primera estaba ya perdiendo claramente. Principio base, como apuntala el artículo 4º, que dice que «quien ataca a una corona, ataca a la otra», pasando en los siguientes artículos a describir los «primeros socorros» que cada país se compromete a prestar a la otra parte, bastando el requerimiento de uno de los dos soberanos como prueba de la necesidad del socorro, con la agravante de que el artículo 14 establece que el coste de ese socorro (navíos, fragatas, tropas de tierra) correrá a cargo de la potencia que lo suministre.

Quizás uno de los artículos más interesantes sea el 17, que regula el proceder para el caso de que a una de las dos potencias se le ofrezca la posibilidad de negociar la paz: cualquiera de los dos firmantes se compromete a no tratarla ni concluirla con el enemigo «de suerte que tanto en guerra como en paz cada una de las dos coronas mirará como propios los intereses de la otra, su aliada». (Algo que Francia *olvidaría* muy pronto, en concreto, cuando la situación afectaba a sus intereses).

El Tratado fue ratificado por Luis XV el 20 de agosto de 1761 y por Carlos III el 25, en San Ildefonso.

Pero al mismo tiempo que negociaba la redacción del nuevo pacto con España, Luis XV había abierto nuevos contactos con Gran Bretaña para, entre otros objetivos, frenar la pérdida de hombres, barcos, y material militar que estaba sufriendo Francia con la consiguiente sangría económica para el país.

Carlos III, por su parte, también intentó sacar algún beneficio de esas conversaciones, y, aprovechando esta circunstancia y el ambiente creado por la firma del Tercer Pacto de Familia, pretendió incluir sus reivindicaciones frente a Inglaterra en dichas negociaciones. Se trataba de dos asuntos de contenido económico, y uno de contenido estratégico, todo ellos relacionados con las posesiones españolas en ultramar: la cancelación por Inglaterra de los permisos concedidos a los guipuzcoanos para la pesca del bacalao en

Terranova; la restitución o indemnización del valor de los buques apresados ilegalmente por Gran Bretaña; y, sobre todo, la demolición de los fuertes erigidos en Honduras por Inglaterra para la tala de árboles y la saca de palo de tinte.

De modo que el representante francés no tuvo inconveniente en presentar, juntamente con su propuesta de preliminares, para el tratado de paz con los ingleses, las mencionadas peticiones españolas, en las que se afirmaba que, si no se le daba satisfacción, Carlos III estaba decidido a recurrir a las armas, al igual que lo haría el rey francés, en base al pacto recién firmado.

Pero, aparte de que, efectivamente, podían calificarse de extemporáneas esas pretensiones, y ajenas a los canales ordinarios que se utilizaban en las relaciones diplomáticas, parece que el rey español no había calibrado suficientemente el estado de eufórica autosuficiencia en el que se desenvolvía en esos momento el gobierno inglés, pues la respuesta de Pitt fue contundente: no estaba dispuesto a discutir cuestiones presentadas de forma, digamos, tan fuera del procedimiento ordinario y, seguramente no previstas en esos momentos por su gobierno. Pero, eso sí, aprovechó para aludir a los rumores existentes sobre una «alianza secreta» entre los dos reyes borbones, así como a preparativos de efectivos navales en los puertos de la Península, exigiendo, a su vez, una explicación clara por parte de España sobre este asunto, al tiempo que manifestaba que unir las pretensiones españolas a las de los franceses era la vía más difícil para entenderse con ellos, los británicos.

Carlos III, no obstante, estaba muy interesado en mantener en secreto el Pacto recién firmado, primero, porque consideraba que todavía no contaba con los medios militares y navales necesarios para entrar en campaña, y, después, porque estaba a la espera de la llegada de una flota de galeones, que, con su importante cargamento corrían el peligro de caer en manos británicas, precipitando la ruptura de hostilidades. Así que dilató lo máximo posible la respuesta al embajador inglés, hasta que, finalmente, el 6 de diciembre de 1761 se entregó una nota oficial al ministro de Exteriores británico, lord Egremont, dando cuenta de la firma del tratado de 15 de agosto y de la decisión de Carlos III de tomarse la justicia por su mano si no se atendían sus reclamaciones. La respuesta inglesa no pudo ser más clara y contundente, pues cuatro días después, Wall, el embajador español en Londres, enviaba a Madrid los pasaportes para lord Bristol y se circulaban órdenes en España para el embargo de los buques ingleses atracados en puertos españoles.

A partir de ese momento, como sucedió con el caso de la guerra del Asiento, los hechos se fueron sucediendo vertiginosamente, en cascada: el 2 de enero de 1762 Gran Bretaña hacía pública su declaración de guerra a España y el rey español hacía lo propio contra Gran Bretaña el día 18, misma fecha en la que Portugal, aliado natural de Inglaterra, hacía pública, también, su declaración de guerra a España, lo que daría lugar a toda una serie de operaciones bélicas por parte de esta última, tanto en territorio portugués, en la península, como contra la colonia de Sacramento, y que era la vía ilegal que utilizaba Inglaterra para practicar el contrabando contra España en aquella región del río de la Plata[93].

Situación bélica que aceleró las negociaciones entre los funcionarios de las dos coronas de la casa de Borbón para terminar de elaborar el ya previsto por Choiseul tratado de alianza ofensiva y defensiva con España, para el caso de que ésta decidiera unir su fuerza militar a la de Francia contra Inglaterra, como así era el caso.

HACIA EL TRATADO DE 1763

Entretanto, a las alturas de 1760-1761 de la guerra de los Siete Años, parecía que, en Europa, las naciones implicadas se orientaban ya hacia una paz ansiada por todos, políticos y súbditos, pues Austria había abandonado la esperanza de recuperar Silesia, una vez perdido el apoyo de Rusia y Suecia, quienes, a su vez, habían firmado la paz con Prusia, en sendos Tratados de San Petersburgo (5 de mayo) y Hamburgo (22 de mayo), y Federico de Prusia no deseaba mantener la guerra en solitario.

Y los dos contendientes en América, acusaban, sobre todo, el impacto económico de mantener una guerra en ambos continentes, por lo que Francia, que, como se ha visto, mantenía ya contactos con Gran Bretaña, decidió enviar a Londres al duque de Nervois, como plenipotenciario de Luis XV, y Gran Bretaña, a su vez, envió a Paris al duque de Bedford con el objetivo de iniciar negociaciones tendentes a conseguir un tratado que pusiera fin a sus enfrentamientos y la consiguiente sangría para las debilitadas economías de las dos potencias.

El asunto casi exclusivo que centró estas conversaciones fue la búsqueda de soluciones a la situación creada en Norteamérica, donde las fuerzas británicas no sólo habían derrotado a las francesas, sino que se habían apoderado ya de la práctica totalidad de los territorios dominados por Francia hasta esos años, y que no estaban dispuestos a devolver, según la *doctrina* ya expresada por Pitt.

Así las cosas, la cuestión de la *profundidad* en la que debía concretarse la *conquista* de los territorios que ya estaban en poder de Inglaterra, constituyó, una vez más, el objetivo de los preliminares del futuro tratado. Gran Bretaña presionaba para que le fuera cedido todo el territorio oriental de la Luisiana, bañado por el Misisipi, que incluía, por supuesto, todo el valle del Ohio hasta su confluencia con el Misisipi, sobre la base de que Canadá, ya en manos de los británicos, se extendía hasta esos territorios, incluyendo Illinois, por largo tiempo motivo de disputa entre Canadá y Luisiana, a cuenta de su población de castores.

Al sur del Ohio, los ingleses defendían tener derechos de conquista y, a cambio, ofrecían a Francia las islas antillanas de la Martinica, Guadalupe y Mariagalante (en el centro de las Antillas menores), mientras que Choiseul demandaba, además, Santa Lucía[94] por lo que, al final, el Ministro, el más afectado por este asunto, sin consultar siquiera con España (parece que el Tercer Pacto de Familia significaba más un estorbo que una ayuda para avanzar con rapidez en la negociaciones), aceptó que «el límite de Canadá» debía quedar fijado en el Misisipi, hasta su embocadura más oriental, el río Iberville (los actuales Bayou Manchac y río Amite), salida de los lagos Maurepas y Pontchartrain al golfo de Méjico (aproximadamente, en los 30° latitud norte, 90° longitud oeste). Y, al este, la cesión francesa incluiría Mobile, lo que afectaba directamente a la Florida, aunque en esos momentos la frontera entre España y Francia no estaba fijada.

Por su parte, Grimaldi y Wall, los representantes españoles, propusieron fijar la latitud de Carolina como límite sur de Canadá, lo que supondría restablecer la zona *neutral* en Georgia, territorio que seguía siendo rechazado como británico por España, solicitando, además, que les fuera negado a los británicos el derecho a usar el

Misisipi para llegar al mar, pero, Choiseul ya se había comprometido con Gran Bretaña sobre la solución *francesa* (Hoffman, *ibid.*).

Aparte de ser este un magnífico exponente (dicho evidentemente en términos irónicos), de la lealtad que, una vez más, se podía esperar de Francia en el cumplimiento de lo dispuesto en el recién firmado pacto de familia (art. 17: «tanto en guerra como en la paz […] las dos coronas mirarán como propios los intereses de la otra, su aliada»), esta decisión de Choiseul era señal de la urgencia de Francia en cerrar un tratado de paz con Gran Bretaña en las mejores condiciones posibles, una vez perdidos todos sus dominios en Norteamérica y perdido el interés por mantener su Imperio allí, a pesar, sin embargo, de conocer que continuaban manteniéndose, precisamente en aquellos territorios, viejos conflictos no resueltos entre Inglaterra y España, su aliado desde 1761.

Corroborando esta idea de abandonar Norteamérica, el 20 de septiembre de 1762, los negociadores franceses deciden, por boca de su soberano, «ordenar a los franceses que antes de perder la oportunidad de alcanzar la paz evacuen la totalidad de la Luisiana […] una colonia con la que no somos capaces de comunicarnos excepto por mar, que no tiene ni puede tener un puerto en el que un *jebeque* de 12 cañones pudiera entrar y que cuesta a Francia 800.000 libras al año, sin producir una moneda a cambio»[95]. Juicio claramente exagerado y perjudicial para la población francesa en aquellas latitudes.

Así que Luis XV ordenó a Choiseul comunicar a Carlos III esta decisión tan inesperada para España, y que colocaba a la Corona española ante un panorama preocupante: el avance británico hacia el golfo de Méjico, a través de los territorios arrebatados a Francia, con la posibilidad de conseguir el control de toda la Luisiana, y el posible abandono por Francia del territorio al oeste del Misisipi, cuestión, afortunadamente, no abordada oficialmente en esos momentos, lo cual podría llegar a ser incluso peor, pues el norte de Nueva España hubiera quedado expuesto a una posible intrusión británica. Así que Carlos III decidió aparcar sus peticiones y argumentos de cara al nuevo tratado en preparación, asegurando a d'Ossun, el 28 de septiembre, que no pondría más obstáculos a la paz.

Pero, como veremos más adelante, La Habana cayó en manos inglesas en agosto de ese mismo año (1762) aunque la noticia no llegó a Londres hasta el 29 de septiembre, lo que determinó inmediatamente el endurecimiento de la postura inglesa, que pasó de una predisposición favorable del rey Jorge II a devolverla a España, sin exigir compensación alguna, a valorar su nueva posición como vencedor que le permitía, ahora, demandar alguna compensación a cambio de la devolución de esta plaza, tan importante para España, momento en el que aparecen la Florida o Puerto Rico como posibles monedas de cambio.

La reacción de los representantes españoles ante estas nuevas perspectivas fue la de levantarse de la mesa de negociación y seguir luchando en solitario por sus propios intereses, algo sobre lo que ya le había *advertido* Choiseul a Grimaldi en un tono amenazador: «Debe aceptar los artículos del tratado o seguir luchando solo» (de nuevo una interpretación poco diplomática del pacto de familia recién ratificado).

Será entonces, cuando, para intentar retener a los españoles y evitar así perder todo lo acordado hasta ese momento, Luis XV decidió enviar, el 9 de octubre, una carta personal a su primo el rey de España, ofreciéndole el territorio de la Luisiana occidental y la isla de Nueva Orleans como compensación por cualquier territorio que España tuviera que entregar para recuperar La Habana.

Carlos III, rechazó de primeras ese ofrecimiento, y sus ministros parece que continuaron abogando por mantener su postura de abandonar las negociaciones, pero el 22 de octubre, el monarca español, pensando seguramente que no estaba en la mejor situación para mantener él solo el enfrentamiento con una Inglaterra en mucho mejor posición militar y económica que España, y que, por otro lado, acababa de firmar con Francia ese tercer pacto *familiar* de mutuo apoyo, cambió de postura e instruyó a Grimaldi para aceptar las condiciones impuestas por Gran Bretaña y trabajar para conseguir la paz (Hoffman, *ibid.*, pág. 60).

1762. Tratado de Versalles. Alianza ofensiva y defensiva entre España y Francia[96]

Como ya se ha comentado, esta *convención* respondía a la previsión de Choiseul de que España firmara el Tercer Pacto de Familia, que, en sí, suponía un claro alineamiento con los intereses de una Francia en situación delicadísima frente a la potencia naval, militar y política de Gran Bretaña en aquellos momentos.

El texto que, hoy, podría considerarse como una exposición de motivos del texto acordado por ambos países, es un claro ejemplo de cómo justificar la ruptura de relaciones con un futuro enemigo, pues comienza afirmando que «la nación inglesa, especialmente de 10 años a esta parte, quiere hacerse dueña absoluta de la navegación y no dejar a los demás sino un comercio pasivo y dependiente», algo que, en esos momentos, ya parecía evidente, a la vista del creciente dominio del mar por parte de los navíos ingleses.

Para recordar, a continuación, que Gran Bretaña se obstinaba en no restituir las *usurpaciones* que habían hecho de los dominios españoles en América, lo que había motivado, en parte, la decisión del rey español, de unirse a Francia frente a los ingleses; que, Gran Bretaña, se había atribuido el privilegio exclusivo de la pesca del bacalao en Terranova (algo que afectaba tanto a Francia como a España), así como el abuso de «otros derechos fundados únicamente en una tolerancia temporal» (en referencia a la tolerancia española en relación con el corte del palo de tinte en Honduras).

Y continuaba esa exposición de motivos cargando la responsabilidad de la situación a la «indecente, cuanto ofensiva, conducta del Ministerio británico plasmada en la arrogancia con que su embajador ha amenazado al embajador de España con la guerra si no le comunicaba el tratado que había cerrado con Francia» (en clara referencia a la conducta prepotente de Pitt que ya hemos visto, conminando al embajador español a hacer pública la firma del Tercer Pacto de Familia).

En cualquier caso, se trata de un insólito comienzo de un tratado, que, en unas breves líneas, dejaba resumidas la mayoría de las quejas y reclamaciones planteadas por España a Inglaterra durante esos últimos 10 años, y que esta había ignorado sistemáticamente, lo cual justificaba la aplicación de los artículos referentes a la «mutua ayuda» contenidos en el tantas veces mencionado pacto de 1761.

Así, en al artículo 1º queda plasmado el compromiso de Luis XV de hacer la guerra a Inglaterra, y en el 2º, el rey francés «se obliga y promete solemnemente al rey de España incluir en cualquier futura negociación de paz con los ingleses, los intereses de España», obligándose, igualmente, a no suspender las hostilidades con Inglaterra hasta que Carlos III no se diera por satisfecho con la conclusión y logro de sus intereses particulares. (Palabras y lenguaje *generosos* que quedarían bastante *matizados* cuando llegó el momento de ejecutar lo prometido).

En el artículo 4°, ambos monarcas se «prometen mutuamente a no hacer paz ni tregua con Inglaterra sino a un mismo tiempo, y de común consentimiento», algo que más adelante en el tiempo, se verá convenientemente *interpretado* por los franceses.

Y en el 6°, Francia se compromete a entregar Menorca a España, isla que, no obstante, debía quedar «en depósito» durante la previsible confrontación militar, promesa que, finalmente, y por desgracia, quedará sin efecto a causa de los acuerdos alcanzados en el tratado de 1763. (España no recuperaría la soberanía sobre Menorca hasta el Tratado de Amiens de 1802).

Así que, finalmente, esta *Convención particular de alianza ofensiva y defensiva entre las coronas de España y Francia contra la Gran Bretaña*, firmada en Versalles el 4 de febrero de 1762, unía definitivamente la suerte de España a la de Francia, perdedora en su enfrentamiento con Inglaterra en una guerra comenzada, de hecho, en 1752, y en la que nuestro país no había tenido arte ni parte, hasta, precisamente, el momento en el que la suerte ya estaba echada para las fuerzas francesas. Porque el hecho cierto fue que España sólo pudo compartir la derrota de su aliado... y las importantes y negativas consecuencias de esta.

1762. Francia cede la Luisiana a España

Pero antes de proceder a la ceremonia de la firma de este borrador, Luis XV decidió ceder el resto de Luisiana (la ribera occidental del Misisipi) a Carlos III, presentando esta cesión como una forma de compensación de los sacrificios que España tuvo que soportar durante la guerra de los Siete Años.

Esa cesión y esa justificación fue lo que Choiseul presentó a un sorprendido Grimaldi, desconocedor de este último movimiento francés. El rey español, informado por su ministro, quedó asombrado del gesto de su pariente francés, lamentando, en primera instancia, que Luis XV renunciase a tanto, e intentó rechazar el regalo que le ofrecía, si bien terminó cediendo, convencido por algunos de sus consejeros de que, incluso aunque fuera una pequeña parte, interesaba a España hacerse con Luisiana, pues ello era consecuente con su política a largo plazo sobre el control de las costas del golfo.

Así que, el 3 de noviembre de 1762, en Fontainebleau, en una ceremonia secreta, anterior a la firma del borrador del tratado de 1763, que pondría fin a la guerra de los Siete Años, se levantó un *Acta de cesión de la Luisiana y Nueva Orleáns, otorgada por la corona francesa a favor de España*.

En este texto se recoge la manifestación de Luis XV sobre los sacrificios que Carlos III tuvo que hacer para concurrir con él al restablecimiento de la paz, justificando, así, los motivos de la cesión: «su Majestad cristianísima, verdaderamente sensible a los sacrificios que el rey católico se sirvió hacer generosamente para concurrir con dicha Majestad cristianísima al restablecimiento de la paz [...] ha entregado en la forma más auténtica al marqués de Grimaldi [...] un instrumento por el cual su Majestad cristianísima cede en plena propiedad pura y simplemente, y sin excepción alguna a su Majestad católica y a sus sucesores, perpetuamente, todo el país conocido con el nombre de Luisiana, como también la Nueva Orleans y la isla en que se halla situada esa ciudad».

Y a continuación, como Grimaldi carecía de los poderes suficientes para aceptar esta cesión en nombre del monarca español, el acta deja reflejado que Grimaldi «ha creído no deber aceptar dicha cesión sino condicionalmente y *sub spe rati*» [...] dejando para más adelante la formalización auténtica de la cesión y el señalamiento del momento en el que debería procederse a la evacuación francesa de la Luisiana y de Nueva Orleans.

El rey de España ratificaría la aceptación el 13 de noviembre de 1762, el mismo día en el que ratificó el borrador del futuro tratado. Y la cesión fue confirmada y ratificada por el rey francés el 23 de ese mismo mes, en Versalles.

No obstante, no sería hasta el 21 de abril de 1764 cuando Luis XV dirigió una carta a M. Dabbadie, gobernador de aquellas posesiones ordenándole hiciese entrega efectiva de las mismas a los comisionados españoles. La reacción de los colonos franceses de estos territorios de la margen derecha del Misisipi, fue de todo menos amistosa y se negaron a aceptar el cambio de soberano y el nuevo gobierno, generando numerosos conflictos hasta el punto de obligar a dimitir de su cargo al primer gobernador español designado para este cargo, Antonio de Ulloa, en la conocida como Rebelión de Luisiana de 1768, siendo necesario enviar desde La Habana, en junio de 1769, una expedición de 5000 hombres al mando del general O'Reilly para sofocar las protestas, algo que consiguió no sin derramamiento de sangre y encarcelamientos de los cabecillas.

Pero, aunque conozcamos las *formas* y circunstancias en las que se produjeron estos hechos siguen sin estar claros los motivos que empujaron a Luis XV a ceder estos territorios a España. Para Ferreiro, (*op. cit.*) se trataría de una verdadera munificencia de parte del monarca francés, pero para otros como William R. Sheperd (Hoffman, *op. cit.*, nota 3, pág. 61) se trataría de una «mezcla singular de impulsividad gala con política gala» más allá de los hechos, pues los españoles en momento alguno habían exigido ahora la entrega de Luisiana, si bien seguían reclamando su derecho al territorio (proclamación, y materialización, no ejercida desde el propio siglo XVII) hasta el último momento. Para este autor supuso, en todo caso, «un sabio golpe de economía», aparte de que, tras el Tratado de Versalles de 1762, el planteamiento de relaciones con España a largo plazo, eran más importantes para Francia que un vasto territorio poblado solamente por entre 6000 y 8000 franceses más un número aproximadamente igual de habitantes africanos a lo que se debería añadir que, con la pérdida de Canadá y el área comprendida entre el este del Misisipi y el norte del Ohio, Luisiana perdió una de sus más importantes funciones, la de dar salida al comercio de pieles provenientes precisamente de aquellos territorios. En definitiva, lo más plausible es que, fueran estos últimos los motivos de fondo que movieron a los diplomáticos y al rey de Francia a desprenderse de este territorio, renunciando a su *imperio* francés en Norteamérica.

Para España, según Hoffman, (*op. cit.*, pág. 63), el cambio de postura de Carlos III aceptando el *regalo* vendría sugerido porque para él estaba claro que Francia deseaba desprenderse de Luisiana, por lo que rechazarlo podría dañar las relaciones entre las dos monarquías, cuando el mantenimiento de esas relaciones era un objetivo principal de la política exterior de su reinado. Aparte del peligro que para la seguridad de Nueva España suponía que Inglaterra pudiera hacerse con ese territorio si Francia no conseguía desprenderse de él.

Para quien escribe estas líneas, la anexión de Luisiana fue un regalo envenenado, un mal negocio para España, por la cantidad de problemas que la gestión de esta nueva provincia atrajo sobre sus gobernantes y por el escaso rédito que su posesión supuso para la economía del Reino. Recibió un inmenso territorio con fronteras ni delimitadas ni ajustadas, salvo por la propia orografía (por ejemplo, el nuevo límite oriental de la Luisiana cedida por Francia a Inglaterra eran los Apalaches, sin más), y de gran porosidad frente al insaciable expansionismo de los colonos ingleses, que, como se verá más adelante, ignoraban, incluso, cualquier mandato emanado de sus propias autoridades, tendente a *ordenar* el territorio que ahora pasaba a Gran Bretaña. Es decir, cambió un vecino relativamente pacífico por su propio tamaño y fuerza, y al que le unían lazos políticos basados en la pertenencia a una misma dinastía, los borbones, por otro, pésimo vecino, enemigo tradicional desde mediados del siglo XVI, en continua pugna no ya por territorios desconocidos para ambos, sino por territorios descubiertos, explorados y poblados por España y sus súbditos, sin más *argumentos* que la fuerza de las armas y el comercio ilícito.

Los efectos negativos de esta nueva situación iban a verse muy pronto, en los siguientes dos decenios.

En todo caso, vencidas las últimas objeciones del Reino de España al borrador del tratado, la firma de los *preliminares* se fijó para el 3 de noviembre de 1762, en Fontainebleau, y en ellos se fijaba el límite de Luisiana en el Misisipi, hasta el río Iberville y hasta el golfo de Méjico a través de los lagos Maurepas y Pontchartrain. Y Cuba y Puerto Rico eran devueltas a España a cambio de Florida (artículo 19 de los *preliminares* de Fontainebleau).

1762. Inglaterra toma La Habana

Esta fue, sin duda, la primera y dolorosa consecuencia de la implicación de España en la guerra de Francia contra Gran Bretaña pues, el 6 de enero de 1762, 4 días después de la declaración de guerra contra España, fundamentada en su alianza con Francia, el Consejo de Ministros inglés presidido por el conde Bute acordó atacar La Habana al tiempo que aprobaba el plan del coronel William de hacer lo mismo con Manila, posiblemente en previsión del momento en el que se tuviera que negociar el tratado que pusiera fin a esta nueva guerra recién declarada. Con dos presas de este calibre en sus manos se pensaba que el poder negociador inglés se fortalecía de forma muy importante.

Al parecer, ya existía un plan de ataque terrestre contra La Habana basado en la información obtenida por el almirante Knowles en 1756, durante una visita *de cortesía* a esta plaza, información que luego fue entregada al Almirantazgo inglés. El plan definitivo fue obra de lord Anson, y el mando de la escuadra que iba a atacar La Habana se entregó al almirante Pocock[97].

Así que, de acuerdo con dicho plan, en abril de 1762 la fuerza inglesa se concentra en Martinica, agrupando unos 30 navíos de guerra, 25 fragatas, más de 150 transportes de tropas, y unos 12.000 hombres como fuerza terrestre, y se presenta ante La Habana el 6 de junio consiguiendo desembarcar más de 10.000 hombres el 7 de junio.

Por su parte, el sistema defensivo de la ciudad contaba con 2 fortalezas que protegían la entrada al puerto: el castillo de El Morro, situado en un promontorio rocoso que hacía casi imposible cavar trincheras de acercamiento, y protegido por el lado de tierra por una gran zanja cavada en la roca; y el castillo de la Punta, frente a El Morro, que, como era habitual, podía cerrarse con una cadena. En cuanto a la fuerza defensora, parece que esta contaría con unos 10.000 hombres, comandados por el gobernador Prado y el almirante Hevia, que encomendaría la defensa de El Morro a D. Luis de Velasco e Isla, capitán de navío.

A pesar de la defensa a ultranza por parte de las fuerzas españolas (el 21 de julio consiguieron quemar los parapetos alrededor de El Morro y las baterías británicas, destruyendo gran parte del trabajo realizado por las tropas británicas durante los últimos 15 días de junio) el cerco se fue cerrando poco a poco sobre La Habana y sobre las defensas más importantes, cañoneadas sistemáticamente desde los barcos ingleses. Las fuerzas terrestres inglesas, por su parte, sufrieron importantes bajas, debidas principalmente a la fiebre amarilla que las redujo a casi la mitad, si bien el 27 de julio recibieron el refuerzo de tropas llegadas desde Nueva York. Finalmente, el 3 de julio los ingleses consiguen hacer saltar la mina que habían estado preparando bajo el baluarte del este, lo que les permitió introducir cinco regimientos de atacantes, tomando el castillo de El Morro al cabo de una hora de combate cuerpo a cuerpo con los defensores españoles.

El 6 de agosto de 1762, el gobernador Pardo rendía la plaza.

El balance de bajas por parte de España se cifró en 3000 hombres muertos (en combate o por la fiebre amarilla), 2000 heridos y enfermos y 5000 prisioneros; y en cuanto a la fuerza naval, los ingleses tomaron 12 navíos de línea (2 todavía en astilleros) y fueron capturadas 4 fragatas. Por parte de los ingleses, murieron 2764 hombres, (igualmente, en combate o por la fiebre amarilla), y se contabilizaron numerosos heridos, y desaparecidos o prisioneros tomados por los españoles; y en cuanto a la fuerza naval, se perdieron 3 navíos de línea. (Wikipedia, La *Toma de La Habana* por los ingleses. Suevos Barreiro, Raul (Consultada el 06.05.2022).

En fin, la toma de La Habana supuso, además de las pérdidas en hombres, barcos, armamento y defensas, un tremendo golpe moral, pues era la joya de la corona española, el puerto de mejor calidad y mejor defendido del Caribe, y donde se construían más barcos de guerra que en cualquier astillero de España (Ferreiro, *op. cit.*, pág. 11), pero, sobre todo, fue un durísimo golpe desde el punto de vista estratégico, que, sin duda influyó en el enfoque que, a partir de ese momento adoptó Carlos III en sus relaciones con Gran Bretaña de cara a futuras negociaciones.

El Tratado de Paris, de 10 de febrero de 1763[1]

No obstante haberse firmado y ratificado los *preliminares* el 13 de noviembre de 1762, entre esta fecha y el 10 de febrero de 1763 en que se firmó el tratado definitivo, los ingleses trataron de modificar la demarcación del límite de Luisiana en la margen oriental del Misisipi, (la isla de Orleans, con la ciudad de Nueva Orleans, no se entregaron a Inglaterra) con el objetivo de asegurar el uso de cualquier terreno entre la isla de Orleans y el golfo de Méjico, que les permitiera establecer depósitos que facilitaran a los navíos mercantes y a las embarcaciones fluviales intercambiar o guardar sus cargamentos. Pero Choiseul, apoyado por Grimaldi, rechazó esta modificación del texto, que, consecuentemente, retuvo la demarcación Iberville-Maurepas-Pontchartrain en la margen izquierda de río[2] como límite al territorio cedido a Gran Bretaña.

Concurrieron a la firma del tratado mediante sus respectivos plenipotenciarios, el rey de España Carlos III, el rey de Francia, Luis XV, el rey de la Gran Bretaña, Jorge III y el rey de Portugal.

Dada la posición de Gran Bretaña, victoriosa en sus enfrentamientos con Francia, y sobre España, por razón de su alianza con esta por el tratado de 1762, los ingleses hicieron valer su condición de vencedores reteniendo en su poder parte de los territorios y asentamientos comerciales arrebatados a Francia, pero manteniendo otros sólo para su explotación, caso de España, que habían sido objeto de continuos enfrentamientos durante años como los asentamientos de colonos en Honduras, en el territorio que hoy ocupa Belice, para la tala de árboles y saca del palo de tinte. Es decir, la utilización ilícita de estos territorios españoles quedó *solucionada* por el tratado de

1763, permitiendo a los súbditos ingleses su disfrute, pero no concediéndoles la propiedad.

En cuanto a Francia, durante la contienda desde 1752 hasta 1763, Inglaterra había conquistado Canadá, y las colonias francesas en las islas de Guadalupe, Santa Lucía, Martinica, Dominica, Granada, San Vicente y las Granadinas y Tobago; los puestos comerciales en la India; en África occidental, la isla de Gorée, poblado usado por Francia para canalizar el comercio de esclavos, y también el río Senegal y sus asentamientos.

Por su parte, Francia había capturado Menorca y puestos comerciales británicos en Sumatra. Y España había capturado la fortaleza fronteriza de Almeida, en Portugal, y la colonia de Sacramento, también de Portugal, en el río de la Plata, auténtico centro del contrabando inglés en América del Sur.

Con carácter general, el tratado estableció la devolución a sus respectivos propietarios de la mayoría de los territorios y plazas, pero Gran Bretaña consiguió conservar parte de sus conquistas: A España, le devolvió Manila y La Habana, a cambio, en este último caso, de Florida (art. 20: «Su Majestad católica, cede [...] la Florida con el fuerte de San Agustín y la bahía de Pensacola como también todo lo que España posee en el continente de América septentrional al este o sudeste del río Misisipi»); en cuanto a las fortificaciones en Honduras, eterno punto de fricción con España, que las calificaba de *usurpaciones*, Inglaterra accedió a demolerlas pero conservó, mediante este tratado, los asentamientos allí establecidos para (art. 17) «cortar, cargar y transportar el palo de tinte o de Campeche; y [para este efecto], los vasallos del rey de Inglaterra podrán fabricar sin impedimentos y ocupar sin interrupción, las casas y almacenes que necesitaren para sí y para sus familias y efectos».

Por lo que se refiere a Portugal, España (art. 21) se compromete a evacuar «todos los territorios, campos, ciudades, plazas y castillos portugueses que pueda haber conquistado en Europa y en América» (en clara referencia a la colonia de Sacramento, en el río de la Plata).

A Francia, Gran Bretaña le devolvió Guadalupe (colonia azucarera que se consideraba por Francia más valiosa que Canadá), Martinica, Santa Lucía, Gorée y los puestos comerciales de la India, y le permitió mantener sus derechos de pesca en Terranova, (que le fueron denegados expresamente a los pescadores guipuzcoanos, art.

18) así como las dos islas de San Pedro y Miquelon, utilizadas por los pescadores franceses para secar sus capturas.

A cambio, Francia tuvo que ceder la mitad oriental de la Luisiana a Gran Bretaña (un área que abarcaba, de este a oeste, y de norte a sur, la mitad de la corriente fluvial del Misisipi hasta los Apalaches), y tuvo que reconocer la soberanía inglesa sobre Canadá, Dominica, Granada, San Vicente y las Granadinas y Tobago.En el asunto de la fijación de la divisoria entre los territorios francés e inglés (recuérdese que Gran Bretaña desconocía en el momento de la firma del tratado la cesión de la margen occidental del Misisipi y la isla y ciudad de Orleáns a España), la redacción era relativamente clara en cuanto a latitud, pero quedó ambigua en cuanto a longitud, dado que ni intervinieron topógrafos ni cartógrafos.

Así, en el artículo 7° se dice que «los confines entre los estados de S.M. cristianísima y los de S.M. británica en aquellas partes del mundo, se fijarán irrevocablemente con una línea tirada en medio del río Misisipi[3] desde su nacimiento hasta el río Iberville (30° 26' N; 88° 53' O, aprox.), a la altura de la isla de Orleáns; y desde allí con otra línea tirada en medio de este río y de los lagos Monrepas y Pontchartrain (30° 11' N: 90° 06' O) hasta el mar [Pontchartrain es el segundo lago salado más grande de los Estados Unidos]; y a este fin cede el rey cristianísimo [...] el río y todo lo que posee o ha debido poseer al lado izquierdo del río Misisipi, a excepción de la ciudad de Nueva Orleans y de la isla [...] que quedarán para Francia; en inteligencia de que la navegación del río Misisipi será igualmente libre tanto a los vasallos de la Gran Bretaña como a los de Francia en toda su anchura y en toda su extensión desde su origen hasta el mar [...] como también la entrada y salida por su embocadura».

Esta última parte del artículo 7° concediendo la libre navegación a franceses e ingleses, a lo largo del Misisipi daría origen, casi inmediatamente a no pocos conflictos, primero entre España y Gran Bretaña, a cuenta no sólo de la libertad absoluta de navegación por el cauce fluvial concedida a los ingleses, que aprovecharon para incrementar sus actividades de contrabando en perjuicio de España, sino, después, entre esta y los Estados Unidos que continuaron con la actividad fraudulenta (no se olvide que, a fin de cuentas, los ciudadanos de ese país, recién convertido en República, eran en su inmensa mayoría ingleses o nacidos en alguna de las 13 colonias y por tanto, con su misma mentalidad expansionista y claramente hostil a los españoles) pues los políticos americanos, interpretaron este artículo del tratado en el sentido de que el derecho de navegación en toda la anchura y extensión del Misisipi, lo habían heredado, por *sucesión*, de la Gran Bretaña, tras la revolución que les llevó a la independencia, y no por virtud del tratado firmado en 1763 entre España e Inglaterra.

Todo ello, en relación con las líneas fronterizas norte-sur, pero en cuanto a las fronteras este-oeste, esas líneas estarían establecidas en el oeste del río Rojo, en las inmediaciones de Natchitoches, frontera que hasta ese momento no se había fijado formalmente, ni mucho menos triangulado, pero que había surgido *de facto* como la margen occidental de dicho río, en fechas tan relativamente antiguas para la época, como 1716. Se trataba, en realidad, de un *área colchón* entre Los Adaes[4] y Natchitoches, un enorme territorio en el que la influencia europea se iba perdiendo a medida que uno se alejaba del mencionado río Rojo y el Misisipi, y donde se producían incursiones ocasionales de exploradores saqueadores y comerciantes en pieles. (Hoffman, *op. cit.*, pág. 64).

En fin, y de acuerdo con Chávez (*op. cit.*, pág. 44), el efecto político de este tratado en la metrópoli española no tuvo especial resonancia, quizás porque la guerra se había desarrollado en tierras lejanas y nunca llegó a afectar directamente al territorio peninsular y, al fin y al cabo, *sólo* se había perdido Florida, considerada prácticamente como un enclave militar, a cambio de la recuperación de La Habana y Manila mucho más importantes desde el punto de vista militar, económico, comercial y, por tanto, político.

Y, como efecto colateral, España había conseguido, gracias a la *generosidad* francesa un vasto territorio estimado en unos 2.144.476 km², equivalente aproximadamente, al 23% de la superficie actual de los Estados Unidos y prácticamente, la superficie actual, en Europa, de la suma de las superficies de la península ibérica, Francia, Alemania, Italia, Polonia y Dinamarca (2.074.899 km² aproximadamente). Y que en los actuales Estados Unidos abarcaba una superficie que hoy ocuparían gran parte de Dakota del Norte, casi la totalidad de Dakota del Sur, los estados de Arkansas, Misuri, Iowa, Oklahoma, Kansas, Nebraska, Minnesota, el sur del Misisipi, el noreste de Nuevo México, el norte de Texas, una sección de Montana,

Wyoming, Colorado, al este de la divisoria continental, y Luisiana a ambos lados del Misisipi, incluyendo la ciudad de Nueva Orleans.

Todo lo cual permite a Chadwick[5] decir que las posesiones españolas en esos momentos incluían 3/4 partes de los territorios habitables de Norte y Sudamérica y las islas más grandes y ricas de las Indias occidentales, y que sus posesiones, como Imperio, se extendían desde el norte helado al sur helado a través de 110° de latitud, manteniendo en su poder las minas más ricas conocidas en el mundo en esos momentos y más ricas que las que aún estaban por descubrir.

Lo que tampoco le impide comentar, dada su antipatía hacia España y su cultura, que «esta enorme hacienda estaba en manos sin capacidad para usarla. El regalo de Francia de la mitad de un continente fue, en sí mismo, causa de terror y malos augurios pues situaban a España en contacto directo y odiado con los anglosajones, un contacto que había deseado evitar por medio de un *Estado tapón* bajo dominio de Francia».

ENTREGA Y EVACUACIÓN DE LA FLORIDA

Debemos, particularmente, a Juan José Eligio de la Puente, (nacido en 1724 en San Agustín y fallecido en 1781 en la Habana), y posiblemente el floridano más importante del siglo XVIII, el conocimiento más fiable de la población que habitaba en San Agustín en el momento de la firma del Tratado de París de 1763, y que «en ciega obediencia al rey» decidieron abandonar la plaza para dirigirse en su mayoría a La Habana.

De acuerdo con el informe elaborado por él, en el momento de la evacuación vivían en San Agustín un total de 3096 personas, que desglosadas en categorías, suponían 1750 españoles antiguos del presidio; 449 isleños (o procedentes de las islas Canarias, llegados entre 1757 y 1759); 97 catalanes, llegados en 1762; 83 indios, 59 *morenos*, 25 alemanes católicos, llegados en 1756, y 20 *pardos* libres, a los que habría que añadir las autoridades civiles, el personal militar, los religiosos, 342 particulares y otros, (AGI. Santo Domingo 2595, n.º 1)[6].

De todos ellos, los gastos de 891 hombres corrían a cargo de la Corona, y el obispo de Cuba se hacía cargo de los de 25 mujeres y 49 niños.

La Corona española había prometido ayudas a todos los que, a lo largo de 10 meses, que luego se ampliaron a los 18, tal como contemplaba el propio tratado (art. 20), fueran abandonando la plaza. Este período de tiempo debía empezar a contarse a partir de la fecha del canje de las ratificaciones, que se produjeron el 21 de febrero de 1763, por parte del rey Jorge III, y el 25 de ese mismo mes por parte de Carlos III, por lo que el período para la evacuación debería finalizar, en todo caso, antes del 30 de agosto de 1764.

No obstante, y, seguramente, con el fin de evitar posibles conflictos de interpretación que demorasen la ejecución de lo pactado, se procedió, en primer lugar, a ejecutar la esencia del acuerdo, es decir, la entrega oficial del territorio. Así que la ceremonia que significaría el traspaso efectivo del dominio español sobre Florida se celebró el 21 de julio de 1763[7], en cuya fecha el gobernador español de la plaza, D. Melchor de Feliu, en nombre de Carlos III, entregó las llaves de la ciudad de San Agustín y su fortaleza, el castillo de San Marcos, al

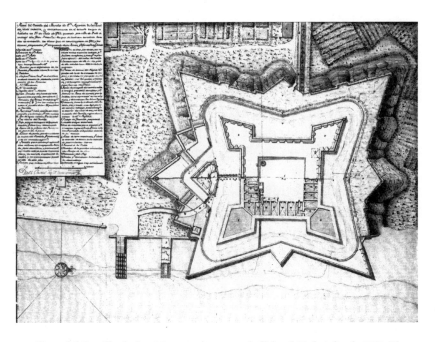

Plano del Castillo de San Marcos tal como se hallaba el 23 de julio de 1763. El fuerte, que sería el 10º que se construía desde la fundación de San Agustín, en 1565, comenzó a erigirse el 2 de octubre de 1672, y se terminó, oficialmente, en agosto de 1695. Es decir, estaba, ya, en servicio cuando se produjo el ataque de Moore en 1702.

mayor John Hedges, quien las recibió en nombre de su rey Jorge III. Desde ese momento, el Castillo pasaría a denominarse Saint Mark.

En cuanto a las operaciones de evacuación, estas se realizaron en diferentes etapas, dada la dificultad que representaba trasladar, con sus enseres, a todas las personas que habían decidido abandonar San Agustín que, al final, resultaron ser todos menos 3 o 4 personas que escogieron quedarse en la ciudad. La evacuación se realizó ordenadamente por razón de edades, sexo o condición, siendo los últimos en abandonar San Agustín los militares en activo, incluidos los pertenecientes al destacamento del fuerte San Marcos de Apalache. (AGI, Cuba 337 y 548; SD. 2595)[8].

De acuerdo con el relato de Eligio de la Puente, no sería hasta el 22 de enero de 1764 «cuando en virtud de su entrega a la Corona británica, se han embarcado y sale [hoy] para La Habana y Campeche, el último resto de tropas y familias españolas de la guarnición y vecindario de dicha plaza de San Agustín» (González-Ripoll, *op. cit.*, pág. 79).

Aunque algunos de los floridanos optaron por viajar a Veracruz y Campeche, lo cierto es que la mayoría eligió como destino para su nueva vida, Cuba, en donde, en Matanzas, intentaron establecer una colonia a la que pusieron por nombre San Agustín de la Nueva Florida, proyecto que no tuvo mucho éxito dada la fácil inserción, de estos «floridanos expatriados», como se les conocía (González-Ripoll, *ibid.*) en la sociedad habanera.

Se cerraba así un período de 198 años de gobierno español ininterrumpido sobre un territorio conocido como la Florida, descubierto y tomado para la Corona española por Juan Ponce de León en 1513, y que, en sus orígenes, abarcaba un territorio que hoy ocupan los estados de Carolina del Sur, Georgia, Florida, Alabama, Misisipi, parte de Luisiana y parte de Texas.

Epílogo

La entrega de Florida a cambio de la devolución de La Habana, en Cuba, aunque fuera una decisión dolorosa, no fue más que una decisión lógica y consecuente con el distinto valor que ambas posesiones representaban para la Corona española, pues, por ejemplo, Florida nunca había podido durante los últimos casi doscientos años (1565 a 1763) añadir valor económico a su papel de territorio-frontera frente a las sistemáticas agresiones inglesas, que ya ocupaban Carolina del Sur y Georgia, y todos los territorios costeros al norte de estas provincias, si bien es verdad que nunca se le dio a Florida oportunidad alguna de desarrollarse económicamente.

Así que esa cesión, con independencia de su valor, digamos, sentimental, se veía compensada, a ojos de la Administración española, por el alivio que representaba, para el virreinato de Nueva España y para la economía cubana desprenderse de una fuente de gastos que no producían nada valorable económicamente, pues el valor de defender el territorio no entraba en esos cálculos.

Pero también podríamos decir que, a la luz de los duros y negativos acontecimientos que todavía quedaban por llegar en aquella región del globo, estos casi doscientos años constituyen, con todos sus defectos, la edad de oro de esta provincia española, cuyo devenir, durante la breve y negativa ocupación inglesa (sobre todo para la Florida oriental), la mantendrían, dentro del juego diplomático y militar al menos durante el período que va desde 1763 hasta 1783.

Porque la conducta de Inglaterra con España no cambiará nunca durante esos 20 años, en los que se producirán acontecimientos tan importantes como el comienzo, el 19 de abril de 1775, en Boston, de la revolución de las Trece Colonias inglesas contra su metrópoli; la declaración de Independencia de esas colonias el 4 de julio de 1776[1];

la entrada oficial de España, el 16 de junio de 1779, (llevaba desde 1775 ayudando secretamente a los rebeldes con dinero, ropas, mantas, municiones o armas) en la guerra contra Inglaterra, aliada con Francia, a favor de las trece colonias; o la firma del propio Tratado de París, de 1783. Acontecimientos que, necesariamente, van a influir, y mucho, en la existencia de las dos provincias españolas afectadas, Luisiana y las Floridas.

En fin, por el Tratado de París de 1783, España recuperará las dos Floridas, aparte de conseguir la expulsión de Inglaterra de los territorios de Campeche y Yucatán donde los colonos ingleses, instalados allí ilegalmente, habían seguido con la saca de palo de tinte y maderas como la caoba, si bien en una decisión poco comprensible, en el propio texto del tratado España les concedería el derecho a seguir explotando estas materias, en base a vagas promesas de respetar la legalidad a favor de España de la posesión de aquellos territorios.

Sin embargo, con la devolución de las Floridas y el progreso de la revolución de las trece colonias, la situación militar, en cuanto a la defensa del territorio floridano, que, en realidad era el mismo anterior a 1763, no sólo no mejoró sino que empeoró porque puso de manifiesto la debilidad económica de España para mantener al mismo tiempo las defensas de los fuertes españoles instalados en la margen izquierda del Misisipi, y las necesidades de una población civil y militar que, aunque seguía siendo muy escasa, también seguía dependiendo del *situado*.

Así, San Agustín, al que el nuevo gobernador español llegó el 26 de junio de 1784, no había cambiado mucho en los veinte años de ocupación inglesa, como no fuera para dejarla medio abandonada y con la mayoría de los edificios públicos en ruinas. La población empadronada a esa fecha era de 1994 personas, que, en mayo de 1787 se había reducido a 1390, de los cuales 900 eran blancos y 490 eran esclavos que trabajaban en pequeñas explotaciones que poseían unos seis colonos británicos. La recuperación de la Florida oriental planteaba a España una carga financiera muy difícil de soportar, que le proporcionaría más problemas que beneficios, por lo que en 1788 José Salcedo sugirió por escrito a Antonio Valdés cederla a los ingleses por el coste que sólo su rehabilitación y mantenimiento suponían[2].

Y en la Florida occidental y Luisiana, el único apoyo eran una docena de fuertes en estado ruinoso, defendidos con «las peores tropas del ejército español»[3]. A lo que había que añadir que el factor común a todos los puestos fronterizos de las dos Floridas era su carácter de frontera, precisamente, con los Estados Unidos, lo que en manera alguna era una circunstancia que invitara a la tranquilidad.

Y es que el triunfo de la revolución americana muy pronto se revelaría como un problema mucho más preocupante de lo que los políticos españoles hubieran podido imaginar, pues vieron sustituido su crónico enfrentamiento con los gobiernos de Inglaterra, que, sistemáticamente pretendían incrementar su poder en el valle del Misisipi, en detrimento siempre de los intereses españoles, por otro enfrentamiento con los nuevos rectores de la política norteamericana, que, con una postura muy poco leal a quien les había apoyado en su lucha por la independencia, fomentarían y apoyarían, en un primer momento discretamente, pero enseguida abiertamente, las exigencias por parte de sus colonos de más y mejores territorios para expandirse, bien infiltrándose sin más en los territorios españoles, bien forzando la elaboración y firma de tratados, como el desafortunado de 1795, firmado por Godoy a espaldas de sus gobernadores y militares ubicados en las tierras americanas de la Luisiana y la Florida.

Y es que no podremos nunca dejar de subrayar que quienes, a finales del siglo XVIII empujaban a España a abandonar los territorios que durante más de 200 años habían sido tierras españolas, eran, en muchos casos, los ingleses o los descendientes de los que habitaban las trece colonias rebeldes, *educados*, por tanto, en el espíritu de enfrentamiento con España a lo largo de esos años, aunque ahora se enorgullecieran, con razón, de su ciudadanía de una nueva nación llamada Estados Unidos de América.

Porque, a partir del Tratado de París de 1783 y más aún con los sucesivos que los Estados Unidos firmarían con Inglaterra en 1794 (por el Tratado de Jay) y con España, en 1795 (Tratado de San Lorenzo), España se vería inmersa en toda una serie de negociaciones que, dada la debilidad política de nuestros dirigentes, consumirían horas y horas de discusiones con nuestros antagonistas en las que nuestro país tenía muy pocas posibilidades de triunfar, como así terminaría siendo en la mayoría de los casos. (El tratado de 1794 entre Inglaterra y Estados Unidos, por ejemplo, aparte de conceder a la nueva república la libre navegación de todo el Misisipi, sabiendo

Inglaterra que España era poseedora de la parte occidental del río, concedía a los Estados Unidos, debido a la propia redacción del texto, en el que, por supuesto, España no pudo intervenir, importantes posibilidades de interpretación, que estos no desaprovecharían en sus negociaciones posteriores con nuestro país).

En cuanto al Tratado de San Lorenzo de 1795, este es un ejemplo más de la incapacidad negociadora de los gobernantes españoles de este final de siglo, mediatizados por la actitud de Godoy que antepuso los intereses de Carlos IV a los intereses nacionales. El Tratado, al parecer, se firmó por Godoy, en representación de Carlos IV, a espaldas de la información y las advertencias de los gobernadores de Luisiana, mejores conocedores de la situación real que vivían aquellos territorios ribereños del Misisipi y que afectaba tanto a la Luisiana como a la Florida occidental, ignorando las consecuencias prácticas de las concesiones que se hacían por parte de España. Porque, entre otras, este tratado entregaba, finalmente, a los Estados Unidos los territorios orientales de la margen izquierda del Misisipi, entre los paralelos 31° norte y 32°, algo que España había conseguido evitar hasta esos momentos, pues habían sido reclamados sistemáticamente como de su posesión desde el siglo XVI, como hemos señalado en repetidas ocasiones a lo largo de este trabajo, pero que ahora consolidaba una reducción del territorio español en esa zona.

Más tarde, el 1 de octubre de 1800, Carlos IV, siguiendo siempre sus intereses personales, firmará, en secreto, durante las guerras napoleónicas, un tercer Tratado de San Ildefonso por el que España se comprometía con la Francia de Napoleón a ceder a esta el territorio de Luisiana (en aquellos momentos unos 2 millones de km², un 23% de la superficie actual de los propios Estados Unidos) a cambio de conseguir el Gran Ducado de Toscana para sus parientes de la casa de Parma. Compromisos ratificados por el Tratado de Aranjuez de 18 de marzo de 1801 con motivo del cual, aunque no reflejado en el Tratado, Napoleón se comprometía con España, a retrocederle, solamente a ella, ese mismo territorio en caso de que Francia decidiera desprenderse de él.

En cumplimiento de este último tratado, Carlos IV cedió la Luisiana a Francia mediante una Real Cédula de 15 de octubre de 1802. Sin embargo, el futuro emperador de los franceses incumpliría su promesa de forma manifiesta, vendiendo la Luisiana a los Estados

Unidos el 30 de abril de 1803, por un importe de unos 15 millones de dólares.

Esta adquisición empeoró aún más la relación de España con los gobernantes norteamericanos, pues afectaba de lleno al territorio de la Florida occidental que vio cómo un gran número de colonos se establecían en las tierras comprendidas entre los ríos Misisipi y Perla, llegando a fundar una República de Florida Occidental, desde la que pidieron la anexión de toda la Florida a los Estados Unidos. Esta invasión suponía, de hecho, ignorar conscientemente la soberanía de España sobre aquellos territorios.

Ante la incapacidad de España para defenderse, Inglaterra aprovechó, a su vez, la guerra de 1812 con los Estados Unidos, para intentar volver a ocupar todos estos territorios, lo que sirvió al general estadounidense Jackson, enemigo declarado de España, para invadir una parte del territorio de la Florida oriental bajo el pretexto de que España servía de refugio a los *seminolas*, con los que su país estaba en guerra. En este caso, el propio Congreso de los Estados Unidos tuvo que dar marcha atrás, ordenando a Jackson abandonar, con su ejército, aquellas tierras.

En esas fechas ya se encontraba en los Estados Unidos Luis de Onís, diplomático desde 1780, de gran experiencia, y contrario a que Fernando VII renunciase a la Corona de España, como este pretendió hacer en Bayona en 1808, y que en 29 de junio 1809 había sido nombrado por la Junta Central enviado extraordinario y ministro plenipotenciario de España ante los Estados Unidos de América. De Onís llega a Nueva York el 4 de octubre de 1809 llevando el mandato de trabajar para «sostener y conservar unidas a la madre patria las posesiones españolas en el Nuevo Mundo y vigilar [las acciones de] los aventureros e incendiarios que, desde los Estados Unidos intentasen pasar a conmoverlas». Pero dada la situación política en la Corte de España, dividida en dos, la Administración norteamericana, esgrimiendo su política de neutralidad, no le reconoció como representante de la Corona, algo que sí haría unos años más adelante, en 1815.

A partir de ese momento, toda la actividad diplomática de Luis de Onís, desarrollada prácticamente en solitario, pues Fernando VII le denegó las ayudas solicitadas con el argumento de que él solo podría desarrollar perfectamente su trabajo, se centró en las negociaciones con los norteamericanos para conseguir un tratado aceptable para los intereses españoles. Durísimas negociaciones llevadas a cabo fuera de casa, en territorio del adversario, que se prolongaron durante cuatro años, al cabo de los cuales se firmaría en Washington, el 22 de febrero de 1819 un *Tratado de amistad, arreglo de diferencias y límites entre Su Majestad Católica y los Estados Unidos de América*.

Tratado que en su artículo 2° decía con toda claridad que «su Majestad Católica cede a los Estados Unidos, en toda propiedad y soberanía, todos los territorios que le pertenecen situados al este del Misisipi conocidos bajo el nombre de Florida Occidental y Florida Oriental».

El Tratado sería ratificado por Fernando VII el 24 de octubre de 1820, y por los Estados Unidos el 20 de febrero de 1821.

España nunca percibiría los cinco millones de «pesos fuertes» que los Estados Unidos se comprometieron a pagar, una vez analizadas y liquidadas las reclamaciones contra España que, en su caso fueran presentadas por súbditos norteamericanos y resultaran ciertas.

Finalmente, correspondería a José Coppinger entregar San Agustín al representante norteamericano el 10 de julio de 1821 y al coronel José María Callava entregar Pensacola el día 17 del mismo mes y año.

Terminaba así, en esas fechas, una complicada relación con Florida que había nacido para España en 1513, bajo el reinado del emperador Carlos I, y que terminaba ahora, en 1820, bajo el reinado de Fernando VII al que el pueblo español llegó a calificar como el Deseado, pero también, por razón de sus actos, como el Rey Felón.

Apéndices

1762. LA TOMA DE MANILA POR INGLATERRA

El sitio y la toma de Manila, aunque alejado del escenario americano de la última guerra antes del tratado de 1763, constituye un ejemplo más, (el ataque por sorpresa de Vernon contra Portobelo, en 1739, sólo unos días después de la declaración de guerra a España en 1739, conocida como la guerra del Asiento, o el ataque a La Habana, en 1762 serían los más significativos) de la deslealtad y mala fe con las que Gran Bretaña enfocó las relaciones con España durante el siglo XVIII en su intento de construir su Imperio a lo largo y ancho del globo terráqueo.

En este caso, la guerra de Inglaterra contra España había sido publicada el 2 de enero de 1762, así que cuando el Consejo de Ministros británico acordó, el 6 de enero, atacar Manila sobre la base de un plan elaborado por el coronel William Draper, no se trataría de un plan sobrevenido para desencadenar nueva guerra contra España, en aquella lejana región en la que Gran Bretaña tenía importantes intereses comerciales, sino que se trataba de un verdadero ataque, meditado y madurado, que el rey Jorge III[1] aprobó insistiendo en se debía aprovechar «la guerra existente contra España» ¡¡publicada hacía sólo 4 días!!

No se trataría, por tanto, de una conquista con vocación de permanencia sino de establecer un asentamiento en la isla de Mindanao, en el extremo opuesto a las islas Filipinas «que pudiera mantenerse después de firmada la paz» y que hiciera competencia a Manila que, en esos momentos, era una de las ciudades comercialmente más importantes de Asia.

Siguiendo dicho plan y organizadas las fuerzas que debían ejecutarlo, el 23 de septiembre una flota británica integrada por 8 navíos de línea, 3 fragatas y otros 4 buques de transporte, que transportaban en total unos 1000 soldados europeos, 2000 cipayos, 338 marines y 679 marineros, penetró en la bahía de Manila[2] para sorpresa de los españoles que, por supuesto, desconocían el estado de guerra declarado por Gran Bretaña.

Por la parte española la fuerza con la que iban a tener que defenderse estaba compuesta por unos 565 soldados, 200 milicianos voluntarios, 80 artilleros y algo más de medio millar de nativos filipinos leales al rey español.

Al día siguiente de su llegada, el 24 de septiembre de 1762 los ingleses requirieron al marqués de Villamediana la máxima autoridad en aquellos momentos, que rindiera la plaza a lo que, lógicamente, se negó.

El 5 de octubre, previo intenso cañoneo, que prendió fuego a una parte de la ciudad, los británicos consiguieron abrir una brecha en la muralla, expulsando de ella a los defensores y penetrando en las fortificaciones sin encontrar mayor resistencia.

Finalmente, el 6 de octubre, tras 12 días de asedio, Manila se rindió, dando paso al pillaje y al destrozo de la ciudad, porque las tropas británicas saquearon iglesias y oficinas públicas, y tomaron documentos históricos como los registros de los agustinos e incluso las placas de cobre grabadas para elaborar el gran mapa del siglo XVIII de Filipinas, de Murillo Valverde. Además, se produjeron violaciones, homicidios y vandalismo en lo que luego se conocería como «la primera violación de Manila», hasta que los invasores exigieron el pago de un *rescate* de 4 millones de dólares para detener los saqueos. Vista la desesperada situación en la que se encontraban, el arzobispo Rojo del Rio y Vieyra (nombrado gobernador interino ante la usencia del brigadier Francisco de la Torre, que no había podido alcanzar Manila a causa, precisamente, del ataque que estaba sufriendo La Habana), se vio obligado a ceder para evitar una mayor destrucción.

En el balance de víctimas, los españoles perdieron 3 oficiales, 2 sargentos, 50 soldados y 30 civiles de la milicia, aparte de numerosos heridos. Por la parte británica, murieron 115 soldados, heridos, o ahogados, y 35 marinos. Solamente murieron 2 oficiales.

No obstante sus previos planteamientos, los británicos decidieron instalarse en Manila, y el 2 de noviembre nombraron un gobernador, llamado Dawsonne Drake, de la Compañía británica de las Indias Orientales, que adoptó una política especialmente dura de obtención de ingresos, llegando a formar consejos de guerra y a encarcelar a gente de forma absolutamente arbitraria.

Pero, a su vez, la Real Audiencia de Manila nombró a Simón de Anda y Salazar para organizar la resistencia a los invasores consiguiendo organizar un ejército de unos 10.000 combatientes, en su mayoría nativos voluntarios, que consiguieron confinar a los británicos en la propia Manila, por lo que estos se vieron impedidos de organizar ningún control fuera de la ciudad, siendo derrotados cuantas veces lo intentaron.

Así que, firmado el Tratado de París el 10 de febrero de 1763, cuando, paradójicamente, aún se desconocía el ataque y la toma de Manila por los británicos, esta no pudo figurar como tal en los acuerdos de devolución de plazas y territorios establecidos por el Tratado, por lo que tuvo que aplicársele el artículo 23 redactado específicamente para este tipo de situaciones no contempladas a la hora de redactar el texto.

Drake abandonó la ciudad el 29 de marzo de 1764, y los británicos evacuaron Manila la primera semana de abril de ese año.

1763. LA DIVISIÓN DE FLORIDA POR INGLATERRA. LA REAL PROCLAMACIÓN DE 7 DE OCTUBRE

En tan sólo algo más de tres meses después de la entrada en vigor del tratado de 1763, el gobierno británico consiguió elaborar un documento denominado Real Proclamación que, firmado el 7 de octubre por el rey Jorge III, establecía, por primera vez, una organización administrativa para los territorios recibidos por Inglaterra, principalmente en Norteamérica.

Como ya se ha visto, en virtud de este tratado Gran Bretaña había recibido todo el territorio norteamericano que antes había pertenecido a Francia; todo el territorio oriental bañado por el Misisipi; todo el territorio de la provincia de Florida, propiedad de España desde 1513, y colonizado desde 1565; y un grupo de islas (Granada, Tobago, San Vicente y Dominica) denominadas colectivamente como British Ceded Islands.

En esta reorganización administrativa, lo que quedaba de la provincia real de Nueva Francia, al este de los Grandes Lagos, se reagrupó bajo el nombre de Quebec; el territorio del noreste del río St. John's, en la costa de Labrador, fue asignado a la colonia de Terranova; y, finalmente, Florida fue dividida en dos territorios que recibieron, respectivamente, los nombres de East Florida y West Florida.

A su vez, el territorio comprendido entre el oeste de Quebec y una línea trazada a lo largo de las montañas Allegheny, quedó clasificado como «territorio indio británico», quedando prohibido, desde ese momento, el asentamiento de colonias europeas (británicas) al este de dicha línea. El contorno así demarcado, estaba definido por las cabeceras de los ríos cuyas cuencas se extendían a lo largo de los Apalaches, de modo que el territorio cuyos ríos desembocaban en el Atlántico, quedaba reservado para los colonos, en tanto que el territorio cuyos ríos vertían sus aguas al Misisipi, quedó reservado para las poblaciones nativas.

Para intentar despejar cualquier duda sobre las intenciones del gobierno inglés en cuanto a su intención de respetar, y obligar a respetar, esta asignación de territorios se prohibió a los colonos británicos establecerse en tierras nativas, y a los funcionarios de la corona implicados en la gestión de esta tarea se les prohibió otorgar terrenos o tierras sin la previa autorización real.

En cuanto a la partición de Florida, la Florida oriental pasó a ocupar el territorio que, hoy día, se corresponde con el actual estado de Florida: al norte, la frontera con Georgia quedó establecida en el río hoy denominado Saint Marys, que desemboca en el Atlántico, su frontera este, desde donde, en horizontal, partiría una línea que, atravesando la confluencia de los ríos Chatahochee y Flint, descendería hacia el sur a la altura del lago Seminole, siguiendo el río Perla (hoy Pearl river), hasta el golfo de Méjico, formando frontera oeste con la Florida occidental. Su capital seguiría siendo San Agustín.

Para la Florida occidental, los británicos fijaron la frontera norte en una línea horizontal que corría desde la confluencia del río Yazoo con el Misisipi, a la altura de la ciudad denominada, hoy, Jackson (estado de Misisipi), hasta el mencionado río Chatahochee, descendiendo prácticamente en vertical, a lo largo del río Perla, hasta el golfo de Méjico, su frontera sur. La frontera oeste la conformaba el propio Misisipi. Como capital designaron a Pensacola.

(Esta división subsistiría, ya, hasta 1819, año en el que sólo quedaría el nombre de Florida para designar, como estado de la nueva república, el territorio que hoy conocemos).

Pero, aunque dividida en dos territorios, ambas Floridas, mencionadas así, en plural, en el artículo 10 de la Constitución española de 1812, llevarían una existencia turbulenta como en los dos siglos anteriores, como si ese fuera el sino de aquella tierra en la que Juan Ponce de León buscó la fuente de la eterna juventud.

Aunque, en principio, ello permitió a España recuperar un territorio, reclamado como propio durante más de un siglo, más adelante, la implicaría de lleno en la evolución de la guerra de las Trece Colonias contra su metrópoli, para luego, con la independencia conseguida en 1776, tener que hacer frente a los enfrentamientos y los pactos políticos con los nuevos ciudadanos y los rectores del nuevo país. En fin, con la venta de Luisiana a los Estados Unidos por parte de Napoleón, en un acto de absoluta traición hacia España, esta quedaría aislada en el escenario internacional y, sobre todo, frente a los representantes de la recién nacida república, que no desaprovecharon la ocasión de encontrarse ante una nación en práctica bancarrota para, primero, invadir impunemente ambos territorios floridanos, sin mediar declaración de guerra, (pero sí con provocaciones y pretextos difíciles de justificar) y, después, negociar, en 1819, un tratado que entregaría definitivamente Florida a quienes se acercaron a España en solicitud de apoyo, que, esta, generosamente les concedió, pero que, ahora, actuaban como un auténtico enemigo en plena fiebre expansionista.

Pero esa es otra historia que reclama ser contada con todo detalle.

No saber lo que ha sucedido antes de nosotros
es como ser incesantemente niños.

CICERÓN

Notas

NOTAS A LA PARTE I. BREVÍSIMA REFERENCIA SOBRE LA FLORIDA DE LA PRIMERA MITAD DEL SIGLO XVI

1   INCA GARCILASO, *La Florida,* Ed. Alianza Universidad. Introducción, pág. 51, nota 39).

2   CABEZA DE VACA, Alvar Núñez: *Naufragios y comentarios.* Ed. Aguilar, 1987).

3   *Ibid.,* cap. VIII.

4   *Ibid.,* cap. X.

5   FIDALGO DE ELVAS, *Expedición de Hernando de Soto a la Florida*, Ed. Espasa-Calpe, pág. 47.

6   Ver: Hernando de Soto Trails, en Google Earth *Amazing details*, según el trabajo de Cayton, Lawrence A; Knight Jr., Vernon James; y Moore, Edward C, titulado *The Expedition of Hernando de Soto to North America, 1539-1543*, una reconstrucción realmente sorprendente de la gran marcha del explorador español, apoyada en las propias crónicas de los autores que aquí estamos citando.

7   *La Florida*, libro sexto, cap. VIII, pág. 549).

8   *Ibid.* libro sexto, cap. XXII).

9   CARDELÚS Y FERNÁNDEZ TORAÑO *La Florida española*, pág. 76.

10   De la importancia que, en su día se le concedió a la figura de Hernando de Soto en los Estados Unidos, da idea de la denominación que Chrysler puso a uno de sus modelos de lujo entre 1928 y 1960, y del que se vendieron hasta esa última fecha más de 2 millones de vehículos. El símbolo del modelo era una cabeza cubierta por un casco de los que usaban los conquistadores.

11   LYON, E. «The Enterprise of Florida», pág. 25, nota 13. Citado por Antonio Fernández Toraño en «Pedro Menéndez de Avilés...» pág. 118, nota 68.

12   FERNÁNDEZ TORAÑO, Antonio «Pedro Menéndez de Avilés...», pág. 132 ss.

13   *Ibid.,* pág.158.

14   *Ibid.,* pág. 358.

15   *Ibid.,* pág. 416 ss.

NOTAS A LA PARTE II. FLORIDA 1565-1699

1   HILTON, Sylvia-Lyn: *Ocupación española en Florida: algunas repercusiones en la organización socio-política indígena, siglos XVI y XVII*, en Instituto Gonzalo Fernández de Oviedo, CSIC.

2   FERNÁNDEZ TORAÑO, Antonio, *Pedro Menéndez de Avilés, adelantado de la Florida, Señor del Mar Océano*, pág. 340 y ss.

3   CHATELAIN, Verne E. «The defenses of Spanish Florida, 1565-1763», pág. 117.

4   CHATELAIN, Verne E. *op. cit.*, págs. 116-118.

5   KEEGAN, G.H. y TORMO SANZ, L. «La experiencia misionera en la Florida (siglos XVI y XVII)».

6   CHATELAIN, Verne E. *op. cit.*

7   BONNIE. Mc Ewan G. y Margaret Scarry, en «The Spanish Missions of Florida».

8   GEIGER, Maynard (OFM) «The Franciscan conquest of Florida».

9   ORÉ, Luis Gerónimo *The Martyrs of Florida,1513-1616*, editado por Maynard Geiger.

10 Chatelain, Verne, (*op. cit.*, pág. 122, nota 12, citando a Lowery, que a su vez toma los datos de los manuscritos de Juan Diez de la Calle, en su *Noticias Sacras*); Fray Íñigo Abad y Lasierra, 1785, en *Documento Históricos de la Florida y la Luisiana, siglos XVI al XVIII*, (págs. 132 y 133). Librería General de Victoriano Suárez. Madrid 1912.

11 ARNADE, Charles W, «The siege of St. Augustine in 1702», pág. 9.

12 BOYD, Mark F.; SMITH, Hale G.; GRIFFIN, John W. «Here they once Stood. The Tragic End of the Apalachee Missions». (Pág. 85, doc. 42). La mayoría de los documentos publicados en esta obra son traducciones de los originales españoles depositados en el Archivo General de Indias (AGI) y muestran la dureza de las situaciones vividas por los misioneros, los militares y los nativos frente a los invasores ingleses durante los últimos años del S. XVII y primeros del XVIII.

13 AVERETTE, Annie: «The unwritten History of Old St. Augustine», pág. 105.

14 Basándose en las informaciones aportadas en sus diferentes trabajos sobre esta época por Lowery, Connor, Lanning o Geiger, Chatelain, pág. 133, nota 13, establece la siguiente tabla que muestra el número estimado de soldados y misioneros que residieron en Florida entre 1565 y 1738:

	Soldados	Misioneros
1565	> 500	< 10
1568	> 500	<15
1578	275 (estimación)	< 5
1597	250-275 (estimación)	14 (estimación)
1602	250-275 (estimación)	6
1610	150 (estimación)	20 (estimación)
164	150 (estimación)	43 (estimación)
1659	220 (estimación)	60 (estimación)
1680	290 (estimación)	90 (estimación)*
1738	400 (estimación)	24 (estimación)

* Lanning y Geiger discrepan en cuanto al número de religiosos presentes en Florida en este año: Lanning habla de 52 mientras que Geiger estima 90.

15 Chatelain, *op. cit.*, pág. 61.

16 Chatelain, *op. cit.*, pág. 133, nota 9.

17 DUNKLE, John R. «Population change as an element in the Historical geography of St. Augustine», en *Florida Historical Quarterly*, vol. 37, nº 1, Article 4.

18 BOYD, SMITH, Y GRIFFIN. *op. cit.*, pág. 38, doc. 14.

19 CALENDARIO GREGORIANO, en Wikipedia, (consultada el 20.2.2022). El calendario gregoriano fue aprobado por el papa Gregorio XIII en 1582 por

medio de la bula Inter Gravissimas, momento a partir del cual Italia, Portugal, la zona católica de Polonia, y España empezaron a utilizar el nuevo sistema (NS) que motivó que al 4 de octubre (juliano) le sucediera el 15 de octubre (gregoriano) de ese mismo año 1582, es decir en ese mes y año *desaparecieron* diez días.

En cambio, Inglaterra y sus colonias (Terranova y la costa de la bahía de Hudson, en Canadá; el litoral atlántico de los Estados Unidos, Washington y Oregón, Escocia, Irlanda, e India) adoptaron el cambio en 1752 motivando igualmente que el 2 de septiembre pasase a ser el 14 de septiembre, es decir, en ese mes y año *desaparecieron* once días.

Con el fin de evitar errores en la datación de los hechos que aquí se relatan se ha preferido mantener las fechas proporcionadas tanto por los autores ingleses que escribieron antes de esa fecha o sobre hechos sucedidos antes del mencionado 1752, como por las de los autores españoles que, en su caso, hacen referencia a hechos anteriores a octubre de 1582.

Ello producirá inevitablemente algunas diferencias de fechas sobre los mismos hechos relatados por españoles e ingleses hasta que se produjo la reunificación de fechas, superada la mencionada de 2 de septiembre de 1752.

En todo caso, en la literatura consultada también aparecen las siglas OS (*old system*) para indicar calendario juliano y NS (*new system*) para indicar calendario gregoriano.

20   CRANE, Verner W: «The Southern Frontier, 1670-1732» pág. 40.

21   ARANA Y MANUCY: «The History of Castillo de San Marcos», pág. 36.

22   WALLACE, Duncan David: «The History of South Carolina», vol. I, pág. 117, N.Y.1934.

23   OLDMIXON, John: «From the History of the British Empire in America,1708», in *Salley,3,* págs. 317-333. Citado por Arnade Ch. W. (*op. cit.,* pág. 5, nota 19).

24   ARNADE, Charles W.: «The siege of St. Augustine in 1702». El relato sobre la destrucción de San Agustín y el asedio al castillo de San Marcos se encuentra prácticamente en su integridad en este libro, que, a su vez es la transposición al inglés de la documentación existente en el Archivo General de Indias bajo la referencia actual SANTO_ DOMINGO, 858, reunida en un solo legajo.

25   ARCHDALE, John: «A New Description of That Fertile and Pleasant Province of Caroline, 1707», citado por Arnade Ch...W (*op. cit.,* pág. 7, nota 3).

26   *Panhandle*: En Estados Unidos, «estrecha franja de terreno especialmente sobresaliente de un estado» (Panhandle de Florida, Virginia, Texas...).

27   SCARRY, C. Margaret: «Plant Production and Procurement in Apalache Province», Mc Ewan, Bonnie G. *The Spanish Missions of Florida*, pág. 357 ss.

28   BOYD, Mark, F. SMITH, Hale G. y GRIFFIN, John W.: «Here they Once Stood», pág. 48, doc. 25: Carta de 30 de marzo de 1704, del gobernador Zúñiga al rey desde San Agustín.

29   BOYD et al. *op. cit.,* docs. 23, 44, 45.

30   BOYD et al., *op. cit.,* pág. 93, doc. 44.

31   *Ibid.* doc. 45.

32   *Ibid.* doc. 26.

33   *Ibid.* doc. 24.

34   «Guerra anglo-española (1655-1660)», en Wikipedia, la enciclopedia libre. Consultada en 2-2-2022).

35   Aunque el Reino de la Gran Bretaña fue creado oficialmente el 1º de mayo de 1707, a partir del Acta de Unión firmada entre Inglaterra y Escocia, este nombre ya era utilizado de forma relativamente habitual en el lenguaje político.

36   ABAD Y LASIERRA, Fray Íñigo, «Documentos históricos de la Florida y la Luisiana, siglos XVI al XVIII». Madrid 28 de junio de 1785.

37 ARREDONDO, Antonio (20 de marzo de 1742) publicará en La Habana su «demostración historiográfica del derecho que tiene el rey católico sobre los territorio que hoy posee el rey británico con el nombre de Nueva Georgia en las provincias y continente de la Florida, en la prueba que tiene el rey de España hasta la latitud septentrional de 32º 31' inclusive en que se halla la barra de Santa Elena, término sobre el cual se deben arreglar los límites de las respectivas posesiones de esta parte del mundo, entre la Florida y la Carolina», precisando aún más el límite norte al que se refiere Abad y Lasierra. Lo que Bolton denominó el *debatable land*. («Spain's Title to Georgia»).

38 La nueva colonia de Georgia, creada en 1732 por licencia del rey Jorge II, ocupaba precisamente un territorio ubicado geográficamente en los 33º 0' norte, 83º 30' oeste, cuya posesión reclamaba España desde el primer asentamiento inglés en la costa oriental americana en 1607 (Jamestown), pero que nunca fue poblado de forma continuada y consistente por los españoles, ni tampoco defendido militarmente debido a la precariedad de medios de los que siempre dispuso España, incluso, ya, desde el último cuarto del siglo XVI.

NOTAS A LA PARTE III. 1700-1763.
EL ROMPECABEZAS EUROPEO

1 FERREIRO, Larrie D.: *Hermanos de armas. La intervención de España y Francia que salvó la independencia de los Estados Unidos*, pág. 3.

2 CHÁVEZ, Thomas E.: «España y la independencia de los Estados Unidos», pág. 24.

3 HAMILTON, E: «El florecimiento del capitalismo y otros ensayos de historia económica».

4 Para todo lo relacionado con la guerra de Sucesión española pueden consultarse, entre otros, Albareda Salvadó, Joaquim: *La guerra de Sucesión española (1700-1714*. Ed. Crítica, Barcelona 2010; y Wikipedia, https://es.wikipedia.org/wiki/Guerra_de_sucesión_española. (Consultada en mayo de 2022).

5 CALVO POYATO, José: «Los Tratados de Utrecht y Rastatt: Europa hace 300 años», en *Dendra médica*, Revista médica, vol. nº. 12, nov. 2013, págs. 160-175).

6 Del CANTILLO, A. *op. cit.*, pág. 75 ss.

7 CALVO POYATO, J.: Como comenta José Calvo Poyato en su artículo ya citado: «Después de 300 años los puntos incumplidos por Gran Bretaña sobre lo acordado en Utrecht han sido numerosos en lo concerniente al comercio fraudulento, las actividades ilícitas y la pretendida jurisdicción sobre las aguas de la bahía de Algeciras».

8 MURET, Pierre, «La preponderance Anglaise, 1715-1763», obra y autor citados por Sylvia-Lyn Hilton en su obra *Las Indias en la diplomacia española 1739-1759*.

9 La evolución por parte de España hacia la apertura de los mercados americanos fue lenta y progresiva. 1717: Se traslada oficialmente a Cádiz la Casa de Contratación; 1765: Real Decreto de 16 oct 1765 por el que se abren los puertos del Caribe al comercio directo con España; 1774: Se permite el libre comercio entre puertos americanos; 1778: Reglamento y Aranceles reales para el comercio libre de España a Indias, que, finalmente, habilita 13 puertos españoles para el comercio con América. (Promulgado por Carlos III, el 12 de octubre de 1778.

10 HILTON, Sylvia-Lyn: *Las Indias en la diplomacia española, 1739-1759*. Tesis doctoral. Madrid 1979.

11   Del CANTILLO, Alejandro: «Tratados, convenios y declaraciones...», pág. 32, nota 1: *Naturaleza y evolución de los asientos de negros en España.* Con independencia de la valoración moral que hoy día nos merezca este asunto, el abastecimiento de esclavos negros era considerado entonces como un servicio de interés público general y como tal era susceptible de control por la Corona, que lo ejercía mediante la concesión de licencias y *asientos*, que facilitaban ese control.

12   Diccionario de la RAE: *Asiento*: Anotación, especialmente en los libros de contabilidad; *Asentista*: Persona que contrata con el gobierno o con el público para la provisión o suministro de víveres u otros efectos.

13   The South Sea Company fue constituida en 1711 como empresa privada por el ministro inglés Robert Haley mediante el canje de deuda pública en manos privadas por acciones de dicha empresa, a la que se concedió, además, los derechos exclusivos del comercio con América del Sur y Central. (De ahí el nombre con el que sería conocida).

14   CHÁVEZ, T, en su obra ya citada, pág. 224, comenta que un millón de pesos equivaldría, a la fecha de la publicación de su libro, 2002, a 30 millones de dólares.

15   CHÁVEZ, T, *op. cit.*, págs. 25-27.

16   Tratado de Paz entre España, Francia e Inglaterra para poner fin a la guerra entre España e Inglaterra originada por el bloqueo británico a Portobelo y el intento español de recuperar Gibraltar.

17   Del CANTILLO, *op. cit.*, pág. 259.

18   HILTON, *op. cit.*, nota 49, pág. 93.

19   Hilton, *op. cit.*, pág. 30, notas 130 y 133. Un confidente llamado Burnet, afirmó que los navíos de guerra ingleses recibían un porcentaje de los beneficios a cambio de proteger el comercio ilícito.

20   Hilton, *op. cit.*, nota 169. Tomás Geraldino, versión españolizada de Thomas Fitzgerald, fue nombrado en 21 de abril de 1732 director de la Compañía del Asiento en representación de Felipe V, con el encargo secreto de controlar sus actividades «hasta lograr privar a esta sociedad de la fuente más importante de sus ingresos, el comercio fraudulento».

21   Sebastián de la Cuadra y Llarena, vizcaíno, nacido en 1687, fue nombrado ministro de Asuntos Exteriores de España en 1736 como consecuencia de la muerte de José Patiño y desempeñó dicho cargo hasta 1746. Fue cofundador, en 1744 de la Real academia de Bellas Artes de San Fernando).

22   Hilton, *op. cit.*, pág. 46. A diferencia de las patentes de corso, que eran *autorizaciones* para atacar a navíos extranjeros en tiempos de guerra, estas patentes sólo se concedían a los comerciantes interesados cuando se habían agotado todas las vías legales y se había comprobado que no se iba a obtener satisfacción por vías pacíficas. Era una especie de autorización de guerra particular, amparada por el Estado, con la finalidad de permitir que el comerciante en cuestión pudiera resarcirse de las pérdidas sufridas como consecuencia de las acciones de súbditos de otra nación. Están definidas en los tratados anglo-españoles de 1630 y 1667, pero ya habían decaído en estos años por la implicación de los diferentes gobiernos y el empleo de las vías diplomáticas.

23   La expresión *consejo de ministros* no aparecerá como tal hasta el 19 de noviembre de 1823, por Real Decreto de Fernando VII.

24   HILTON, *op. cit.*, pág. 70.

25   DEL CANTILLO, *op. cit.*, pág. 345.

26   DEL CANTILLO, *op. cit.*, pág. 338.

27 ABAD Y LASIERRA, *op. cit.*, pág. 92. También cita la enumeración elaborada por Richard Blome en su obra *Descripción de las islas inglesas*, nombrando como posesiones inglesas «las cuatro provincias de Nueva Jersey, Pensilvania Mariland (sic) y Nueva york, con las islas de Nieves, Antigua, San Vicente, Dominica, Monserrate (sic) Anguila Carolina, la Nueva Foundland y la del Tabaco».

28 CRANE, *op. cit.*, pág. 220 ss.

29 CRANE, *op. cit.*, pág. 236 ss.

30 ABAD Y LASIERRA, *op. cit.*, cap. XIV, pág. 243 ss.

31 ABAD Y LASIERRA, *op. cit.*, cap. XIV, págs. 250-251.

32 CRANE, *op. cit.* págs. 252-253.

33 CRANE, *ibid.*

34. CRANE, *op. cit.*, cap. XII, pág. 303 ss.

35 CRANE, *ibid.*, pág. 322.

36 HILTON, *op. cit.*, pág. 232, nota 16.

37 HILTON, *op. cit.*, pág. 232, nota 14, citando a A. Bethencourt, 1950.

38 CHATELAIN, *op. cit.*, pág. 166, nota 73, dice que Del Moral fue condenado a la horca por haber negociado sin autorización.

39 ABAD Y LASIERRA, *op. cit.*, págs. 90-93.

40 DEL CANTILLO, *op. cit.*, pág. 75 ss.: Art° 8 del Tratado de Utrecht de 13 de julio de 1713, entre España e Inglaterra «... para que se conserven más enteros los dominios de la América española, promete la reina de la Gran Bretaña que solicitará y dará ayuda a los españoles para que los límites antiguos de sus dominios de América se restituyan y fijen como estaban en tiempo del referido rey católico Carlos II si acaso se hallare que en algún modo o por algún pretexto, hubieren padecido alguna desmembración o quiebra después de la muerte del dicho rey católico Carlos II...».

41 El río Altamaha, que discurre íntegramente por territorio de Georgia, tiene una longitud aproximada de 760 km desde su nacimiento y desemboca en las cercanías de la ciudad de Brunswick.

42 En su formulación, el nombre responde a diferentes significados: Gracia Real indica que se trataba de una nueva población establecida por autorización real; Santa Teresa hace referencia a la patrona de España, bajo cuyo patronazgo nacía el nuevo pueblo; Mose remite a un poblado indígena ya existente en ese lugar.

43 LANDERS, Jane: «Gracia Real de Santa Teresa de Mose: A Free Black Town in Spanish Colonial Florida».

44 LANDERS, *op. cit.*, pág. 25.

45 Montiano elaboró un listado de fugitivos de Carolina solicitantes de refugio en los años 1688, 1689 y 1690. (En Montiano, SANTO DOMINGO_844, fols 521-546).

46 LANDERS, Real orden de 7 de noviembre de 1693, en, SANTO_DOMINGO (58-1-26).

47 José de Zúñiga al rey 10 Oct 1699, en SANTO_DOMINGO 844.

48 *Letters of Montiano*, n.º 113, de Montiano al rey el 16 de febrero de 1739.

49 LANDERS, Jane: *op. cit.*, Francisco Menéndez, antiguo luchador frente a los ingleses en la guerra Yamasee fue probablemente un esclavo adquirido por Francisco Menéndez Márquez, (descendiente, sin duda, del primer adelantado de la Florida, Pedro Menéndez de Avilés), que en aquellos momentos era interventor real en San Agustín. Bajo su servicio aprendió a hablar y escribir en español y recibió de su *amo* el nombre y apellido de este. Posteriormente en 1726, por su personalidad y sus capacidades naturales para el mando, fue nombrado por el gobernador Benavides, jefe de la milicia compuesta por esclavos refugiados

en San Agustín que un par de años más tarde, en 1728 ayudó a defender esta plaza frente a Palmer, si bien, como se ha visto, no alcanzó la libertad formal en aquellos momentos, algo que sí consiguió bajo el mandato de Montiano. (En Landers, *ibid.* en SD,21.11.1740 y SD,2658 AGI).

50   Montiano al rey, el 2 de abril de 1739, en *Montiano Letters*, n° 133.

51   Montiano al rey, el 31 de enero de 1740, en *Montiano Letters*, n° 181

52   LANDERS, García de Solís al rey el 25 de agosto de 1752, en SD 845, fols. 81-112).

53   LANDERS, *op. cit.*, pág. 22 ss., citando el *Account of the Revenge*, de John Franklin Jameson.

54   TE PASKE, John Jay: «Governorship of Spanish Florida 1700-1763», pág. 229.

55   LANDERS, *op. cit.*, pág. 28, nota 80, citando al P. Solana. AGI, SANTO_ DOMINGO (SD) 516.

56   LANDERS, J. «Censo realizado por Ginés Sánchez el 12 de febrero de 1759», en AGI SD 2604. *op. cit.*, pág. 30.

57   LANDERS, J.: *Ibid.*, *op. cit.*, pág. 33 «Informe de Juan Eligio de la Puente, de 22 de enero de 1764», en AGI, SD 2595; «Contabilidad del Tesoro Real de Matanzas 1761-1782»,en AGI, SD1882.

58   «The unwritten history of Old St. Augustine», pág. 175. Carta del coronel Montiano al rey, de 14 de agosto de 1735).

59   «The unwritten history of Old Saint Augustine», págs. 175 a 180).

60   Para todo lo relacionado con el episodio del asedio a San Agustín y su fortaleza, ver *An impartial account of the late expedition against St. Augustine under General Oglethorpe.* Reproducción facsímil de la edición de 1742, anotada y comentada por Aileen Moore Topping. University Presses of Florida. Gainesville, 1978).

61   *An impartial account...* pág. XXI de la Introducción.

62   *Ibid.* pág. XXIII de la introducción.

63   *Ibid.* pág. 19 del texto.

64   *Ibid.* Introducción a *An impartial account...* pág. XXIII.

65   Cartas de Montiano, de 31 de enero de 1740, en AGI, SD,2658/8). Y cartas n° 180 y 181, en *Letters of Montiano*, particularmente la 180 por la detallada información de lo acontecido, día a día en el mes de diciembre de 1739.

66   Montiano a Güemes. Carta de 25 de marzo de 1740, en *Letters of Montiano*, n° 192.

67   Montiano a Güemes. Carta de 24 de junio de 1740, en *Letters of Montiano*, n°202.

68   Montiano al rey. Carta de 9 de agosto de 1740. En AGI: Santo_Domingo,2658/12). En *An impartial...*, pág. XXXVII ss.

69   Oglethorpe a Montiano, 1 de julio de 1740. En *An impartial...* pág. XLIII.

70   Montiano a Oglethorpe, 2 de julio de 1740. En *An impartial...*, pág. XLI.

71   Carta de fray Francisco de San Buenaventura al Dr. José Ortigosa, de Sevilla. Desde San Agustín, 1740. En *An impartial...*, *op. cit.*, pág. XXXIII.

72   Pedro Ruiz de Olano al Rey, el 8 de agosto de 1740, en AGI, SD.2658/20.

73   Si bien el trabajo se presenta como anónimo, el autor sí parece que era conocido con nombre y apellidos: James Killpatrick, médico, antiguo residente en Charleston, pero residente en Londres en el verano de 1742: Aileen Moore Tooping, *op. cit.*, págs. XXIII a XXXI.

74   Oglethorpe a William Bull, lugarteniente del gobernador de Carolina del Sur, el 19 de julio de 1740. En *An impartial...*, págs. XXX.

75   19 de julio de 1740. AGI SD 2658/23. En la pág. XXXVI de *An impartial account...*).

76   De hecho, parece que entre estas fuerzas se encontraba un tal Lawrence Washington, medio hermano de George Washington. Lawrence poseía una

plantación en Virginia a la que, en honor al almirante inglés, puso por nombre Mount Vernon, que terminaría siendo la primera residencia del primer presidente de los Estados Unidos.

77   TE PASKE, J.: *op. cit.*, pág. 148. Carta de Güemes a José Campillo de 18 de junio de 1742.

78   *Ibid., op. cit.*, pág. 152. Carta de Campillo a Güemes, de 28 octubre 1742.

79   Como dato curioso y anecdótico, decir que en la isla Anastasia, prácticamente frente a la posición que ocupa el castillo de San Marcos, existe, hoy, un pequeño parque de recreo que lleva el nombre de Oglethorpe.

80   El movimiento jacobino fue un movimiento político que intentó conseguir la restauración de los tronos de Inglaterra, Escocia e Irlanda, de la casa de los Estuardo (católica), incluso después de que ambos títulos se unieran *de facto* en el Trono del Reino Unido por medio del Acta de Unión de 1707. El movimiento se mantuvo como tal entre 1688 y 1807.

81   Memorial de D. Manuel de Montiano en 26 de febrero de 1737. Citado por Te Paske, *op. cit.*, pág. 17. AGI. Santo Domingo. Legajo 2541.

82   TE PASKE, J.: *op. cit.*, pág. 156-157, nota 80: «Reglamento para la guarnición de la Habana, Castillos, fuertes de su jurisdicción, Santiago de Cuba, San Agustín (sic) de la Florida y su anexo San Marcos de Apalache. Año de 1753».

83   HILTON, San, *op. cit.*, pág. 29, nota 131, presenta la relación de *presas* capturadas por los guardacostas españoles entre 1713 y 1737: 1713-1721, 47 navíos; 1728-1737, 52 navíos.

84   El número real de apresamientos durante el período 1739 a 1748 sigue siendo una incógnita, pues, por ejemplo, se conocen documentalmente 961 apresamientos por parte de corsarios españoles: 843 barcos ingleses y 118 barcos con bandera neutral. Enrique Otero Lana, citado por Juan García en Wikipedia, (*Todo a babor*, artículo «Buques apresados por los corsarios españoles en la guerra de la Oreja de Jenkins», consultado en 4 de marzo de 2023, dice que la relación de *presas* es sólo completa hasta mayo de 1741, con 202 capturas, 185 mercantes ingleses y 19 neutrales. Los restantes, hasta 757, 658 ingleses y 91 de otras potencias más 8 realizados por corsarios de Santo Domingo, serían, en todo caso, cifras mínimas.

85   UBIETO, REGLÁ, JOVER, SECO, «Historia de España», pág. 489,ss.

86   FERREIRO, Larrie D: *Hermanos de armas. La intervención de España y Francia que salvó la independencia de los Estados Unidos.* Ed. Despierta Ferro, 2009.

87   Según Chávez (*op. cit.*, pág. 26), estas batallas decidieron el destino de los imperios británico y francés, porque, al final, con el tratado de 1763, Francia perdería sus dominios no sólo en Norteamérica, sino también en África, India y la mayoría de su posesiones en la Antillas.

88   HILTON, *op. cit.*, pág. 585.

89   HILTON, *op. cit.*, pág. 594)

90   Del CANTILLO *op. cit.*, págs. 477-480.

91   Del CANTILLO, *op. cit.*, pág. 468.

92   Del CANTILLO, *op. cit.*, pág. 474.

93   Se da la circunstancia de que, en Sacramento, la flota española capturó 26 barcos ingleses con una carga de gran valor, unos 20 millones de duros, en mercancías y efectos militares. Posiblemente, el botín más valioso capturado hasta ese momento por barcos españoles a los ingleses.

94   HOFFMAN, Paul E. *Luisiana*, Ed. Mapfre, 1992, pág. 58.

95   HOFFMAN, *op. cit.*, pág. 59, citando carta de Choiseul a d'Ossun, de 20 de septiembre de 1762.

96   Del CANTILLO, *op. cit.*, pág. 482.

97   SUEVOS BARRERO, Raúl, «La toma de La Habana por los ingleses», en *Revista del Ejército*, nº 853, abril 2012).

NOTAS A LA PARTE IV. EL TRATADO DE PARÍS DE 10 DE FEBRERO DE 1763

1   Del CANTILLO, *op. cit.*, pág. 486.

2   HOFFMAN, *op. cit.*, pág. 63.

3   El río Misisipi, descubierto por el español Hernando de Soto en 1541, era conocido por los naturales como Meat-Massipi («padre de los torrentes» o «de las aguas»). Los españoles, consiguieron atravesarlo, a la altura del actual estado de Arkansas, el 8 de junio de 1541, en cuatro grandes embarcaciones, a pesar de los ataques de los naturales ribereños. A la vista de su anchura y tamaño, le pusieron el nombre de río Grande del Espíritu Santo. El río nace en el lago Itasca, de origen glaciar, al norte del estado de Minnesota. Tiene una longitud de 3700 km (el 4º más largo del mundo) y atraviesa 10 estados hasta llegar al golfo de Méjico.

4   Los Adaes. Nombre con el que denominaba a los nativos de la zona. Fue la capital de Tejas entre 1729 y 1770, y estaba ubicada en la frontera nororiental de Tejas (Nueva España) con la Luisiana francesa. En este punto, que controlaba el flujo de gente y mercancías que se movían en ambas direcciones, entre el noreste de Nueva España y la Luisiana francesa existió un fuerte denominado Nuestra Señora del Pilar de los Adaes y una misión conocida como San Miguel de Cuéllar de Los Adaes.

5   CHADWICK, F.E.: «The relations of the United States and Spain. Diplomacy», pág. 15.

6   GONZÁLEZ-RIPOLL, Loles, «S. Agustín de la Florida, símbolo de la rivalidad imperial del siglo XVIII», en *Cuadernos de la Escuela Diplomática*, nº 50, págs. 78 ss.

7   ARANA y MANUCY: «The History of Castillo de San Marcos», pág. 50.

8   RABINAL, A. et al. Equipo Florida: «Estructura y población de una sociedad de frontera: la Florida española». Universidad de Sevilla.

NOTAS A LA PARTE V. EPÍLOGO

1   CHÁVEZ, Thomas. E, pág. 204. «Memoria secreta atribuida al conde Aranda después de la firma del tratado de 1783», en *España y la independencia de los Estados Unidos*, Ed. Taurus. Historia. 2006. «Esta república federal nació como un pigmeo, y como tal necesitaba la ayuda y la fortaleza de dos estados poderosos como España y Francia para conseguir su independencia. Llegará el día en el que crezca y se convierta en un gigante y sea temido por toda América. Entonces, olvidará los beneficios que recibió de los dos poderes y sólo pensará en su propia expansión».

2   SÁNCHEZ-FABRES MIRAT,Elena. «Situación de las Floridas en la segunda mitad del siglo XVIII, (1783-1819)», págs. 17 ss.

3   *Ibid.*, pág. 16.

NOTAS A LA PARTE VI. APÉNDICES

1   *Ocupación británica de Manila*, en Wikipedia, la enciclopedia libre. Consultada el 11.11.2022).

2   *1762. British expedition against Manila*, en www.kronoskaf.com

Bibliografía

ABAD Y LASIERRA, Íñigo, 1785: «Documentos históricos de La Florida y la Luisiana, siglos XVI a XVII» 1785, en *Biblioteca de los Americanistas*. Ed. Librería General de Victoriano Suárez. Madrid, 1912.

ÁLVAREZ, Francisco: *Noticia del establecimiento y población de las Colonias Inglesas, en la América Septentrional (1778)*. Ed. Doce Calles (Servicio de Publicaciones de la Universidad Autónoma de Madrid).

ANÓNIMO: *An impartial account of the Late Expedition Against St. Augustine under General Oglethorpe*. Reproducción facsímil de la edición de 1742, con introducción de Aileen Moore Topping. University Press of Florida. Gainesville, 1978.

ARANA, Luis Rafael y MANUCY, Albert: *The History of Castillo de San Marcos*. Editado y publicado por Historic Print &Map Co., St. Augustine, Florida, 2005.

ARNADE, Charles W.: «The siege of St. Augustine in 1702». University Press of Florida, 1959.

ARNAUD RABINAL, *et al.* (Equipo FLORIDA., Universidad de Sevilla): «Estructura de la población de una sociedad de frontera: la Florida española, 1600-1763». en *Revista Complutense de Historia de América*, nº 17, Ed. Universidad Complutense, Madrid, 1991.

ARREDONDO, Antonio: «Demostración historiográfica del derecho que tiene el rey Católico sobre los territorios que hoy posee el Rey británico con el nombre de Nueva Georgia en las provincias y continente de la Florida, en la prueba que tiene el rey de España hasta la latitud septentrional de 32º 31' inclusive en que se halla la barra de Santa Elena, término sobre el cual se deben arreglar los límites de las respectivas posesiones de esta parte del mundo, entre la Florida y la Carolina». La Habana, 20 de marzo de 1742.

AVERETTE, Annie, y BROOKS A.M. «The Unwritten History of Old ST. AUGUSTINE» (Traductora y copista respectivamente del original depositado en el Archivo General de Indias).

BEERMAN, Eric: *España y la independencia de los Estados Unidos.* Ed. MAPFRE. Colección Mapfre 1942 Madrid, 1992.

BOLTON, HERBERT E.

___ *The Spanish Borderlands. A Chronicle of old Florida and the Southwest.* Ed. Yale University Press.

___ *Spain's Title to Georgia.* Berkeley, 1925.

BOYD, Mark, SMITH, Hale and GRIFFIN, John W. «Here thy Once stood: the Tragic End of the Apalachee Missions».

CHADWICK, French Ensor: *The Relations of the United States and Spain. Diplomacy,* Ed. Charles Scribner's Sons. N.Y. 1909.

CHATELAIN, Verne: *The Defenses of the Spanish Florida 1565-1763.* Ed. Carnegie Institution of Washington. Publication 511.Washington D.C. 1941.

CHÁVEZ, Thomas E.: *España y la independencia de los Estados Unidos.* Ed. Santillana. Madrid, 2006.

COX, Isaac Joslin: *The West Florida Controversy,1798-1813.A Study in American Diplomacy,* Ed. The John Hopkins Press. Baltimore, 1918.

CRANE, Verner W: «The Southern Frontier, 1670-1732», Durham (N. Carolina) y Philadelphia, 1929 Ed. Duke University Press, 1928.

CRUZ FREIRE, Pedro: «La llave de Nueva España. Proyectos defensivos para los territorios de Luisiana (1770-1795)». Ed. Departamento de Historia del Arte. Universidad de Sevilla. 2018.

DEL CANTILLO, Alejandro: *Tratados, convenios y declaraciones de paz y de comercio desde el año de 1700 hasta el día.* Ed. Imprenta de Alegría y Charlain. Madrid, 1843.

DUNKLE, John R.: «Population Change as an element in the Historical Geography of St. Augustine». Ed. Florida Historical Quarterly, vol. 37, article 4, 1958.

FAIRBANKS, G. «History of Florida from its discovery by Ponce de León in 1512 to the closed of Florida war in 1842». Filadelfia, 1871.

ELLIOT, J.H.: *La España imperial, 1469-1716.* Ed. Vicens-Vives (4ª edición). Barcelona 1972.

FERNÁNDEZ ALBADALEJO, Pablo: «El decreto de suspensión de pagos de 1739: análisis e implicaciones». Revista *Moneda y Crédito,* nº 142.

FERNÁNDEZ TORAÑO, Antonio: *Pedro Menéndez de Avilés, adelantado de la Florida. Señor del Mar Océano.* Ed. EDAF, Madrid, 2018.

FERREREIRO, Larrie D.: *Hermanos de Armas. La intervención de España y Francia que salvó la independencia de los Estados Unidos.* Ed. Desperta Ferro. Madrid, 2019.

FIDALGO DE ELVAS: «Expedición de Hernando de Soto a Florida». Editorial Espasa-Calpe. colección Austral, nº 1099, 3ª edición.

FULLER, Hubert Bruce: *The Purchase of Florida. Its History and Diplomacy.* (Reproducción facsímil de la edición de 1906). University of Florida Press, Gainesville, 1964.

GEIGER, Maynard (O.F.M.): «Franciscan Conquest of Florida, 1573-1618». Washington, 1937.

GONZÁLEZ-RIPOLL, Loles: «San Agustín de la Florida, ciudad símbolo de la rivalidad imperial del siglo XVIII». En *Cuadernos de la Escuela Diplomática*, nº 50. Madrid, 2014.

HILTON, Sylvia-Lyn: *Las Indias en la diplomacia española, 1739-1759.* Tesis doctoral. Madrid, 15 de junio de 1979.

HOFFMAN, Paul E.: *Luisiana.* Ed. MAPFRE. Colección Mapfre 1492. Madrid, 1992.

HOLMES, Jack D.L. «Documentos inéditos para la historia de la Luisiana, 1792-1810». en *Colección Chimalistic, de libros y documentos acerca de la Nueva España*, nº 15. Ed. José Porrúa Turanzas. Madrid, 1963.

INCA GARCILASO. *La Florida.* Ed. Alianza Editorial. Colección Alianza Universidad, nº 519.

KEEGAN, Gregory Joseph. (S.J.) y TORMO SANZ, Leandro (S.J.): *Experiencia misionera en la Florida (siglos XVI y XVII).* Ed. Instituto de Mogroviejo (CSIC), Madrid, 1957.

KAMEN, Henry: *Felipe V, El rey que reinó dos veces.* Ed. Temas de hoy. 2000.

LANDERS, Jane: «Fort Mose. Gracia Real de Santa Teresa de Mose: A Free Black Town in Spanish Colonial Florida». Reprinted from *American Historical Review*, volume 95, nº 1. Ed. St. Augustine Historical Society. 1992.

LANNING, John T. «The Spanish Missions of Georgia». University of Georgia, 1935.

LUMMIS, Charles F.: *The Spanish Pioneers and the California Missions*, Chicago, 1936. Versión española de Arturo Cuyás: *Exploradores españoles del siglo XVI. Vindicación de la acción colonizadora española en América*, EDAF 2017.

LYON, Eugene. «Pedro Menéndez de Avilés», Coll. The Spanish Borderlands. Sourcebooks, nº 24. Ed. N.Y Garland Pibl. 1995.

MC EWAN, Bonnie G.: «The Spanish Missions of Florida». University Press of Florida. Gainesville, 1993.

MARTÍNEZ LAÍNEZ, Fernando, y CANALES TORRES, Carlos: *Banderas lejanas*, (5ª edición). Ed. EDAF. 2009. Madrid.

MONTIANO, Manuel de: *Letters of Montiano, siege of St. Augustine.* En Georgia Historical Society, vol. VII, part I. ed. Georgia Historical society. Savannah, Georgia 1909.

ORÉ, Fray Jerónimo de. (O.F.M.). «The Martyrs of Florida (1513-1616)». Traducción al inglés de Maynard Geiger (O.F.M.). En *Franciscan Studies*, nº 18. Ed. Joseph Wagner Inc. N.Y. 1936.

SÁNCHEZ-FABRES MIRAT, Elena: «Situación histórica de las Floridas en la segunda mitad del siglo XVIII, (1783-1819)».

SUEVOS BARRERO, Raúl: «La toma de La Habana por los ingleses». En *Revista del Ejército*, nº 853, abril 2012.

TE PASKE, John Jay: «The governorship of Spanish Florida, 1700-1763». Durham Duke University Press, 1964.

UBIETO, REGLÁ, JOVER, SECO: *Introducción a la Historia de España*. Ed. Teide, 9ª edición. Barcelona, 1972.

VARGAS UGARTE, Rubén (S.J.) *Los mártires de Florida,1566-1572*. Ed. Lumen, Lima,1940.

WALLACE, Duncan David: *The History of South Carolina*. Vol I, N.Y. 1934.

El presente libro se terminó de imprimir, por encomienda de la editorial Almuzara, el 3 de mayo de 2024. Tal día, de 1494, en la isla de Jamaica desembarcaron los conquistadores españoles liderados por Cristóbal Colón.